KB135356

중국
시장문화와
현대 기업문화

현대중국
연구총서
12

중국 시장문화와 현대 기업문화

● 김용준 외 지음

본 도서는 한국연구재단(NRF-2013S1A5B8A01053894)의 지원으로 이루어졌다.

현대중국연구 총서를 내면서…

성균관대학교 현대중국연구소는 2009년도에 20회 생일을 맞이했다! 1989년 11월에 현대중국연구소를 창립하였던 초대소장 양재혁 교수님(현 동양철학과 명예교수)은 20주년 기념 축사를 하였다. 성균관대학교 내에 현대중국연구소를 설립하였던 동기는 중국의 "현대"를 연구하는 기관이 한국에 필요하였기 때문이라 하셨다. "현대"라 함은 마오쩌둥의 중국 공산당이 1949년에 중국을 통일한 이후라 정의하셨다.

1949년 중국 공산당이 중국을 통일한 이후 중국은 20세기를 거쳐, 2010년 현재에 산천개벽의 변화를 겪었다. 성균관대학교 중국연구소도 그러하였다. 1997년 11월에 연구소장으로 부임한 경영대학 교수인 김용준은 현대중국연구소의 초기 중국 현대의 문사철 중심의 연구방향을 경제·경영학적 탐구로 전환하였다. "현대"의 개념도 좀 더 협의의 1978년 개혁·개방 이후로 조작적 정의를 하였다. 그 후로 약 10년 동안 중국 특색적 시장경제 사회주의를 표방하는 중국의 시장문화를 경영학적 관점에서 연구하였다. 중국의 시장문화인 중국 소비문화와 기업문화를 심층적으로 연구할수록 중국 전통 상업문화에 대한 이해와 탐구의 갈증은 더욱 강해져 갔다. 이 학문적 갈증을 해소해줄 기회가 왔다! 그것은 2007년 11월에 한국연구재단의 중점연구소로 선정되면서, 3년씩 3단계에 걸쳐서 9년 동안 "중국 전통 상업문화와 중국 현대 시장문화"를 연구할 수 있도록 터전이 생긴 것이다. 간절히 원하면 되나보다! 특히 중국 전통 상업문화의 국내 최고 연구가인 성균관대학교 역사학과의 박기수 교수님과의 만남은 현대중국연구소가 비로소 한쪽 날개를 장착하는 진실의 순간이었다. 2008년 이후 8명의 대학교수와 6명의 전임 박사급 연구원이 뭉쳤다. 인문학 중심의 제1연구팀과 경제·경영 중심의 제2연구팀은 중국 황산에서, 자물쇠를 특별히 구입하여 두 연구팀의 학제 간 연구 결약식을 맺었다. 그 자물쇠의 열쇠는 황산의 깊은 계곡의 안개 위로 던져졌다.

그 후 현대중국연구소는 7번의 국제학술대회, 약 80여 편의 논문과 9권의 연구저서를 발표·출판하였다. 매월 월례세미나와 연구팀별 특별 연구회는 각각 중국 전통 상업문화와 중국 현대 시장문화를 학습·토론·연구하였다. 특별히 박기수 교수의 책임하에서 역사학을 중심으로 연구하고 있는 제1연구팀과 김용준 교수 책임하의 경영학 중심으로 연구하고 있는 제2연구팀의 교류와 소통은 마치 중국의 전통과 현대의 단절된 역사를 구름다리 넘는 것과 같은 즐거움을 느끼게 해주었다. 다행히 두 연구팀 14명의 박사급 연구자들의 공통된 비전과 인내심은 조금씩 소통과 겸손을 통하여 학제적 연구의 새로운 모습을 만들어내고 있다. 이러한 통섭의 산출물이 "현대중국연구 총서"이다. 2010에 연구개시 3년 차를 맞이하여 현대중국연구 총서 제1권인 『중국 전통상인과 현대적 전개』와 제2권인 『중국 현대의 소비문화와 시장문화』를 출판하게 되었으며, 순차적으로 총 12권의 총서를 출판하게 되니 가슴이 벅차오르고 머리가 시원해진다.

현대중국연구 총서 제1권에서는 10여 편의 논문이 중국 전통상인의 현대적 전개에 관하여 역사학적·언어학적 관점에서 조명되고 새로운 연구의 가능성과 방향성이 제시되었다. 제2권에서는 10편의 논문이 중국 현대 소비문화와 시장문화에 대한 경영학적·경제학적·법학적 탐구와 실증연구를 통하여 새로운 사회과학 통찰을 제시하고 있다. 2011년에는 총서 3으로 『중국 상업관행의 근현대적 전개』와 총서 4로 『중국 현대기업문화의 변화』를 연구 업적물로 출판하였다. 2012년에는 총서 5로 『중국 전통 상업관행의 동아시아적 전개』와 총서 6으로 『중국 현대기업의 문화와 제도』를 출판하였다. 2013년도에는 총서 7로 『중국 전통 상업관행과 금융발전』, 총서 8로 『중국 현대기업과 상업관행의 변화』, 2014년에는 총서 9로 『중국 전통 상업관행과 기업』, 총서 10으로 『중국의 상업관행과 제도적 환경변화』를 출판하였다. 2015년에는 총서 11로 『중국 전통 상업관행과 상인의식의 근현대적 변용』, 총서 12로 『중국 시장문화와 현대 기업문화』를 출판하게 됨을 두 손 모아 감사드린다. 성균관대학교 현대중국연구소가 한국연구재단의 중점연구소로서 학제 간 연구 결과물인 이 총서가 중국 현대의 "미래의 기억"으로서 중국 전통이 연구되고, 중국 전통의 "과거의 상상"으로서 중국 현대가 연구되는 초석이 되리라 소망해본다.

아직은 거친 돌이지만 앞으로 중국 전통과 중국 현대를 연결하는 다이아몬드와 같은 연구총서를 출간하기 위하여 다시 한 번 옷매무

새를 다듬으며 독자들에게 예의를 올린다. 제1연구팀 책임연구자이시자 현대중국연구소 부소장이신 박기수 교수님께 다시 한 번 존경의 배를 올린다. 이 총서를 기획하고 만들어낸 현대중국연구소의 강용중 박사, 이상윤 박사, 김주원 박사께 감사를 표한다. 또한 이 총서를 출판해주신 한국학술정보㈜에도 감사드린다. 마지막으로 이러한 연구기회와 연구총서를 낼 수 있도록 지원해주시는 한국연구재단에 큰절을 올린다.

2015년 11월

성균관대학교 현대중국연구소장

김용준 교수

목차

제2부

총론: 중국 시장문화와 현대 기업문화

김용준

중국은 2008년 글로벌 금융위기 이후 2015년 최근에 이르기까지 미국과 함께 G2로 불리며 세계 경제에서 중국의 영향력을 더욱 확대시키고 있다. 중국기업들이 개혁개방 이후 2012년에는 「Fortune」 지(誌)가 발표하는 Global 500대 기업에 73개 기업이 포함되었으며, 2013년에는 Global 500대 기업에 95개 기업이 포함되고, 2014년에는 100개 기업이 포함되었으며, 2015년에는 106개 기업이 포함되었다. 2015년 기준으로 미국기업은 126개 기업이 포함되어, 기업규모에서는 미국기업을 빠르게 추격하고 있다. 이렇듯 기업의 성장에 힘입어 중국은 더 이상 '세계의 생산기지'가 아닌 '세계의 소비시장'이라는 타이틀이 더 어울리는 경제대국으로 성장하며 우리에게 더 많은 위기와 기회를 주는 국가가 되었다.

더욱이 최근 급격히 진행되고 있는 중국과의 FTA 체결 협의는 우리 기업의 경쟁력을 제고시키고 거대한 중국 시장을 개척하기 위하여 우리가 중국의 문화와 기업에 대한 심층적인 접근과 연구가 보다 절실해졌음을 느끼게 해주었다. 이러한 이유로 현대 중국경제 발전의 특징과 향후의 미래를 예측하는 것은 한국과 중국의 경제 관계를 고려할 때 매우 중요한 문제이다.

그런데 최근에는 중국정부가 '뉴노멀(新常態)'이라는 개념을 제시하면서 중국의 경제성장 모형에 대한 전환을 추구하고 있으며, 수출과 투자에 비해 내수가 중국경제에서 차지하는 비중이 커지면서, 경제성장 과정에 내재되어 있었던 사회적 불평등의 심화, 환경문제, 부패 등에 대한 사회적 문제 및 부작용과 함께 중국 시장 및 중국 소비문화에 대한 깊이 있는 고찰이 필요하게 되었다.

생각해보면 그동안 중국의 경제적 급부상에 대해서 많은 관심을 기울여 온 것에 비해 중국의 미래에 대한 관심이 상대적으로 작았다. 그러나 앞으로 중국의 경제적 급부상 속에 직면한 사회적 문제들을 해결하려는 중국정부의 고민을 정확하게 분석하고 중국이 미래 어떤 방향으로 가는지를 이해한다면 중국과의 관계를 보다 의미 있게 발전시켜 나가며 효과적으로 대응할 수 있는 전략을 수립할 수 있을 것이다.

이를 위해 중국의 현대 기업 및 중국 경제의 발전에서 나타나는 특징을 면밀히 파악하고, 부단히 중국 경제의 미래를 예측하는 것은 한국과 중국의 경제 관계를 고려할 때 매우 중요한 문제이다. 그동안 많은 경제・경영 학자들은 중국 경제・경영에 관한 다양하고 유용한 분석모델과 이론을 제시해 왔으나 본 연구총서에는 중국의 시장문화와 기업문화에 주목할 필요가 있다고 보았다. 일반적으로 어느 특정 국가의 문화는 가족관계나 법질서 등의 사회구조 형성에 영향을 주며, 다양한 경제적 질서를 형성하게 된다. 이러한 고유한 경제 질서는 다시 경제발전에 영향을 주게 된다. 그러므로 문화에 대한 탐구가 인문학적인 영역에서뿐만 아니라, 경제・경영학 등에도 중요한 의의를 가질 수 있다.

이에 본 연구총서는 중국의 시장문화 및 기업문화와 관련된 두 가지 범주의 글들로 구분할 수 있겠다.

중국의 시장문화에 관한 연구에 있어서 중국의 해외구매대행 현황과 문제점, 중국기업이 인식하는 한국 국가이미지 효과, 한・중 비즈니스 관계의 갈등과 해결방안 및 새로운 패러다임하에서 중국기업 Haier이 추구하는 경영전략 사례를 살펴보았다. 이와 함께 중국의 현대 기업문화 파트에서는 중국기업 리더십과 기업문화가 기업성과에 미치는 영향, 중국 대형상업은행 사회적 책임의 법률적 측면, 중국 재정분권개혁의 효과와 지방정부－국유기업 관계 변화 및 중국의 새로운 국유기업 개혁에 대한 고찰을 진행하였다.

본 연구총서가 출간되기까지 여러 가지 도움을 준 김주원 박사, 이상윤 박사, 강용중 박사에게 이 지면을 빌려 감사의 마음을 표한다. 그리고 본 학술서적을 간행함에 있어 출판사의 흔쾌한 결정에 대하여 언급하지 않을 수 없다. 올해도 변함없이 한국학술정보㈜에서는 순수 학술서적의 출판을 기피하는 풍토 속에서 우리의 공동연구 성과를 독자들에게 선보일 수 있도록 기회를 제공해주었다. 아무리 뛰어난 성과라 하더라도 독자와 만날 수 없다면 그림의 떡에 불과한 것이 아닌가! 역시 이 자리를 빌려 감사의 마음을 한국학술정보㈜의 모든 관계자들에게 진심으로 표한다.

제1부

중국 시장문화

중국의 해외구매대행 현황과 문제점에 관한 연구*

오원석 · 이경화

1. 서론

우리나라에서 2010년부터 늘어나기 시작한 해외직구의 규모는 올해 2조 원을 넘어설 전망이다.[1] 그 배경에는 대한민국 내수시장을 소수의 대기업들이 장악하고 물가를 높이 책정하여 국내상품이 국내에서보다 해외에서 더 싼 역차별적 구조를 이루고 있기 때문이다. 또한 생활수준의 향상에 따라 다양한 상품에 대한 소비자들의 욕구가 늘어나고 있고 인터넷과 스마트폰의 발전과 더불어 온라인쇼핑이 간편해진 것도 있다. 해외직구가 늘어나면서 해외직구족을 위한 구매대행업과 배송대행업도 더불어 성행하고 있으며 해외제품에 대한 욕구가 커지면서 병행수입사업도 성장하고 있다. 정부는 해외직구와 병행수입이 우리나라의 독과점적 소비재 수입구조를 개선할

* 이 논문은 2013년 교육부의 재원으로 한국연구재단의 지원을 받아 수행된 연구임 (NRF-2013S1A5B8A01053894). 이 논문은 무역상무연구 제65권에 게재된 논문임.

1) 김현기, “급증하는 해외직구, 업종별 희비 갈려”, 이코노믹리뷰, 2014.11.17.

것으로 보고 올해 4월 지원정책을 내놓기도 했다.[2] 이에 힘입어 카드사들은 앞다투어 해외쇼핑몰에서 사용가능하고 할인받을 수 있고 캐시백도 가능한 카드를 출시하고 있으며 항공사 화물부문과 택배사들도 활력을 되찾고 해외직구 관련 서비스를 제공하고 있다.

해외직구시장의 성장은 우리나라만의 현상이 아니다. 인터넷과 스마트폰으로 전 세계 어디에서나 상품을 쉽게 구매할 수 있기 때문에 이는 나라마다 정도의 차이만 있을 뿐 현시대의 보편적 현상이다. 우리나라의 최대 교역국인 중국도 마찬가지이다. 중국의 올해 해외직구 규모는 18조를 넘어설 전망이며 앞으로도 가파르게 성장할 것으로 보인다.

우리나라는 해외직구를 통한 상품이 수입될 때 자가사용이 목적이고 가격이 15만 원 이하이면 면세혜택이 있다.[3] 그리고 15만 원을 넘으면 자가사용이라 하더라도 관세를 부가하고 매매를 목적으로 한 수입은 가격에 상관없이 관세를 지불해야 한다. 구매대행은 해외직구족을 위해 구매업무를 대신해주는 서비스업이기 때문에 구매대행을 통해 수입되는 물품은 자가사용 물품에 속한다. 우리나라는 구매대행의 정의를 명확히 하고 있고 구매대행업의 등록 및 영업절차도 명확하며 시스템화 되어 있기 때문에 통관이나 세수관리가 편리하다.

하지만 중국은 구매대행의 정의가 명확하지 않아 해외직구와 혼용하여 쓰기도 하고 일반 수입제품의 판매도 해외구매대행이라 부른다. 명칭을 혼용한다는 것은 서비스업인 구매대행과 소매업인 판

---

2) 기획재정부, “독과점적 소비재 수입구조 개선 방안”, 2014.4.9.

3) 안영신, 글로벌셀러 창업&운영하기, 휴먼하우스, 2014, p.153.

매를 구분 짓지 않아 통관 및 세금납부과정에 혼선이 생기고, 해외직구와도 명칭을 혼용하게 되면 자가용품과 상업용품의 구분도 모호하게 된다. 법과 체계의 이러한 미흡함을 이용하여 많은 중국인들이 상업용품을 자가용품으로 속여 반입하거나 세금신고를 회피하고 나아가 제도적 미비를 이용하여 밀수행위를 관행처럼 해오고 있다.

본고에서는 해외직구와 구매대행에 대한 소개를 시작으로 우리나라와 중국의 해외직구(해외구매대행)시장을 살펴보고 중국의 해외구매대행시장의 문제점을 분석한 후 이를 통하여 중국 해외구매대행시장의 문제점에 대한 해결방안을 제시하고 한국기업에 대한 시사점을 도출한다. 해외직구시장의 성장에도 불구하고 아직 이와 관련한 선행연구는 전무한 실정이며 시장의 확대에 대비한 연구들이 앞으로 필요할 것으로 보인다.

2. 해외직구와 해외구매대행의 개관

1) 해외직구의 출현이유

해외직구란 인터넷 쇼핑몰을 통해 해외에서 직접 구매하는 소비행위를 의미하는 신조어이다.[4] 가까운 국내시장을 제쳐두고 소비자들이 해외시장을 찾는 이유는 국내소비재 가격이 해외에 비해 지나치게 비싼 것을 비롯하여 국내에 진출하지 않은 브랜드에 대한 소비

4) 이 신조어는 생활 속에서 광범위하게 쓰이게 되자 국어사전에도 등재되었다.

자들의 욕구가 인터넷과 스마트폰의 보급으로 인하여 실현 가능해졌기 때문이다.

우리나라는 소수 대기업들의 독점구조로 인하여 소비재에 높은 가격이 책정되어 있어 같은 제품도 해외시장보다 훨씬 비싼 경우가 많다. 예컨대 450만 원에 판매되는 삼성전자 TV가 해외직구를 통해 구매하면 운송비와 관세를 합쳐도 215만 원밖에 되지 않는다.[5] 또한 해외브랜드 제품은 국내 진출 시 수입상과 독점판매계약을 체결하는 경우가 많아 경쟁자가 없는 독점판매상들이 가격을 높게 책정한다. 예컨대 단돈 4,200원에 수입된 휴고보스 넥타이가 백화점에서 15만 원에 판매되고 모 해외브랜드 립스틱은 수입가격의 15배로 판매되는 등 현상이다. 해외 명품브랜드는 더 심각하다. 과시욕구로 물건의 가격이 비쌀수록 수요가 늘어나는 현상을 '베블렌 효과(Veblen Effect)'라고 하는데 이는 한국소비자들에게 잘 맞는다고 한다.[6] 이러한 심리를 이용한 해외 명품브랜드업체들은 한국에서의 가격을 미국이나 유럽보다 훨씬 높게 책정하고 매년 4~15%의 인상폭을 유지해왔다.[7]

해외직구를 하는 또 다른 이유는 국내에는 없는 다양한 브랜드의 제품을 만나볼 수 있어 선택의 폭이 넓어지기 때문이다. 인터넷과 스마트폰의 보급으로 젊은 세대들이 쉽게 해외 쇼핑몰에 접근할 수

5) 김종원, "450만 원 삼성 TV, 美 '직구'는 215만 원……한국은 봉?", SBS 뉴스, 2013.12.01.

6) 이기웅, "한국의 통관서비스 효율성 분석에 관한 연구", 무역상무연구 제53권, 한국무역상무학회, 2012, p.320.

7) 이러한 가격인상은 한・미 FTA와 한・EU FTA의 체결 후에도 계속되었다(박지훈, "왜 한국의 물건 값은 비쌀까", 매경뉴스, 2014.06.02).

있게 되었고 외국어 교육과 해외유학의 보편화로 외국어로 된 쇼핑몰을 어렵지 않게 이용할 수 있게 되었다. 실제로 해외직구는 인터넷이 대중화되던 2000년경부터 생겨났고 스마트폰이 보급되기 시작한 2010년부터 급성장하였다. 우리나라 해외직구 성장세는 <그림 1>과 같으며 올해는 매출액이 2조 원을 돌파할 것으로 전망한다.[8)]

자료: 관세청

<그림 1> 해외직구 증가 추이

2) 해외직구의 대행업무

온라인으로 해외쇼핑몰에서 물건을 구입하는 해외직구는 국내 온라인쇼핑에 비해 언어와 결제, 배송 등 면에서 원활하지 못한 한계가 있다. 예컨대 외국어에 능통하지 못하여 해외직구를 진행하는 데 어려움이 있거나 본인이 갖고 있는 신용카드를 해외쇼핑몰에서 사

8) 민동훈・권다희, “제값 다 주고 사면 ‘호갱’, ‘똑똑한 직구족 못 말려’”, 머니투데이, 2014.10.17.

용할 수 없는 경우, 또는 구매는 완료하였으나 해당 쇼핑몰에서 국제배송을 지원하지 않거나 직배송료가 비싼 경우 등 변수가 존재하기 때문이다. 이러한 해외직구 고객들을 위하여 해외직구를 대신해주는 서비스업을 해외구매대행이라 하며 해외쇼핑몰에서 구매완료한 상품의 국제배송만 대신 해주는 서비스업을 해외배송대행이라 한다.

해외구매대행의 절차는 <그림 2>와 같다.[9] 먼저 고객은 해외 사이트에서 원하는 상품을 찾은 후 상품정보를 구매대행자에게 주면서 구매견적을 요청한다. 구매대행자는 상품가격, 현지 배송비, 국제운송비, 관부가세, 대행수수료 등을 포함한 총 견적을 제시하며 고객은 구매대행자 계좌로 견적금액을 송금하고 구매대행자는 받은 금액으로 해외 사이트에서 결제하고 상품을 구입한다. 만약 국제배송을 지원하지 않는 사이트나 직배송비가 비싼 경우라면 구매대행업자도 배송대행업체에 해외배송을 의뢰한다.

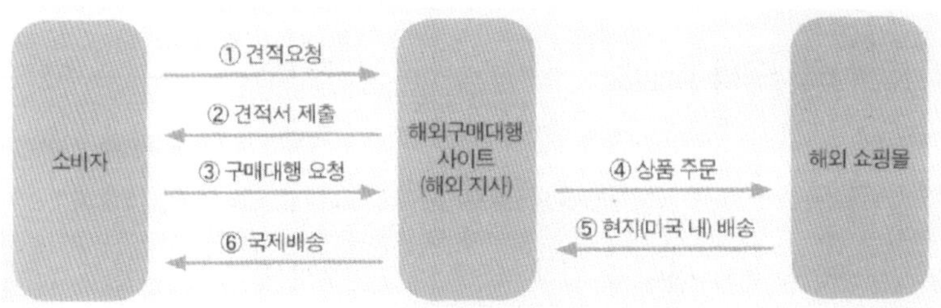

<그림 2> 해외구매대행 절차도

해외배송대행의 절차는 <그림 3>과 같다.[10] 고객은 해외사이트

9) 안영신, 전게서, p.153.

에서 상품을 선택한 후 배송대행업자에게 상품정보를 주고 배송비 견적을 요청하여 받는다. 그 후 배송비를 송금하고 상품 수령지를 배송대행지의 주소로 기입하여 쇼핑몰의 상품이 배송대행지로 배송되도록 한다. 상품을 수령한 배송대행업체는 상품의 손상여부를 체크하고 국제항공운송에 적합하도록 재포장한 후 고객 앞으로 발송한다. 인천공항에 도착한 상품은 통관하고 관부가세를 지불해야 하는데 이 금액은 배송대행업체가 고객에게 미리 받아서 내거나 혹은 고객이 직접 지불하게 된다.

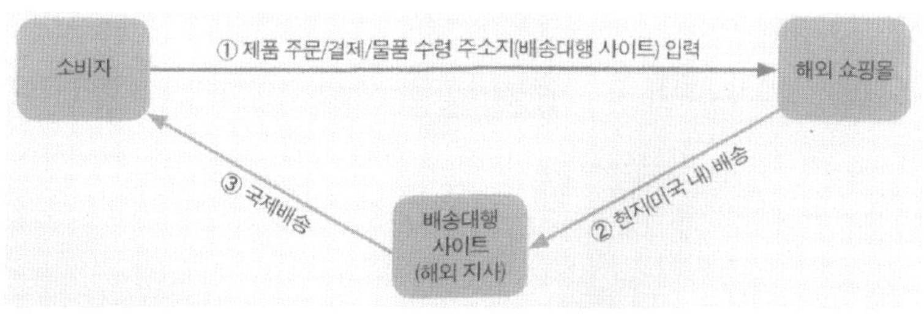

<그림 3> 해외배송대행 절차도

3) 해외직구의 통관과 해외구매대행의 세금신고

(1) 해외직구의 통관과 관세납부

전술한 바와 같이 해외직구는 소비자가 해외 온라인 쇼핑몰에서 자가사용 물품을 구입하는 행위로서 매매를 목적으로 수입하는 것이 아니다. 자가사용을 목적으로 한 물품이 소액일 경우 우리나라 관세법은 관세를 면제해주기 때문에[11] 통관절차 또한 간편하다.

---

10) 안영신, 전게서, p.168.

직구물품을 우체국을 통하여 받을 경우 우편물로 인정되는데, 우편물의 크기는 일정규모 이하로 제한되어 있어 관세법에서 정한 면세대상 소액물품에 해당하는 경우가 많다. 이와 같이 면세일 가능성이 높은 물품을 엄격한 절차에 따라 통관하면 조세수입보다 경비가 더 클 것을 고려, 우편물의 통관은 공공기관인 우편당국이 자체적으로 실시하도록 하며[12] 수입신고절차 없이 우편물목록만 검사한다. 이러한 통관절차를 목록통관이라 한다.[13]

직구물품을 우체국이 아닌 특송업체를 이용하여 배송하는 경우도 마찬가지로 관세법에서 규정한 자가사용 소액물품은 면세이기 때문에 목록통관이 된다. 특송업체는 통관지세관장과 협정을 체결하여 통관업무를 처리하는데 세관장은 특송업체별로 통관장을 지정하여 X-ray 투시기를 설치하고 판독요원을 배치하여 특송물품에 대하여 자체검사를 실시하게끔 한다. 협정상 특송업체는 수입물품의 내용을 파악하고 담보해야 하며 납세대상물품에 대해서는 납세보증을 제공하는 등 상당한 책임을 부담하기 때문에 세관장은 이를 신뢰하고 즉시통관을 허용한다.

---

11) 관세법 제94조 제4호: 우리나라 거주자가 수취하는 소액물품으로서 재정경제부령이 정하는 물품은 관세를 면제한다.
관세법시행규칙 제45조 제2항: 재정경제부령에 의하여 관세가 면제되는 소액물품은 다음과 같이 지정되어 있다. (ⅰ) 당해물품의 총과세가격이 15만 원 상당액 이하의 물품으로서 자가사용물품으로 인정되는 것. …… 위 법규의 핵심은 15만 원 이하의 소액물품이어야 한다는 것과 상업적 성질의 것이 아닌 개인적 사용에 적합한 물품이어야 한다는 것이다.

12) 관세법 제256조에 따라 관세청장이 지정한 통관우체국은 16개이며 세관공무원이 파견근무하고 있다.

13) 목록통관은 자가사용 물품으로 물품가격이 미화 $100(미국발은 $200) 이하여야 한다. 물품가격은 국제운임과 보험료를 포함하지 않는다. 상업용 물품의 수입은 목록통관대상이 아니다. 수출입신고 대상우편물에는 판매를 목적으로 반입하는 물품도 포함된다고 관세법시행령 제261조는 규정하고 있다.

우편이나 특송을 통하여 수입 통관되는 물품 중 면세물품이 아닌 것은 일반통관절차에 따라 수입신고를 하고 수입관세를 납부하여야 한다.[14)]

정리하면, 관세면제 소액물품의 기준은 15만 원이고 목록통관의 기준은 $100(미국발 $200)이다. 예컨대 유럽에서 13만 원짜리 물품을 구입한다면 $100를 초과했기에 목록통관이 안 되고 통관 간이신고서를 작성해서 제출해야 하며 신고서 심사결과 물품가격 13만 원은 15만 원 이하이기 때문에 관세가 면제된다. 하지만 동일물품을 동일가격에 미국에서 구입할 경우 $200 이하이므로 별다른 신고 없이 목록통관이 되며 관세 역시 면제되는 것이다.

(2) 해외구매대행의 세금신고

전술한 바와 같이 해외구매대행은 해외직구를 원하는 소비자들을 대신하여 직구를 해주는 서비스업이다. 따라서 해외구매대행을 업으로 하는 개인이나 업체는 국세청에 매출신고를 할 때 대행수수료만 신고하면 된다.[15)]

예를 들어 고객이 구매대행을 의뢰한 물품의 가격이 2만 원이고 미국 내 배송료가 5천 원, 국제운송비가 만 5천 원, 관부가세 면제, 구매대행 수수료 만 5천 원이라면 고객은 대행업체의 계좌로 총 금액 5만 5천 원을 입금할 것이다. 이러한 입금내역은 자동으로 국세청에 전송되며[16)] 국세청은 업체의 매출액을 5만 5천 원으로 보고

---

14) 정재완, "통관차질로 인한 무역계약위반과 면책의 가능성", 한국무역상무학회 제29회 세미나 발표자료, 한국무역상무학회, 2003, p.88.

15) 이봉수, "전자무역을 위한 통관업무의 개선에 관한 연구", 무역상무연구 제37권, 한국무역상무학회, 2008, p.260.

세금을 부과한다. 이러한 상황의 발생을 방지하기 위하여 해외구매대행업자는 사업자등록 시 업태를 '구매대행'으로 신고하여 서비스업임을 명확히 해야 한다. 즉, 이 사례의 구매대행업자는 수수료 만 5천 원에 대해서만 매출신고를 하면 되는 것이다.[17)]

하지만 일부 구매대행업자들은 소비자들의 수요가 있을 것으로 예상되는 물품을 사전에 수입하여 재고로 두고 있다가 소비자가 주문하면 바로 배송해준다. 이러한 운영방식은 수수료를 추구하는 서비스업이 아니라 매매차익을 추구하는 소매업에 해당함으로, 만약 이런 방식으로 운영했다면 총 판매대금을 매출로 신고해야 할 것이다.[18)]

구매대행으로 인정받기 위해서는 반드시 재고가 없는 상태에서 고객으로부터 먼저 대금을 받은 후 해외쇼핑몰에서 구매를 진행해야 한다. 미리 구매하여 해외창고에 보관하고 있다가 고객에게 판매하는 방식 역시 구매대행이 아니고 소매에 해당한다. 또한 구매대행은 배송물품의 수취인을 고객으로 기재하여 고객이름으로 수입통관이 되어야 하며 대행자의 이름으로 통관된 물품은 소매에 해당한다.[19)]

---

16) 인터넷으로 상품을 판매하는 모든 사업자는 반드시 통신판매업 신고를 해야 하며 쇼핑몰에서 신용카드나 계좌이체 등의 결제를 할 수 있도록 신용카드사나 PG사(결제대행사)와도 계약해야 한다. 이러한 구조에 의해서 모든 쇼핑몰에서 진행되는 거래내역은 자동으로 국세청에 신고된다.

17) 사업자 부가세율은 보통 10%인데 매출액이 연 4,800만 원 이하인 간이사업자일 경우 세율이 1.5%이다.

18) 소매의 방식으로 판매된 부분을 정확히 구분지어 신고하지 않은 사실이 발견될 경우, 그 이전에도 그런 행위가 있었던 것으로 추정하여 많은 벌금을 낼 수도 있다.

19) 안영신, 전게서 p.340.

3. 중국의 해외구매대행시장과 관련법규

1) 중국의 해외구매대행시장 현황

중국경제는 오랫동안 10%대의 고공성장을 이어오다가 최근 성장률이 하락하여 올해는 7%대를 기록할 것으로 추정하고 있지만 여전히 다른 나라에 비해 높은 수치를 유지하고 있다. 이러한 경제환경은 국민소득을 증가시켰을 뿐만 아니라 외화에 대한 중국 위안화의 가치를 지속적으로 상승시켜 국제시장에서 중국소비자들의 지급능력이 높아지는 결과를 가져왔다.[20] 이 시점에 한국에서 해외구매대행이 발전한 이유와 같은 이유로 중국에서도 해외구매대행이 성행하기 시작하였으며[21] 거기에 추가적인 이유로 중국소비자들이 국내상품의 품질에 대한 불신이 높아지면서[22] 눈길을 해외시장으로 돌리게 되었다. 중국의 해외구매대행시장은 그 어느 나라보다도 빠른 성장을 보이고 있다. 올해 중국전자상거래연구센터(中国电子商务研

---

20) 林波・徐林萍, "化妆品海外代购的现状及营销策略分析", 商务营销, 2012, p.46.

21) 해외명품의 가격은 한국과 마찬가지로 중국에서도 국내가격이 해외가격보다 많이 비싸다. 예컨대 중국에서 5,750위안 하는 루이비통가방은 홍콩에서는 4,841위안이고 프랑스에서는 4,000위안 정도밖에 안 한다고 한다(李颖, "海外代购水太深", 中国质量万里行, 2014, p.91).

22) 몇 년 전 중국에서는 불량분유 때문에 영유아가 사망하는 등 사회적 문제가 있었으며 이로 인해 중국소비자들이 중국산 분유 불매운동을 벌이는 등 중국산제품에 대한 신뢰가 바닥으로 떨어졌다. 그 후 부모들은 중국산 분유 대신 비싼 외국브랜드 분유를 구입했으며 이런 외국브랜드도 중국 OEM(주문자상표부착생산)일 가능성을 우려해 해외구매대행을 이용하여 직접 해외시장으로부터 구매하고 있다. 분유에 대한 불신은 기타 영유아용품의 불신으로까지 이어져 젖병이나 기저귀 등도 모두 해외에서 수입하려 하며 나아가 일반식품도 되도록 해외에서 구매하려는 경향이 있다(耿秋, "海外代购的红与黑", 中国新时代, 2012, p.55).

究中心)에서 발표한 ≪2013년 중국전자상거래 시장데이터 조사보고≫(2013年度中国电子商务市场数据监测报告)에 따르면 2013년 중국의 해외구매대행시장의 규모는 767억 위안(약 13조 9천억 원)으로 전년도에 비해 58.8%의 성장을 이루었으며 올해는 1,000억 위안(약 18조 1,720억 원)을 돌파할 것으로 전망한다.[23)]

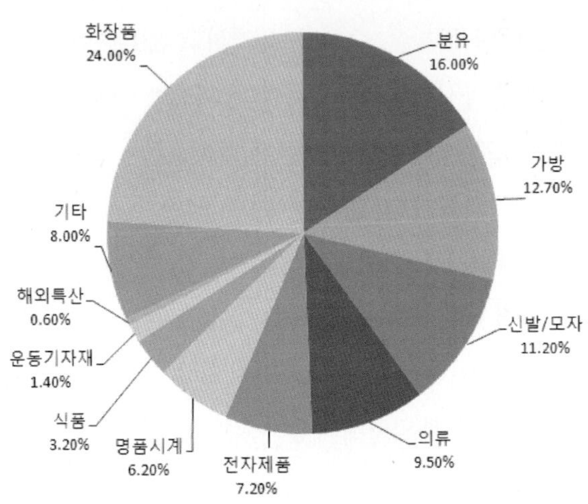

<그림 4> 2011년 중국의 해외구매대행 10대품목[24)]

글로벌 정보분석기업 닐슨에 따르면, 해외구매대행의 주 구매상품은 여성들은 의류나 화장품, 가방 등, 남성들은 의류나 전자제품, 명품시계 등, 육아를 하는 부모들은 육아용품과 분유를 많이 구매한다. 또한 고객의 40%가 26세에서 30대이며[25)] 그중 60%는 월 소득

---

23) 张翔, "海外代购: 易涉'走私' 隐藏法律风险", 中国经济网, 2014.08.13. 郭雨萌, "关于海外代购行业的几点思考", 现代经济信息, 2014, p.418.

24) 张宏楠, "海外代购的市场机遇与挑战分析", 现代商业, 2014, p.55.

25) 冯凯, "网络海外代购业务分析", 科技广场, 2012, p.130.

이 1.1만 위안(약 200만 원) 이상으로 고소득층으로 이루어졌다.[26] 고소득층 소비자들이 해외제품을 찾는 이유는 국내제품에 대한 불신보다 해외브랜드와 명품에 대한 수요가 늘었기 때문이며 이러한 명품의 가격이 한국에서와 마찬가지로 국내외의 가격차이가 큰 것도 한몫한다. 중국의 상무부[27] 자료에 따르면, 시계, 가방, 의류, 주류, 전자제품 등 다섯 가지 상품의 해외 20개 명품브랜드의 가격을 분석한 결과 중국에서의 가격이 홍콩에 비해 약 45%, 미국에 비해 약 51%, 프랑스에 비해 약 72%가 높게 책정된 것이 확인되었다.

2) 중국에서 해외구매대행업의 운영

중국 관세법의 관련규정에 보면 중국은 수출입물품을 '물품'과 '화물'로 구분하고 각기 다른 통관절차와 관세율을 적용한다. '물품'이라 함은 무역의 성격을 띠지 않는 자가용품을 말하며 국내에 반입된 후 매매나 임대가 불가능하다. 이런 물품은 관련 규정에 따라 감면세의 혜택을 누릴 수 있다. '화물'은 무역의 성격을 띠며 가격에 상관없이 정상통관절차를 거치고 수입관세를 납부해야 한다. 해외직구는 자가용품을 구매하는 행위이기 때문에 '물품'의 범주에 속하고 구매대행도 해외직구를 대신해주는 행위이기에 역시 '물품'의 범주에 속한다.[28][29]

---

26) 陈芳, "海外代购市场规模今年将达千亿", 中国商网, 2014.09.25.

27) 상무부는 국가의 경제와 대외무역을 총괄하는 국무원 소속 내각의 하나이다. 국무원은 행정법규 및 명령을 제정공포하고 지방행정기관에 업무지도를 하며 국가발전계획을 수립하고 국가예산을 편성 및 집행하는 중국의 최고 국가행정기관이다.

28) 乔佳瑜, "海外代购行为的法律分析", 当代工人, 2012, p.76.

중국의 해외구매대행은 크게 두 가지로 구분할 수 있는데, 온라인쇼핑몰에서 공식적으로 영업하는 전문 구매대행업자와 SNS로 지인들을 상대로 판매행위를 하는 개인으로 나뉜다. 온라인쇼핑몰 업자도 두 부류로 나눌 수 있는데 현물구매대행(现货代购)과 단순구매대행[30](非现货代购)이 있다.[31] 현물구매대행은 구매대행을 의뢰받기 전에 미리 해외로부터 상품을 수입해서 판매하는 일반 판매업을 하면서 '구매대행'이라는 이름을 사용하는 업자를 말하고, 단순구매대행은 우리나라와 같이 구매의뢰를 받고 송금은 받은 후 그 대금으로 해외사이트에서 구매를 진행하는 업자들을 말한다.[32] 현물구매대행업자는 사실 일반 판매업자로서 그들이 수입하는 물품은 '화물'의 범주에 속하며 정상적인 통관절차를 거쳐 관부가세를 납부하기 때문에 이러한 물품은 국내에서 이미 판매되고 있는 동종물품에 비해 가격경쟁력이 떨어진다.

개인대행업자들은 해외에서 구매한 물품을 자가용품으로 속여 휴대하고 입국하거나 국제우편으로 받은 후 국내에서 판매하는 수법

---

29) 중국정부의 홈페이지 공지사항에서는 (http://www.gov.cn/gzdt/2010-09/03/content_1694986.htm) '물품'과 '화물'을 본고와 다르게 구분하고 있다. 즉, '물품'은 대금지급을 대가로 하지 않는 자가용품이며 친인척이나 친구가 보내준 우편물품이 그 예이다. '화물'은 매매계약을 통하여 대금지급을 대가로 받는 물품을 말하기에 해외직구나 구매대행은 모두 '화물'의 범주에 속한다는 것이다. 이 내용에 따르면 중국소비자가 온라인으로 해외에서 물품을 구매하여 우편으로 배송받는 직구행위도 '화물'의 수입에 속하기에 그 금액이나 수량에 상관없이 관세를 납부해야 한다. 이 내용의 정확성에 대해서는 추후 확인하여 보충할 예정이다.

30) 직역하면 비현물구매대행이지만 본고에서는 이해를 돕기 위하여 단순구매대행으로 쓴다.

31) 张郁, "网络海外代购中的走私犯罪分析及侦防措施研究", 公安研究, 2014, p.37.

32) 단순구매대행만을 진정한 구매대행으로 보는 학자들도 있고, 이 두 가지 방식을 모두 실무에서처럼 구매대행의 두 가지 형식으로 구분하는 학자들도 있다(康晓燕·宋炳良, "传统海外代购困境探析", 人力资源管理, 2014, p.38).

으로 '화물'을 '물품'으로 둔갑하여 감면세 혜택을 누리는 편법행위를 많이 하고 있다. 또는 해외여행의 기회를 이용하여 해외에서 화장품과 같은 물품을 구입해 입국한 후 SNS를 통하여 친구들에게 판매한다. 이는 중국에 보편적으로 존재하는 현상으로 이러한 행위가 불법이라는 인식은 거의 없다.

위의 영업방식들은 중국에서 모두 '구매대행(代购)'으로 불리는데 제2장에서 기술한 바와 같이 구매대행은 서비스업이어야 하므로 위와 같은 방식으로 운영되면 아니 된다. 하지만 중국의 온라인시장에서는 관련 법률과는 상관없이 '구매대행'이란 명칭을 해외상품 판매와 대리구매업무에 혼용하여 쓰고 있는 실정이다.

3) 중국의 해외구매대행 관련법규

중국세관이 2010년 9월에 발표한 ≪자가사용 우편물품의 수출입 통관에 관한 관리조치≫(海关总署解读进出境个人邮递物品管理措施调整)에 따르면 중국은 과세액이 50위안(약 9천 원) 이하인 자가사용 물품은 관세를 면제하고[33)] 1회 우편물품금액의 상한선을 1,000위안(약 18만 2천 원)으로 제한한다.[34)] 관세가 50위안을 넘는 우편물품은 물품금액 전액에 대해 관세를 부과한 후 통관하며, 물품금액

33) 기존의 규정은 과세액이 500위안 이하면 면세였는데 화물수입자들이 화물을 물품으로 속이는 경우가 많아 면세범위를 50위안으로 대폭 조정했다. 이로 인해 설령 물품으로 둔갑한다 하더라도 관세를 내야 하는 상황이다. 허나 이러한 조치는 진짜 자가사용 물품을 반입하는 선의의 자들에게 지나치게 가혹하다는 판단이다(潘涛・朱琳, "浅析网络海外代购的问题", 时代金融, 2013, p.279).

34) 홍콩, 마카오, 대만으로부터 보내온 자가사용 우편물품의 한도는 800위안으로 다른 나라와 다르게 적용한다.

이 1,000위안을 넘는 우편물품은 반송하거나 또는 '화물'로 갈음하여 관세 징수 후 통관한다.

휴대품의 경우 우편물품과 다른 면세요건이 적용된다. 중국세관이 2010년 8월에 발표한 ≪입국여행자 휴대물품의 감면세규정≫(关于明确进境旅客行李物品征免税规定)에 따르면 개인휴대품의 자가사용 물품금액이 5,000위안(약 91만 원) 이하일 경우 관세를 면제하며 5,000위안을 초과하면 그 초과분에 대해서만 과세한다.

현물구매대행에 종사하는 구매대행업자, 즉 일반 무역업자는 '화물'을 수입하므로 ≪중화인민공화국 세관수출입세칙≫(中华人民共和国海关进出口税则)에 따라 세금을 납부해야 하며, 단순구매대행은 해외직구족을 위하여 대행서비스만 제공하기 때문에 ≪자가사용 우편물품의 수출입통관에 관한 관리조치≫및 ≪중화인민공화국 입국물품 수입세율표≫(中华人民共和国进境物品进口税税率表), ≪중화인민공화국 입국물품 분류≫(中华人民共和国进境物品归类表), ≪중화인민공화국 입국물품 과세가격표≫(中华人民共和国进境物品完税价格表) 등에 따라 통관한다.

위 법률의 위반에 대해서 중국 형법 제153조는 개인의 밀수행위에 대하여 탈세액이 5만 위안 이상이면 보통화물・물품밀수죄(走私普通货物・物品罪)를 구성하며 50만 위안 이상일 경우 10년 이상의 징역에 처하고 탈세액의 1배 이상, 5배 이하에 해당하는 벌금을 안긴다고 규정한다.

부가세는 ≪재무부 국가세무국의 부가세・영업세 정책규정에 관한 통지≫(财政部国家税务总局关于增值税、营业税若干政策规定的通知)에 따라 납부해야 한다.[35]

이 규정에 따르면 구매대행업무가 아래의 조건을 동시에 만족하는 경우 부가세가 면제된다. 첫째, 대행업자가 구매대금을 대납하지 말아야 하고 둘째, 해외판매상이 실구매자(소비자) 앞으로 영수증을 발행해야 하며 셋째, 대행업자가 소비자로부터 받은 대금은 실제 해외판매가격, 운송비, 대행수수료로 구성되어야 한다.[36] 즉, 정상적인 구매대행의 절차는 세법에서 규정하고 있다고 볼 수 있다. 하지만 중국의 해외구매대행 실제를 보면 업자가 구매대금을 선납하거나 구매영수증을 소비자 앞으로 발행하지 않거나 또는 상품을 미리 확보해두고 있는 경우가 많아 세법에서 규정한 부가세 면제대상에 포함되지 않는다. 그럼에도 불구하고 많은 업자들은 '구매대행'이라는 명칭을 사용한다는 이유로 부가세 납부를 피하고 있는데[37] 이에 대한 단속이 미흡한 실정이다.

4. 중국 해외구매대행시장의 문제점과 해결방안

1) 중국 해외구매대행의 밀수사례

(1) 사건개요[38]

중국해남항공에서 스튜어디스로 활동했던 이효항(李晓航)은 회사에서 나온 후 남자친구와 함께 중국의 유명 온라인쇼핑몰에 화장품

35) 중국의 부가세는 17%이다(田昊炜・田明华・邱洋・程思瑶, "网络海外代购对我国的影响和对策", 北方经贸, 2012, p.57).

36) 梁文涛, "代购行为在四种不同情况下的税务筹划", 财会通讯, 2013, p.105.

37) 乔佳瑜, 전게논문, p.77.

38) 王楠, "北京'前空姐代购走私案'重审改判: 判刑3年", 新华网, 2013.12.17.

가게를 입점하고 한국의 친구가 면세점에서 대량의 화장품을 구입해주면 이것을 휴대하고 입국한 후 쇼핑몰에서 판매했다. 그녀는 많은 양의 화장품을 갖고 여러 차례 입국했지만 검사를 받지 않아 이러한 행위가 탈세라는 것을 알지 못했다고 한다. 그 후 2011년 4월 19일 심양공항으로 입국하다가 검사에 걸리면서 개인휴대물품은 5,000위안(약 91만 원)을 초과하면 신고하고 관세를 지불해야 한다는 것을 알게 되었다. 하지만 같은 해 8월 30일 이효항은 남자친구와 함께 베이징공항으로 입국하다가 또 검사에 걸렸으며 가방에는 10만 위안(약 1,800만 원)에 상당하는 화장품이 있었고 그들은 고의 탈세혐의로 체포되었다.

2012년 7월 1심법원은 이러한 행위를 보통화물밀수죄에 해당한다고 보고 누적탈세액이 109만 위안(약 2억 원)에 달한다고 판단하여 이효항과 그녀의 남자친구를 각각 징역 11년과 7년으로, 벌금 50만 위안(약 9천만 원)과 25만 위안으로 판결하였다. 이 판결에 대하여 중국여론은 "형이 너무 지나치다"는 반응이 주를 이루었고[39] 2013년 5월 6일 항소법원은 "사실관계가 명확하지 않고 증거가 불충분"하다는 이유로 1심판결을 무효처리하고 재심결정을 내렸다. 법원은 재심을 위하여 이효항이 그동안 휴대 입국한 화장품의 실제가격을 조사하여 물품의 가격을 정확히 계산하였으며 결과 탈세액이 8만 원(약 1,400만 원)이라고 결론지었다. 그리하여 기존의 11년 징역형이 3년으로 줄었고 벌금도 4만 위안으로 대폭 줄었다. 그녀의 남자친구

39) 당시 한 포털사이트(人民網)에서 이 판결에 대한 설문조사를 진행하였는데 응답자의 95.7%가 "형량이 너무 지나치다"고 답했고 3.2%만이 "판결에 동의"한다고 선택했다(张郁, 전게논문, p.40).

도 2년 6개월의 징역과 2만 위안의 벌금형을 받았다.

(2) 사건검토

이 사례에서 이효항은 물품가격을 신고하지 않고 여러 차례 물품을 휴대하고 공항검색대를 통과했다. 실제로 이효항뿐만 아니라 많은 중국인들이 해외에서 물품을 대량 구매한 후 중국으로 반입하여 판매를 하고 있으며 어떤 이는 해외여행이나 출장의 기회를 이용하여 화장품이나 의류를 구매해서 국내로 반입 및 판매한다. 이효항은 그중의 한사람일 뿐이었고 이러한 행위가 불법인지, 불법이라면 어떤 법에 저촉되고 어떤 처벌을 받는지에 대해 전혀 모르고 있었다. 이는 중국의 해외구매대행 관련 법규가 미흡하고 또 이를 충분히 국민들에게 숙지시키지 못한 국가의 책임이 크다고 본다. 뿐만 아니라 국민들도 국가의 법규에 대해 관심이 없고 자신의 행위가 위법인지 합법인지 알려고 하지 않는 국민성에도 문제가 있다.[40]

이효항은 수차례 검색대를 지났지만 적발된 것은 단 두 번뿐이었다. 처음에는 큰 문제없이 해결되었고 두 번째 적발되었을 때에는 상습적이고 고의적으로 납세의무를 위반하였다고 판단하여 체포하였다. 중국의 여론은 이효항이 운이 없었다고 말한다. 중국의 통관검사는 선별검사로 걸릴 가능성이 거의 없다고 보는 것이다. 게다가 어느 항구 또는 공항이 검사를 엄격히 하고 선별비율이 높은지 미리 알고 그런 곳은 피한다.[41] 이와 같은 선별검사제도가 그들로 하여금

---

40) 중국에는 "上有政策, 下有对策"라는 말이 있는데 위에 정책이 있으면 아래에는 대책이 있다는 뜻, 즉 국가의 법률과 정책이 어떻든지 국민은 그것을 피할 길만 강구한다는 것이다. "위법, 편법"은 중국에서는 일종의 문화인 셈이다.

41) 예컨대 천진, 상해 등 항구는 검사를 엄격히 진행하고 심천은 상대적으로 수월하다

"선별에 걸리지만 않으면 큰 금액의 세금을 아낄 수 있다"는 생각을 갖도록 만든 것이다.

이효항은 1심에서 탈세액이 109만 위안으로 11년의 징역형을 선고받았지만 재심에서는 탈세액이 8만 위안인 것으로 판단 3년형을 선고하였다. 1심과 2심은 이효항의 탈세행위를 모두 '보통화물밀수죄'로 보았지만 탈세액의 차이가 아주 크다. 이는 중국이 아직 해외구매대행에 대한 매출산정기준과 밀수의 처벌기준 등 법규가 제대로 갖춰지지 않았기 때문이다.

이 사건이 중국에서 파장이 컸음에도 불구하고 국민들은 여전히 이효항이 세금을 탈세했다는 것만 알 뿐이다. 국가나 언론은 반드시 국민들에게 휴대품의 반입규정, 우편물의 반입규정 및 매매가능 화물의 반입규정 등에 대해 교육하고, 매매를 목적으로 한 화물은 검사검역증명서 등 관련 서류도 준비해야 하고 관세, 부가세,[42] 소비세 등도 개인물품과는 다르게 적용된다는 규정 숙지시켜야 할 것이다. 중국의 구매대행업자들 중 구매대행서비스업이 아닌 해외상품을 미리 수입해서 판매하는 업자들은 모두 위와 같이 관련 증명서를 준비하고 관련 세금을 납부하면서 운영해야 한다.

2) 중국 해외구매대행의 문제점 – 밀수

중국의 해외구매대행은 일반적인 구매대행서비스는 극히 드물고 미리 수입한 상품을 국내에서 판매하는 방식이기 때문에 수입 시 관

고 알려졌다.

42) 중국의 부가세는 增值税라고 하며 개념이 우리나라와 좀 다르다.

세, 부가세 그리고 일부 사치품은 소비세까지 납부해야 한다.[43] 이런 세금을 회피하기 위하여 물품을 휴대하고 입국하는 일부 구매대행자들은 상품의 포장을 뜯고 상표를 훼손하는 방식으로 세관이 상품의 품명과 가격을 정확히 확인할 수 없게 하기도 한다. 또는 부피가 작은 사치품은 본인이 직접 착용하고 입국하거나 개수가 많을 때는 여러 입국자들이 일부씩 분담하는 방식으로 검색에 걸려도 빠져나올 수 있다.[44]

또 '冲关'이라는 방식이 있는데, 이는 홍콩으로부터 입국하는 구매대행업자들이 입국시간을 맞춰 같은 시간에 홍콩－중국 입구를 통과함으로써 검색에 선택될 가능성을 줄이는 방식이다. 홍콩은 수입자유방임제를 실시하여 97%의 수입물품이 관세를 내지 않고 수입된다. 따라서 많은 구매대행 업자들은 우선 홍콩으로 물품을 수입한 후 '冲关'의 방식으로 중국으로 입국한다. 입구에는 보통 3~5명의 검사인원이 배치되고 한 대의 X-Ray가 설치되어 있긴 하지만 워낙 유동인구가 많고 대부분 쇼핑객이라서 선별검사가 쉽지 않다.[45] 2010년부터는 수입규제가 강화되어 자가용 우편물이라 하더라도 수입세액이 50위안(약 9천 원) 이상이면 관세를 납부해야 하기 때문에 대부분 자가사용 우편물이 관세납부대상에 속한다. 이런 규제강화로 인해 홍콩으로 수입한 후 '冲关' 하는 밀수가 더욱 성행하고 있다.

---

43) 이 모든 세금을 납부하게 되면 상품의 국내 가격경쟁력이 떨어진다고 한다. 즉, 대부분 사람들이 세금을 내지 않고 수입하기 때문에 국내에서 정상가격 이하로 싸게 판매하는 환경이기 때문이다(王杉杉, "海外代购的法律分析", 法制与社会, 2013, p.263).

44) 徐俊, "新政策下网络海外代购发展探析", 电子商务, 2010, p.28.

45) 张郁, 전게논문, p.39.

다음으로는 물품의 용도와 가격을 속여서 입국하는 방식이다. 보통 소량으로 거래하는 개인대행업자들은 해외에서 한 두 박스 분량의 화장품이나 의류 등을 구입한 후 자가사용 물품으로 속여 입국함으로써 물품에 부여되는 관세혜택을 누린다. 또는 판매용으로 의심할 것을 대비하여 한 박스에 여러 종류의 상품을 같이 담거나 X-ray에 잘 나타나지 않도록 박스 안쪽 면에 책으로 도배하기도 한다. 동일 이름과 주소로 수차례 해외우편을 주고받아도 판매용으로 의심받을 수 있으므로 받는 사람과 보내는 사람을 계속 바꾸기도 한다. 물론 송장가격을 낮게 기재하여 수입세가 50위안을 넘지 않도록 조작한다.

하지만 위의 방법으로 우편물품을 받게 되면 검색에 걸릴 가능성이 있어 운이 안 좋아 검색에 걸리게 되면 물품을 다시 해외로 반송하거나 또는 관세를 내고 통관해야 한다. 하지만 관세를 내고 수입한 물품은 가격경쟁력이 떨어져 SNS를 통한 판매가 힘들어진다. 이와 같이 탈세행위를 발견하고도 관세를 추징하는 것으로 마무리하는 관행이 국민들로 하여금 행위의 위법성과 심각성을 알지 못하게 한다. 중국 형법에는 "밀수로 탈세한 금액이 5만 위안(약 9백만 원) 이상이면 보통화물·물품밀수죄(走私普通货物·物品罪)에 해당한다"고 규정하며 이 조항에 근거하여 소액 탈세자는 관세를 추징하면 끝난다.[46)]

단순해외구매대행도 예외는 아니다. 그들은 주문을 받은 후 송금받은 금액으로 구매를 진행하는데, 소비자에게 견적을 제시할 때 관

46) 탈세액이 5만 위안 미만인 소액 탈세행위는 일반밀수위법행위에 해당하며 형법상 밀수죄를 구성하지 않는다(张郁, 전게논문, p.39).

세가 포함된 가격을 제시하면 가격경쟁력이 없으니 관세를 제외한 가격을 제시한다. 그리고 홈페이지에 공공연히 "세관의 검색에 걸릴 경우 관세를 납부해야 하며 그 금액은 소비자가 부담한다"는 문구를 명시하고 있다.47)

중국에는 이와 같은 소액 탈세자들이 있을 뿐만 아니라 해외구매대행자들의 탈세를 도와주는 물류업체들도 성행한다. 그런 물류업체를 이용하면 물품의 포장이나 가격에 신경을 쓰지 않아도 검색에 걸리지 않고 통관이 가능하다. 그중 가장 유명한 방식은 '代工'이라는 것인데, 인천항에서 대량의 컨테이너를 선박으로 중국의 모 항구까지 운송한 후 통관시키는 방식으로 모든 물품은 관세를 내지 않아도 되고 검사도 하지 않는다. 이 방식은 운송비를 물품의 가격이 아닌 무게로 계산하기 때문에 무게가 작고 고가인 상품은 이득을 많이 볼 수 있다.48)

이와 같이 중국의 해외구매대행 시장은 밀수로 인하여 거액의 세금유출이 발생하고 있음에도 아직까지 전자상거래의 시스템정비나 관련 법률이 미흡하며 해외구매대행쇼핑몰을 운영하는 업체에 대한 관리체계가 부실하다. 심지어 사업자등록을 하지 않고 온라인 구매대행쇼핑몰을 운영하는 경우도 많이 볼 수 있다.49) 중국세관은 올해 8월 1일에 ≪국제무역 전자상거래 화물/물품에 관한 관리감독공고≫(关于跨境贸易电子商务进出境货物、物品有关监管事宜的公告)를 발

47) 李颖, 전게논문, p.91.

48) 이 내용은 중국에서 해외구매대행업을 탈세를 하면서 진행하고 있는 지인으로부터 직접 입수한 정보들로 구성한 것이다.

49) 상업행위를 하는 자는 국가행정관리국과 상무부의 관련규정에 따라 사업자등록을 해야 하며 그렇지 않을 경우 불법경영행위에 속한다.

표하여 전자상거래에 종사하는 모든 기업, 개인, 결제기업, 물류기업 등은 제때에 거래, 결제, 보관, 물류 등 상황을 전자상거래 통관시스템에 반영하여야 한다고 규정했다. 하지만 이미 관습으로 자리 잡은 중국의 해외구매대행 밀수행위가 법규의 제정으로 바뀔 수 있을지는 의문이다. 중요한 것은 이 법규를 국민들에게 얼마나 잘 전달하고 철저히 관리하며 위반사례 적발 시 얼마나 엄격히 처벌하느냐에 성패가 달린 것 같다.[50)]

3) 중국 해외구매대행의 문제점에 대한 해결방안

중국 해외구매대행시장의 문제점을 해결하려면 정부는 다음과 같은 대책을 세워야 할 것이다.

우선 구매대행업에 대한 정의를 명확히 하고 이 정의의 성격에 포함되지 않는 업종은 구매대행이란 명칭을 쓰지 못하도록 단속해야 한다. 또한 구매대행업의 업무절차규칙을 만들어 구매대행이라는 명칭을 쓰는 모든 업체들이 이 규칙대로 업무를 진행하여 서비스업의 범위를 벗어나는 행태를 방지해야 한다. 또한 온라인상에서 상품매매를 하려는 자는 우선 등록을 하고 모든 수입이 국세청에 자동으로 반영될 수 있는 시스템을 구축하여 세수유출을 막아야 한다. 그리고 온라인쇼핑몰의 결제는 모두 정부가 구축한 결제시스템을 통하여

50) 중국에서 많은 양의 짝퉁이 생산되어 세계시장질서를 어지럽힘에도 불구하고 중국 정부는 짝퉁생산을 단속하는 규제책만 있을 뿐 이를 적극적으로 시행하지 않는다. 이유는 짝퉁의 생산이 하층민의 경제에 도움이 되고 짝퉁의 수출로 외화수입이 확보되며 짝퉁기술이 나중에는 중국 기술발전의 기반이 될 것이라는 實利추구의 문화 때문이다. 같은 이유로 구매대행시장의 밀수문제도 장기방치하지 않을까 하는 우려가 있다.

행해져야 할 것이다. 물론 이 모든 것은 관련 법규나 규칙을 제정 및 보완해야 가능할 것이며 이러한 규칙을 철저하게 시행하는 것 또한 중요하다.

통관절차는 완전 자동화시스템을 개발하여 운송장 바코드가 찍히면 상품명, HS코드, 관세율, 세액, 면세대상 여부 등 중요정보가 한꺼번에 제공되고 이 정보에 따라 과세물품과 면세물품이 자동으로 분류되어야 할 것이다. 이러한 자동화시스템은 한국세관에서 도입하고 있는데 중국에서도 벤치마킹을 할 필요가 있다. 이렇게 하면 수입물량이 아무리 많아도 모든 제품에 대한 검사가 자동으로 진행되어 선별검사로 인한 문제점을 해결할 수 있을 것이다.

문제는 전수검사를 한다 하더라도 운송장에 상품명이나 가격, 수량, 자가사용 여부 등을 허위로 기재하는 경우 세수유출이 계속된다. 이런 행위는 의심물품을 오픈해서 검사하는 방법밖엔 없으며 이 부분은 국민의 의식수준 향상을 기대해볼 수밖에 없다. 사실 중국의 해외구매대행시장에서 밀수가 성행하고 관행처럼 행해지는 것의 근본원인은 국민의식이 낮고 위법에 대해 둔감하며 세수나 통관분야 근무자들의 부패가 가장 큰 요인이다. 낮은 가격에 상품을 구매할 수 있으면 그 상품이 밀수품이어도 전혀 문제되지 않는다는 소비자들이 마인드를 바꾸고, 쇼핑몰운영자와 구매대행업자는 윤리의식을 갖고 사회지향성 영업을 해야 할 것이며, 국제특송업체들은 사리를 위하여 뇌물로 국내외 통관 관련인사를 매수하여 공공연히 밀수를 진행하는 악관행을 버려야 할 것이다.

5. 시사점

본문에서 중국의 해외구매대행시장의 문제점을 살펴보았지만 그럼에도 불구하고 중국의 해외직구시장이 엄청나게 크다는 사실은 확실하다. 이 시점에 우리나라 기업들은 중국의 해외직구족을 겨냥한 사업을 구상해야 할 것이며 온라인 쇼핑몰은 중국인들이 쉽게 들어와서 직구를 할 수 있도록 시스템을 정비해야 한다. 현재 우리나라 온라인쇼핑몰은 중국어홈페이지로 호환되긴 하지만 아직도 중국인들의 눈높이에 맞추어 구성되지 않아 사용하기 불편하다. 기업들은 상품을 단순 수출 외에도 중국 직구족들을 위하여 온라인으로도 판매하여 시장을 넓혀야 하며 중국 직구족들을 모으기 위하여 중국 맞춤형 온라인쇼핑몰을 제작 및 홍보해야 한다. 또한 중국의 카드로 쉽게 우리나라 온라인쇼핑몰에서 결제할 수 있도록 시스템정비가 필요하며 저가의 해외배송서비스도 필요하다.

온라인마켓도 중국인 전용쇼핑몰을 만들어야 할 뿐만 아니라 특송업체나 배송대행지업체, 구매대행업체도 중국시장만을 위한 서비스를 개발하면 중국이라는 거대시장을 갖게 될 것이다. 미국은 Black Friday[51)]라는 연말 할인행사시즌이 있으며 온라인상으로도 할인판매를 제공하고 있어 전 세계 소비자를 끌어들이고 있다. 한국도

---

51) 미국에서 최대 규모의 쇼핑이 이뤄진다고 하는 날을 말한다. 11월 마지막 목요일인 추수감사절 다음날로서, 전통적으로 연말 쇼핑 시즌을 알리는 시점이자 연중 최대의 쇼핑이 이뤄지는 날이다. '검다'는 표현은 상점들이 이날 연중 처음으로 장부에 적자(red ink) 대신 흑자(black ink)를 기재한다는 데서 연유한다. 전국적으로 크리스마스 세일에 들어가는 공식적인 날이기도 해서 관련업계에선 이날 매출액으로 연말 매출 추이를 점친다(매일경제 용어사전).

미국처럼 할인행사를 주기적으로 진행하여 중국을 비롯한 주변국 소비자의 이목을 끄는 것이 필요하다. 특히 중국전문 구매대행이나 쇼핑몰은 중국인들이 선호하는 영유아용품과 의류에 포커스를 맞출 필요가 있어 보이며 이러한 사업이 꾸준히 발전하려면 상품판매 이외에도 반품, 교환, A/S서비스도 최대한 편리하게 제공해야 할 것이다. 예를 들면 중국소비자가 구매한 바지가 사이즈가 작아 교환하려고 하면 이를 온라인 교환신청을 한 후 중국에 주소를 둔 어느 한 배송대행지로 보내면 한국쇼핑몰에서는 온라인신청을 확인 후 기존 제품을 기다리지 않고 바로 새 제품을 발송하여 대기시간을 단축하는 것이다.

뿐만 아니라 해외직구나 구매대행은 주로 젊은이들이 이용하는데, 인터넷에 서툰 중년도 온라인쇼핑으로 끌어들일 방안을 모색하는 것도 필요해 보인다. 아직까지는 젊은이들의 소비품을 위주로 온라인상에서 거래되지만 건강식품이나 안마의자, 온수매트 등을 중국 중년들을 상대로 판매하면 큰 시장을 확보할 수 있을 것이다.

거대한 중국시장 온라인시장이 우리의 가까이에 있으니 직접 중국에 진출하지 않고서도 충분히 이 시장을 겨냥한 사업을 할 수 있고 또 판매업이 아니라도 소비자들을 위한 구매대행이나 배송대행을 시도할 수도 있다.

6. 참고문헌

기획재정부, "독과점적 소비재 수입구조 개선 방안", 2014.

김기인, 한국관세법 기초이론과 실무, 한국관세무역연구원, 2005.6.

김종원, "450만 원 삼성 TV, 美 '직구'는 215만 원……한국은 봉?", SBS 뉴스, 2013.

김현기, "급증하는 해외직구, 업종별 희비 갈려", 이코노믹리뷰, 2014.

민동훈·권다희, "제값 다 주고 사면 '호갱', '똑똑한 직구족 못 말려'", 머니투데이, 2014.

박지훈, "왜 한국의 물건 값은 비쌀까", 매경뉴스, 2014.

안영신, 글로벌셀러 창업&운영하기, 휴먼하우스, 2014.

이기웅, "한국의 통관서비스 효율성 분석에 관한 연구", 무역상무연구 제53권, 한국무역상무학회, 2012.

이봉수, "전자무역을 위한 통관업무의 개선에 관한 연구", 무역상무연구 제37권, 한국무역상무학회, 2008.

정재완, "통관차질로 인한 무역계약위반과 면책의 가능성", 한국무역상무학회 제29회 세미나 발표자료, 한국무역상무학회, 2003.

徐俊, "新政策下网络海外代购发展探析", 电子商务, 2010.

乔佳瑜, "海外代购行为的法律分析", 当代工人, 2012.

林波·徐林萍, "化妆品海外代购的现状及营销策略分析", 商务营销, 2012.

田昊炜·田明华·邱洋·程思瑶, "网络海外代购对我国的影响和对策", 北方经贸, 2012.

耿秋, "海外代购的红与黑", 中国新时代, 2012.

冯凯, “网络海外代购业务分析”, 科技广场, 2012.
潘涛・朱琳, “浅析网络海外代购的问题”, 时代金融, 2013.
梁文涛, “代购行为在四种不同情况下的税务筹划”, 财会通讯, 2013.
王楠, “北京‘前空姐代购走私案’重审改判: 判刑3年”, 新华网, 2013.
王杉杉, “海外代购的法律分析”, 法制与社会, 2013.
郭雨萌, “关于海外代购行业的几点思考”, 现代经济信息, 2014.
张宏楠, “海外代购的市场机遇与挑战分析”, 现代商业, 2014.
李颖, “海外代购水太深”, 中国质量万里行, 2014.
张郁, “网络海外代购中的走私犯罪分析及侦防措施研究”, 公安研究, 2014.
康晓燕・宋炳良, “传统海外代购困境探析”, 人力资源管理, 2014.
陈芳, “海外代购市场规模今年将达千亿”, 中国商网, 2014.
张翔, “海外代购: 易涉‘走私’ 隐藏法律风险”, 中国经济网, 2014.

ABSTRACT

A Study on the Status and Problem Concerning Overseas Shopping Service

Won-Suk OH · Jing-Hua LI

With the steady growth of our nation's economy, the purchase power of our domestic citizens has continuously enhanced. In recent years, online overseas shopping has rapidly warmed up, increasing number of Chinese people have started to purchase overseas products via internet.

According to China's current legislation, the imported goods are divided into goods and items based on "profitability standard", and regulated by different rules of clearance supervision and import duties. Goods can't pass through custom and pay duties in the form of items, and the import duties burden of goods is generally much heavier than that of items. Goods of entrusted overseas shopping pass through custom and pay duties in the form of items, but goods of profitable purchasing are goods, not items. Therefore, the profitable-purchasing behavior is smuggling. Although goods of unprofitable purchasing are items, unprofitable-purchasing behavior may also constitute smuggling.

The author concludes that causes of smuggling crime are: huge market demand for overseas goods, lack of customs supervision, law blank of petty foreign trade, and public's misconception of entrusted overseas purchasing are the major factors. The author proposes the corresponding preventive measures against the crime, such as to establish an one-stop service system in online Shopping Mall, to modify the Passengers' Baggage Declaration Form, to establish a relatively simplified clearance system of small cargo, to establish a relatively reasonable import duties of petty trade.

Keywords: Shopping Abroad, Overseas Shopping Service in China, Problems in Overseas Shopping Service

중국기업이 인식하는 한국 국가이미지 효과에 관한 연구*

이지나 · 김경애 · 김용준

1. 서론

현재 중국은 '신창타이(新常態, 구조조정 속의 중고속 성장기)'[1] 시대에 맞춰 제조업 위주에서 정보기술(IT) · 에너지 · 신소재 · 첨단 장비 등 고부가가치 산업으로, 수출 주도 성장에서 내수 활성화를 통한 성장으로, 중국 동부 연안 대도시 지역경제 발전 중심에서 중서부 내륙 지역 발전으로 경제성장 패러다임을 전환하고 있다. 중국 시장에서는 과거 미국, 일본 등 기업들이 우위를 점했다면, 현재는 중국기업이 강력한 경쟁자로 부상하며 새로운 협력과 경쟁구도로 재편되고 있다.

---

* 본 논문은 『국제지역연구』, 제19권 제3호에 게재된 논문임.

1) 중국경제의 "새로운 상태"를 나타내는 말로 시진핑(習近平) 국가주석이 2014년 5월 중국 경제가 개혁개방 이후 30여 년간의 고도성장기를 끝내고 새로운 상태로 이행하고 있다고 말하면서 처음 사용했다. 인민일보는 신창타이의 4대 특징으로 △중고(中高) 속 성장 △구조 변화 △성장동력 전환 △불확실성 증대 등을 제시했다. 우선 중국 경제는 과거 연 10% 내외 '고속성장' 시대에서 연 7~8% 안팎의 '중고속 성장' 시대에 진입했다고 진단했다(한경 경제용어사전).

한편, 최근 한중 관계를 보면 2014년 11월 한·중 FTA가 체결되었고, 2015년 3월에는 중국이 주도하는 아시아 인프라 투자은행(AIIB)에 한국이 정식 가입하면서 한·중 경제가 긴밀해졌고, 양국 기업 간 협력도 가시화될 것으로 기대한다. 최근 KOTRA(2012)의 연구조사에 따르면, 한국과 중국 기업인들은 서로를 경쟁자라기보다는 동반자로 인식하며 상대국을 아시아에서 가장 중요한 국가로 꼽고 있는 것으로 나타났다. 특히, 중국기업이 중국진출 한국기업들보다 한중관계를 '협력동반자'로 인식하는 비율이 더 높게 나타났으며, 동반자로 인식하는 이유에 대해서는 양국 기업 모두 '경제, 문화 교류강화에 따른 비즈니스 기회 증가' 요인을 가장 많이 꼽았다. 이러한 인식에서도 알 수 있는 바와 같이, 급변하는 중국의 정책적 측면 및 시장 환경을 고려할 때, 신성장동력이 필요하고 상호보완성이 매우 높은 한·중 간 경제 및 기업 간 협력은 매우 중요한 전략적 선택이 될 수 있다. 따라서 한국기업은 상호신뢰를 바탕으로 한 협력자로서 중국기업과 장기적인 관계를 쌓아나가는 것이 무엇보다 중요하다. 이를 위해서는 중국기업에 대한 이해가 선행되어야 하고, 중국시장에서 중국기업과 상생(Win-Win)할 수 있는 체계적인 이미지관리가 필요하다. 또한 그들이 한국 및 한국 제품에 대해 어떠한 인식을 가지고 있는지 탐색할 필요가 있다.

일반적으로 기업들이 타국시장으로 진출할 경우에 본국의 이미지는 타국 소비자들이 해당 기업의 제품을 평가·판단하는 기준이 될 수도 있고, 타국 기업과의 교류에도 영향을 미친다. 이를 국가이미지 효과라 한다. 국가이미지는 국가에 대한 전반적인 인식 또는 호감도를 나타내는 것으로 국가이미지에는 한류에 대한 선호도뿐만 아니라 한국제도, 사람 그리고 제품 등의 한국 관련된 대상에 대한 인식과 선호도가 포함된다(한충민 2011). 이러한 상징적 차원의 이미지구축은 장기적인 관점에서 많은 기반 연구들을 필요로 한다. 1990년대 중반 이후 글로벌화의 진전에 따라 중국을 포함한 신흥거대시장의 전략적 중요성이 강조되면서 중국 소비자의 국가이미지 지각 및 국가이미지 효과에 관해서는 국내외에서 이미 적지 않은 연구들이 진행되어 왔다(Zhang 1996; Zhou and Hui 2003; 안종석 · 오정방 2002; 안종석 2005; 김용준 · 박세환 2006). 최근에는 중국적 특색을 반영한 다양한 상황적 조건과 속성(contingent nature)을 변수로 사용한 연구들이 주목받고 있다(김용준 외 2007; 안종석 2014). 중국에 진출해 있는 한국계 대기업의 현지 채용 근로자들을 대상으로 한 연구에서 중국의 지역 간 문화차이가 존재함을 실증적으로 보여준 백권호 · 안종석(2004)의 연구와 같이 중국과 같이 광활한 지역과 지역별 상이한 문화적 특성을 보유한 국가의 경우 지역별, 업종별로도 특정 국가에 대한 국가이미지가 상이하게 지각될 가능성이 클 것으로 여겨진다. 이는 컴퓨터 제품에 대한 기존의 원산국 효과(country-of-orgin effect)와는 다른 원산지역 효과(region-of-origin effect)가 중국시장에서 존재함을 보여 지역효과의 개념을 최초로 도입한 박세환(2003)의 연구, 중국 내 7대 경제권역별로 시장구조와 소비자의 라이프스타일에 뚜렷한 차이를 보이고 있음을 확인시켜준 Cui and Liu(2000)의 연구, 중국 주요지역별 소비자의 국가이미지와 지역이미지가 제품평가에 미치는 영향에 관한 실증연구를 통해, 지역정체성 및 특성을 감안한 지역이미지 효과의 연구로 확장해야 한다는 시사점을 제시한 김용준 등(2007)의 연구를 통해서도 간접적으로 확인할 수 있다. 이에 본 연구는 중국 내수시장에서 중국기업가들이 인식하는 한국 국가이미지가 한국제품평가에 미치는 국가이미지 효과를 검증해보고, 이 국가이미지 효과에 지역별, 업종별 차이가 존재하는지를 살펴보고자 한다.

본 연구의 이론적 배경은 소비자들이 대상국에 대한 국가이미지의 지각으로 인해 그 국가 제품에 대한 신념(belief)으로서 제품평가를 하게 되고, 이에 따라 제품에 대한 태도(attitude)를 형성하게 된다는 국가이미지 효과의 후광모형(Halo model)(Han, 1989)을 기본 근거로 한다. 또한, 지역별 및 업종별 차이에 대한 이론적 설명으로는 요약개념이론과 문화적·심리적 거리로 설명하고자 한다. 기존 연구와의 차별성은 일반 소비자가 아닌 중국기업가를 대상으로 그들이 인식하는 한국 국가이미지는 어떠하고, 한국기업의 제품평가에는 어떤 영향을 미치는지, 지역별·업종별 차이가 있는지 등을 살펴보고자 한다. 이를 통해 한국기업이 중국진출 시 지역선정 및 중국기업과 협력하는 데 있어서 지역별, 업종별 차별화 전략을 세워야 함을 시사점으로 제시하고자 한다.

보다 구체적으로 본 연구에서는 다음과 같은 질문들에 대한 답을 제공하고자 한다.

첫째, 중국기업가들이 인식하고 있는 한국 국가이미지가 한국기업 제품평가(한국제품이미지, 한국제품 신뢰성)에 영향을 미치는가?

둘째, 중국이 하나의 국가일지라도 각 지역의 중국기업가들이 가지는 한국 국가이미지가 한국 제품평가에 미치는 영향은 어떻게 다른가?

셋째, 업종에 따라 중국기업가들이 가지는 한국 국가이미지가 한국 제품평가에 미치는 영향은 어떻게 다른가?

2. 이론적 배경 및 가설설정

1) 중국시장에서 한국 국가이미지 효과에 관한 연구

국가이미지(Country Image)에 대한 연구는 Schooler(1965)의 연구 이후, 지난 40여 년간 무려 700편이 넘는 연구(Pharr 2005)가 국제경영 및 국제마케팅 분야에서 다양하게 연구되어왔다. 하지만 이와 같은 수많은 연구들에도 불구하고, 국가이미지 효과는 여전히 충분히 규정되지 못한 현상 중의 하나(poorly understood)이며, 그 연구결과 역시 상당한 정도의 편차(variaition)를 보이고 있다(Amine 2008). 따라서 국가이미지 효과에 대한 최근 연구들은 과거 제조국 단일 단서(single-cue)만을 이용한 연구 설계에서 벗어나, 다양한 선행변수 및 조절변수들을 연구모형에 포함시킴으로써 가능한 한 실제 시장상황에 맞는 국가이미지 및 그 효과의 상황적 조건 혹은 속성(contingent nature)에 초점을 맞추어 연구하고 있다(Peterson and Jolibert 1995; Pharr 2005; Amine 2008; 안종석 2014).

중국과 같은 개도국 소비자들의 경우, 외국제품의 구매에 있어서 사회심리적, 감정적 및 규범적 요인이 크게 작용하고(Barta et al. 2000), 중국이라는 한 국가 내에서도 지역별로 서로 다른 지역성을 지고 있어(오마이겐이치 2002; Enright et al. 2005; 김용준 외 2007), 국가이미지 효과를 연구하는 데 있어 다양한 선행변수 및 조절변수들을 연구모형에 포함시킴으로써 가능한 한 실제 시장상황에 맞는 연구가 지속적으로 진행될 필요가 있다. 사실 중국 소비자의 국가이미지 지각 및 국가이미지 효과에 관해서는 국내외에서 이미 적지 않은 연구들이 진행되어 왔으나, 중국 내수시장에서의 국가이미지 효과를 확인해보는 반복 연구의 한계가 있다(Zhang 1996; Zhou and Hui 2003; 안종석 · 오정방 2002; 안종석 2005; 김용준 · 박세환 2006). 최근에는 중국적 특색을 반영한 다양한 상황적 조건과 속성(contingent nature)을 변수로 사용한 연구들이 주목받고 있다(김용준 외 2007; 안종석 2012, 2014). 김용준 · 김주원 · 문철주(2007)는 중국 주요지역별 소비자의 국가이미지와 지역이미지가 제품평가에 미치는 영향에 관한 실증연구를 통해, 지역정체성 및 특성을 감안한 지역이미지 효과의 연구로 확장해야 한다는 시사점을 처음으로 제시하였다. 또한, 중국 소비자의 감정적인 요인으로서 소비자 자민족 중심주의와 국가이미지 효과의 관계에 대한 연구(Hsu and Nien 2008; 안종석 2012), 중국 소비자의 적대감이 국가이미지 효과에 미치는 연구(안종석 2014)가 대표적이다. 최근 한충민 외(2014)는 심리적 거리를 문화적 거리(Kogut and Singh 1988), 지리적 거리(Hakanson and Ambos 2010), 그리고 경제적 거리(Ghemawat 2001)로 조작화하고, 이를 통해 한류 및 한국 이미지의 국가 간의 차이를 실증적으로 분석함으로써 한류와 한국이미지가 국가별로 어떻게 확산되고 있는가를 연구하면서, 국제경영학 분야의 국가 간 차이를 설명하는 대표적인 이론인 심리적 거리 이론을 국가이미지 효과에 활용하였다.

한편, 중국 내수시장의 특성에 관한 최근의 연구들은 주로 중국 내수시장 및 소비자들의 이질성을 확인하는 데 초점이 맞춰져 왔다. Swanson(1989, 1998)이 중국 내수시장 마케팅에서 지역 간 불균형성에 대한 이해의 중요성이 제기된 데 이어, Cui and Liu(2000)는 중국

소비자들이 구매력, 태도, 라이프스타일, 소비패턴 등에 있어 지역별로 유의적인 차이를 보이고 있음을 실증적으로 제시한 바 있고, 경제발전 수준이 비슷한 도시 지역 내에서도 소득 불균형의 심화에 따라 중국 소비자 집단의 이질성이 심화되어 가고 있음을 보여준 바 있다. 또한 국내에서도 김용준 등(2007)은 중국 소비자의 라이프스타일에 관한 실증 연구에서 다양한 인구통계적인 변수에 따라 중국 소비자들이 상이한 라이프스타일의 특성을 보이고 있으며, 이는 중국의 주요 3개 도시지역(북경, 상해, 광주)이 별로도 뚜렷한 차이를 나타내고 있음을 보여준 바 있다. 이들 연구들은 중국지역별 소비자들의 특성이나 지역별 특성 등 다양한 조절변수들을 고려한 연구의 필요성을 제시하고 있다.

2) 연구가설 설정

국가이미지는 국가에 대한 전반적인 인식 또는 호감도를 나타내는 것으로 국가이미지에는 한류에 대한 선호도뿐만 아니라 한국제도, 사람 그리고 제품 등의 한국 관련된 대상에 대한 인식과 선호도가 포함된다(한충민 2011). 안종석(2005)은 다차원적인 속성의 국가이미지가 제품평가 및 브랜드 태도에 미치는 영향을 연구하면서 지역에 관계없이 중국 소비자들은 국가이미지를 형성하는 데 있어 인지적 요인보다는 의도적 및 감정적 요인에 의해 더 많은 영향을 받는 연구결과를 제시하였다. 이러한 연구결과는 중국 소비자들의 경우 제품품질 평가와 직접적인 연관을 가지고 있을 것으로 예상되는 경제발전 수준 등과 같은 인지적 요인에 의해서보다는 소위 국민적

감정이나 정서 등에 기초한 선호이미지를 따른 경향이 있음을 암시하는 것이다. 또한, 중국과 같은 개도국 소비자들의 경우, 외국제품의 구매에 있어서 사회심리적, 감정적 및 규범적 요인이 크게 작용한다는 Barta et al.(2000)의 지적처럼, 본 연구는 감정적인 측면에서 국가이미지를 '한국 및 한국인에 대한 선호도'로 정의 내린다.

국가이미지 효과는 다양하게 정의될 수 있으나, 일반적으로 '국가에 대한 일반화된 지각이 소비자의 특정 국가 제품 혹은 브랜드의 평가에 미치는 영향'으로 정의될 수 있다. 국가이미지 효과에 대한 기존의 전통적인 이론적 설명은 후광효과 혹은 요약개념화 효과로 설명할 수 있다(Han 1989). 후광효과는 소비자들이 특정 국가 제품에 대한 사전지식이나 사용경험이 없을 경우라도 국가 자체에 대한 이미지는 다양한 경로를 통해 지각하고 있으며, 이러한 국가이미지의 지각이 해당 제품에 대한 신념형성에 직접 영향을 미치고, 이것이 다시 특정(혹은 브랜드)에 대한 개인적 태도에 영향을 미친다는 것이다(Han 1989). 반면, 요약개념화 효과(Summary construct ettect)는 특정 국가의 제품에 이미 친숙한 소비자들의 경우에는 이미 과거에 해당 국가 제품의 사용을 통해 그 국가 제품에 대한 일정한 정보를 국가이미지의 형태로 저장, 기억하고 있으며, 향후 동일한 국가 제품을 접하게 되는 경우 과거에 저장, 기업하고 있는 국가이미지 정보가 제품에 대한 태도 형성에 직접 영향을 미친다는 것이다(Tse and Lee 1993). Knight and Calantone(2000)은 후광모형과 요약개념화 모형의 결합모형(Flexible mode)을 제시하면서, 제품에 대한 친숙도의 수준에 관계없이 국가이미지는 제품 속성에 대한 신념과 제품 혹은 브랜드에 대한 태도에 동시에 영향을 미침을 실증적으로 검증하였다. 그 외 중국소비자를 대상으로 한국 국가이미지가 한국 제품평가에 긍정적인 영향을 미친다는 연구결과가 주를 이루고 있다(안종석 · 오정방 2002; 안종석 2005; 김용준 · 박세환 2006; 김용준 외 2007; 안종석 · 이동진 2007; 이승신 2013; 안종석 2014).

이에 따라 본 연구에서는 중국기업가도 한편으로는 중국소비자임을 감안해서, 중국기업가들이 인식하는 한국 국가이미지는 한국제품평가에도 영향을 미칠 것이라는 다음과 같은 연구가설을 제시하고자 한다.

연구가설 1(H1): 중국기업가들이 인식하는 한국이미지는 한국 제품이미지에 정(+)의 영향을 미칠 것이다.

연구가설 2(H2): 중국기업가들이 인식하는 한국이미지는 한국 제품신뢰도에 정(+)의 영향을 미칠 것이다.

연구가설 3(H3): 중국기업가들이 인식하는 한국인이미지는 한국 제품이미지에 정(+)의 영향을 미칠 것이다.

연구가설 4(H4): 중국기업가들이 인식하는 한국인이미지는 한국 제품신뢰도에 정(+)의 영향을 미칠 것이다.

본 연구는 중국기업가의 국가이미지 지각 및 효과에 있어 지역별/업종별 차이가 존재할 것이라는 점에 관심을 가진다. 앞서 이론적 배경에서도 살펴본 바와 같이 국가이미지 효과에 관한 최근의 상황론적 접근은 국가이미지의 지각 및 그 효과가 인구통계적, 사회심리적 변수 등과 같은 개인적 특성에 따라 달라질 수 있으며, 경제발전수준이나 문화적 특성 등과 같은 국가 수준의 변수에 의해서도 달라질 수 있음을 보여주고 있다(Barta et. al 2000; Hsieh et. al 2004; Amine et al. 2005). 기존의 연구자들은 지속적으로 "중국은 한 나라가 아니다"라고 주장하여 왔고(오마이겐이치 2002; Enright et al. 2005), 중국과 같은 나라에서는 서로 다른 지역 간에 분명한 문화적 차이가 존재한다고 지적해왔다(Child and Stewart 1997; 백권호 · 안종석 2004; 김용준 외 2007; 안종석 · 이동진 2007).

한편, 한국기업의 경우 칭다오를 중심으로 한 산둥성은 초기 진출지역, 중국 연해지역인 3대 경제권역(장강삼각주, 주강삼각주, 환발해만)은 유통 및 물류의 입지적 조건으로 先진입을 고려하는 곳이다. 최근에는 서부대개발과 중국정부의 전략적 거점지역으로 향후 발전 가능성이 높은 지역인 총칭, 서안 등의 내륙지역으로의 진출이 고려되고 있다. 이에 따라 한국기업이 이미 일찍부터 진출한 지역인 연해지역에서는 중국기업 및 글로벌기업들 간의 경쟁이 치열한 반면, 최근 진출 고려 중인 중국 내륙지역의 정부 및 기업은 한국기업의 적극적인 투자를 추진하고 있어, 중국기업이 인식하고 있는 한국 국가이미지가 한국제품 평가에 미치는 영향도 지역별로 상이할 수 있다고 가설을 제시하고자 한다. 뿐만 아니라, 중국 진출 한국기업이 대부분 제조업이었던 점을 고려하여, 업종별로도 중국기업이 인식하고 있는 한국 국가이미지가 한국 제품평가에 미치는 영향이 상이할 수 있다고 가설도 제시하고자 한다.

가설 5(H5a): 지역(내륙/연해)에 따라 중국기업가들이 인식하는 한국이미지가 한국 제품이미지에 미치는 영향은 상이할 것이다.

가설 5(H5b): 지역(내륙/연해)에 따라 중국기업가들이 인식하는 한국이미지가 한국 제품신뢰도에 미치는 영향은 상이할 것이다.

가설 5(H5c): 지역(내륙/연해)에 따라 중국기업가들이 인식하는 한국인이미지가 한국 제품이미지에 미치는 영향은 상이할 것이다.

가설 5(H5d): 지역(내륙/연해)에 따라 중국 기업가들이 인식하는 한국인이미지가 한국 제품신뢰도에 미치는 영향은 상이할 것이다.

가설 6(H6a): 업종(제조업/서비스업)에 따라 중국기업가들이 인식하는 한국이미지가 한국 제품이미지에 미치는 영향은 상이할 것이다.

가설 6(H6b): 업종(제조업/서비스업)에 따라 중국기업가들이 인식하는 한국이미지가 한국 제품신뢰도에 미치는 영향은 상이할 것이다.

가설 6(H6c): 업종(제조업/서비스업)에 따라 중국기업가들이 인식하는 한국인이미지가 한국 제품이미지에 미치는 영향은 상이할 것이다.

가설 6(H6d): 업종(제조업/서비스업)에 따라 중국기업가들이 인식하는 한국인이미지가 한국 제품신뢰도에 미치는 영향은 상이할 것이다.

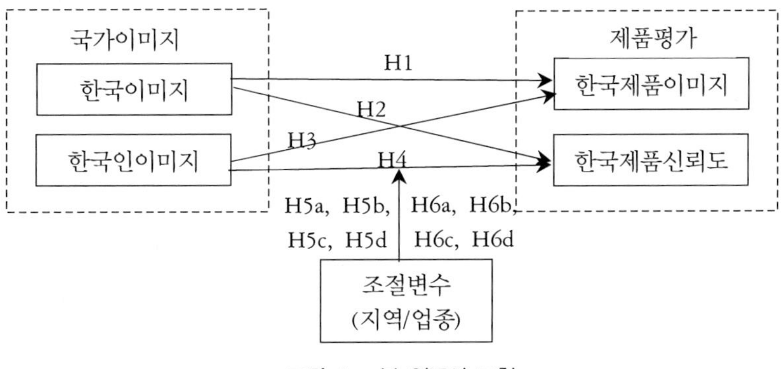

<그림 1> 본 연구의 모형

3. 연구방법

1) 표본수집

본 연구는 2012년 7월 19일부터 7월 31일까지 대한무역투자진흥공사(KOTRA)가 중국 현지 컨설팅 전문기업인 베이징 호라이즌 리서치사(Beijing Horizon Research)와 상하이 크레바 마케팅 리서치사(Shanghai Creava Marketing Research)에 의뢰한 설문조사에 의해 수집된 자료를 이용하였다. 이 자료는 중국 현지 전문 리서치사가 인터넷, 전화, 방문조사 방식으로 설문조사하였고, 설문에 응한 중국기업은 총 502개사이다. 또한, 표본오차는 95% 신뢰수준에 ±4.4%P로 비교적 신뢰성이 높은 자료로 평가되고 있다.

표본은 지역별로는 베이징, 상하이, 광저우, 칭다오, 다롄의 연해도시와 청두, 우한, 시안의 내륙지역에 분포하고 있다. 연해지역이 전체의 82.1%, 내륙지역이 전체의 17.9%를 차지하고 있다. 업종구성은 제조업과 서비스업이 각각 50.8%와 49.2%의 고른 분포를 보이고 있다.

<표 1> 표본의 특성

지역	연해(82.1%)					내륙(17.9%)		
	베이징	상하이	광저우	칭다오	다롄	청두	우한	시안
기업 수	101	101	100	70	40	30	30	30
%	20.1%	20.1%	19.9%	13.9%	8%	6%	6%	6%

업종	제조업	서비스업
기업 수	255	247
%	50.8%	49.2%

본 연구의 독립변수로 국가이미지는 한국이미지, 한국인이미지로 측정하고, 종속변수로 제품평가는 한국제품이미지, 한국제품신뢰도로 측정한다. 조절변수로 지역은 '0'(연해)로 '1'(내륙), 업종은 '0'(제조업), '1'(서비스업)으로 더미변수 처리하였다.

4. 실증분석

기존의 중국소비자를 주로 대상으로 했다면, 본 연구는 중국기업이 인식하는 국가이미지 효과에 관한 후광모형(한국이미지 → 제품평가)을 구성하는 각각의 변수에 어떠한 영향을 미치는지를 살펴보고자 함으로써 차별화를 시도하였다. 즉, 중국기업가들이 인식하는 한국이미지와 한국이미지가 한국 제품이미지에 미치는 영향, 그리고 이들이 한국 제품신뢰도에 미치는 영향을 살펴보고자 한다.

이를 위해 본고에서 이용된 관측대상기업은 총 502개이다. 이 기업들을 대상으로 STATA 11 프로그램을 이용하여 회귀분석으로 분석하였다.

<표 2> 실증분석에 사용한 변수의 통계치

Variable	Obs	Mean	Std. Dev.	Min	Max
한국 제품이미지	502	3.798805	.809967	2	5
한국 제품신뢰도	502	3.790837	.7106797	1	5
한국이미지	502	3.707171	.9602418	1	5
한국인이미지	502	3.492032	.8725901	1	5
지역(location)	502	.1792829	.3839716	0	1
업종(type)	502	.4920319	.5004352	0	1

<표 2>는 실증분석에 사용된 변수의 통계치이며, <표 3>은 변수들 간의 상관계수를 구한 것이다. 아래 상관계수의 *는 10%, **는 5%, ***는 1%의 유의수준에서 통계적으로 유의하다. 따라서 상관계수가 0이라는 귀무가설에 대한 통계치의 p값을 나타낸 것이다. 예를 들면 p값이 0.01보다 작은 경우에는 유의수준 1%에서 귀무가설이 기각된다는 것을 의미한다. 아래 <표 3>에서는 p값을 따로 표시하지 않고 *, **, ***로 유의수준을 각각 나타내었다.

<표 3> 변수 간 상관계수 분석

	한국제품 이미지	한국제품 신뢰도	한국이미지	한국인 이미지	지역	업종
한국 제품이미지	*1*					
한국 제품신뢰도	0.6168***	*1*				
한국이미지	0.5862***	0.4863***	*1*			
한국인이미지	0.4764***	0.5686***	0.5773***	*1*		
지역	0.1804***	0.1231***	0.1589***	0.1651***	*1*	
업종	0.0527	-0.0748*	0,0221	-0,0344	*0.0906***	
관측치	*502*	*502*	*502*	*502*	*502*	*502*

*는 10%, **는 5%, ***는 1%의 유의수준에서 통계적으로 유의함

<표 3>과 같이 한국 제품이미지는 한국 제품신뢰도, 한국이미지, 한국인이미지(한국인호감도), 지역과는 각각 1% 유의수준에서 양의 상관관계가 있었다. 그리고 업종과는 상관관계가 없는 것으로 나타났다. 한국 제품신뢰도는 한국이미지, 한국인이미지(한국인호감도), 지역과의 상관관계는 각각 1% 유의수준에서 양의 상관관계가 있었으며, 업종과는 10% 유의수준에서 음의 상관관계가 있었다. 또한 한국이미지는 한국인이미지(한국인호감도)와 지역과의 상관관계는 각각 1% 유의수준에서 양의 상관관계가 있는 것으로 나타났으며, 업종과는 상관관계가 없었다. 그리고 한국인이미지(한국인호감도)와 지역과의 상관관계 분석결과 유의수준 1%에서 귀무가설이 기각되어 양의 상관관계가 있었으며, 업종과는 상관관계가 없었다. 지역과 업종과의 관계는 5% 유의수준에서 양의 상관관계가 있는 것으로 나타났다.

<표 4>는 회귀분석으로 분석한 실증분석결과이다. 한국 제품이미지는 종속변수이다. 그리고 독립변수로서 방정식 (1)~(3)에서는 한국이미지를 사용하였고 (4)~(6)에서는 한국인이미지(한국인호감도)를 각각 사용하였다. 그리고 조절변수로서 방정식 (2), (3), (5), (6)에서는 지역과 업종을 조절변수로 사용하였다. 지역변수로는 연해는 0으로 내륙은 1로 더미처리 하였으며, 업종에서는 제조업은 0, 서비스업은 1로 더미처리 하였다. 그리하여 한국이미지나 한국인이미지가 한국 제품이미지에 미치는 효과가 지역과 업종에 의해 어떻게 달라지는가를 분석해보았다.

<표 4> 가설검증 통계결과 - 1

변수	(1) 한국제품 이미지	(2) 한국제품 이미지	(3) 한국제품 이미지	(4) 한국제품 이미지	(5) 한국제품 이미지	(6) 한국제품 이미지
한국이미지	0.494*** (0.039)	0.478*** (0.040)	0.489*** (0.041)			
지역* 한국이미지		0.044*** (0.016)				
업종* 한국이미지			0.011 (0.015)			
한국인이미지				0.442*** (0.041)	0.414*** (0.042)	0.432*** (0.042)
지역* 한국인이미지					0.064*** (0.016)	
업종* 한국인이미지						0.024 (0.017)
상수	1.966*** (0.153)	1.996*** (0.153)	1.968*** (0.153)	2.255*** (0.151)	2.308*** (0.153)	2.251*** (0.151)
관측치	502	502	502	502	502	502
R-squared	0.344	0.351	0.344	0.227	0.240	0.230

Robust standard errors in parentheses
*** $p<0.01$, ** $p<0.05$, * $p<0.1$

먼저 방정식 (1)~(3)에서 한국이미지가 한국 제품이미지에 어떠한 영향을 미치는가를 분석해보았다. 그 결과 모두 한국이미지의 추정계수는 양의 값을 가지고 1% 유의수준에서 귀무가설을 기각하는 것으로 나타났다. 즉, 중국기업가들의 한국이미지가 좋을수록 한국제품에 대한 이미지가 좋아진다는 것을 알 수 있었다. 그리고 방정식 (2)에서 지역*한국이미지의 추정계수가 0.044로 1% 유의수준에서 귀무가설을 기각하는 것으로 나타났다. 이는 한국이미지가 한국제품이미지에 미치는 추정계수가 내륙의 경우에는 0.522(=0.478+0.044)인 반면 연해는 0.478(=0.478+0)로 내륙의 경우 한국이미지가 한국

제품이미지에 미치는 효과가 더 큰 것으로 나타났다. 또 방정식 (3)에서 업종*한국이미지의 추정계수가 0.011로 통계적으로 유의하지 않은 것으로 나타나 한국이미지가 한국 제품이미지에 미치는 효과가 업종에 따라 차이가 없는 것으로 나타났다.

(4)~(6)에서는 한국인이미지(한국인호감도)가 한국 제품이미지에 어떠한 영향을 미치는가를 분석해보았다. 분석결과(4)는 모두 한국인이미지(한국인호감도)의 추정계수는 양의 값을 가지고 1% 유의수준에서 귀무가설을 기각하였다. 이것은 중국기업가들의 한국인이미지(한국인호감도)가 좋을수록 한국제품에 대한 이미지가 좋아진다는 것을 알 수 있었다. 그리고 방정식 (5)에서 지역*한국인이미지(한국인호감도)의 추정계수가 0.414로 1% 유의수준에서 귀무가설을 기각하는 것으로 나타났다. 이는 한국이미지가 한국 제품이미지에 미치는 추정계수가 내륙의 경우에는 0.478(=0.414+0.064)인 반면 연해는 0.414(=0.414+0)로 나타나 내륙의 경우 한국인이미지(한국인호감도)가 한국 제품이미지에 미치는 효과가 더 큰 것으로 나타났다. 또 방정식 (6)에서 업종*한국인이미지(한국인호감도)의 추정계수가 0.024로 통계적으로 유의하지 않은 것으로 나타나 한국인이미지(한국인호감도)가 한국 제품이미지에 미치는 효과가 업종에 따라 차이가 없는 것으로 나타났다.

<표 5>는 한국제품신뢰도를 종속변수로 해서 회귀분석을 하였다. 실증분석한 결과 독립변수와 조절변수 모두 다 <표 4>와 마찬가지로 같이 사용하였다. 그리고 한국이미지나 한국인이미지가 한국제품신뢰도에 미치는 효과가 지역과 업종에 의해 어떻게 달라지는가를 분석해보았다.

먼저 방정식 (1)~(3)에서 한국이미지가 한국 제품신뢰도에 어떠한 영향을 미치는가를 분석해보았다. 그 결과 모두 한국이미지의 추정계수는 양의 값을 가지고 1% 유의수준에서 귀무가설을 기각하였다. 즉, 중국기업가들의 한국이미지가 좋을수록 한국제품의 신뢰도가 이미지가 좋아진다는 것을 알 수 있었다. 또한 방정식 (2)에서 지역*한국이미지의 추정계수가 0.029로 10% 유의수준에서 귀무가설을 기각하는 것으로 나타났다. 이는 한국이미지가 한국 제품신뢰도에 미치는 추정계수가 내륙의 경우에는 0.378(=0.349+0.029)인 반면 연해는 0.349(=0.349+0)로 내륙의 경우 한국이미지가 한국 제품

<표 5> 가설검증 결과 - 2

변수	(1) 한국제품 신뢰도	(2) 한국제품 신뢰도	(3) 한국제품 신뢰도	(4) 한국제품 신뢰도	(5) 한국제품 신뢰도	(6) 한국제품 신뢰도
한국이미지	0.360*** (0.035)	0.349*** (0.036)	0.378*** (0.036)			
지역* 한국이미지		0.029* (0.016)				
업종* 한국이미지			-0.034** (0.014)			
한국인이미지				0.463*** (0.033)	0.455*** (0.034)	0.473*** (0.033)
지역* 한국인이미지					0.019 (0.016)	
업종* 한국인이미지						-0.023* (0.014)
상수	2.457*** (0.133)	2.477*** (0.134)	2.450*** (0.132)	2.174*** (0.123)	2.189*** (0.124)	2.177*** (0.123)
관측치	502	502	502	502	502	502
R-squared	0.236	0.240	0.245	0.323	0.325	0.327

Robust standard errors in parentheses
*** p<0.01, ** p<0.05, * p<0.1

신뢰도에 미치는 효과가 더 큰 것으로 나타났다. 또 방정식 (3)에서 업종*한국이미지의 추정계수가 -0.034로 통계적으로 나타나 5% 유의수준에서 귀무가설을 기각하는 것으로 나타났다. 한국이미지가 한국 제품신뢰도에 미치는 효과가 업종에 따라 차이가 것으로 나타났다. 즉, 업종이 서비스인 경우 제조업보다 한국이미지가 한국 제품신뢰도에 미치는 효과가 더 적은 것으로 나타났다.

(4)~(6)에서는 한국인이미지(한국인호감도)가 한국 제품신뢰도에 어떠한 영향을 미치는가를 분석해보았다. 분석결과 (4)는 모두 한국인이미지(한국인호감도)의 추정계수는 양의 값을 가지고 1% 유의수준에서 귀무가설을 기각하였다. 이것은 중국기업가들의 한국인이미지(한국인호감도)가 좋을수록 한국 제품신뢰도가 좋아진다는 것을 알 수 있었다. 하지만 방정식 (5)에서 지역*한국인이미지(한국인호감도)로 조절효과를 보았는데 귀무가설을 기각하지 못하였다. 이는 한국이미지가 한국 제품신뢰도에 미치는 내륙이나 연해가 차이가 나지 않는다는 것을 의미한다. 또 방정식 (6)에서 업종*한국인이미지(한국인호감도)의 추정계수가 -0.023로 통계적으로 유의수준 10%로 나타나 업종이 서비스인 경우, 한국인이미지(한국인호감도)가 한국 제품신뢰도에 미치는 효과가 제조업보다 약해 있는 것으로 나타났다.

그리고 독립변수들 간에 나타날 수 있는 다중공선성이 존재할 가능성이 있어서 다중공선성의 정도를 측정하였다. 그 결과 다중공선성을 측정할 수 있는 VIF 지수를 계산한 결과 모두 10보다 훨씬 적은 1.08 미만으로 나와 다중공선성의 문제는 없는 것으로 나타났다. VIF 지수는 표에서 보고하지 않았다. <표 4>, <표 5>에서 볼 수 있는 바와 같이, 국가이미지 효과의 기본모형으로 상정하고 있는 후광모형은 통계적으로 지지되고 있는 것으로 나타났다. 즉, 본 연구에서 국가이미지의 두 가지 요인으로 살펴보고 있는 한국이미지와 한국인이미지는 전반적인 한국 제품평가로 살펴보고 있는 한국 제품이미지와 한국 제품신뢰도에 정(+)의 영향을 미치는 것으로 나타났다.

하지만 지역별/업종별에 따라 중국기업이 인식하는 국가이미지 효과의 모델(국가이미지→제품평가)이 상이하게 나타날 것이라는 가설은 부분 채택되었다.

<표 6> 가설검증 결과

	가설	결과
H1	중국기업가들이 인식하는 한국이미지는 한국 제품이미지에 정(+)의 영향을 미칠 것이다	채택(+)
H2	중국기업가들이 인식하는 한국이미지는 한국 제품신뢰도에 정(+)의 영향을 미칠 것이다	채택(+)
H3	중국기업가들이 인식하는 한국인이미지는 한국 제품이미지에 정(+)의 영향을 미칠 것이다	채택(+)
H4	중국기업가들이 인식하는 한국인이미지는 한국 제품신뢰도에 정(+)의 영향을 미칠 것이다	채택(+)
H5a	지역(연해/내륙)에 따라 중국기업가들이 인식하는 한국이미지는 한국 제품이미지에 미치는 영향은 상이할 것이다	채택(+)
H5b	지역(연해/내륙)에 따라 중국기업가들이 인식하는 한국이미지는 한국 제품신뢰도에 미치는 영향은 상이할 것이다	채택(+)
H5c	지역(연해/내륙)에 따라 중국기업가들이 인식하는 한국인이미지는 한국 제품이미지에 미치는 영향은 상이할 것이다	채택(+)
H5d	지역(연해/내륙)에 따라 중국기업가들이 인식하는 한국인이미지는 한국 제품신뢰도에 미치는 영향은 상이할 것이다	채택(+)
H6a	업종(제조업/서비스업)에 따라 중국기업가들이 인식하는 한국이미지는 한국 제품이미지에 미치는 영향은 상이할 것이다	기각
H6b	업종(제조업/서비스업)에 따라 중국기업가들이 인식하는 한국이미지는 한국 제품신뢰도에 미치는 영향은 상이할 것이다	채택(-)
H6c	업종(제조업/서비스업)에 따라 중국기업가들이 인식하는 한국인이미지는 한국 제품이미지에 미치는 영향은 상이할 것이다	기각
H6d	업종(제조업/서비스업)에 따라 중국기업가들이 인식하는 한국인이미지는 한국 제품신뢰도에 미치는 영향은 상이할 것이다	채택(-)

5. 결론

1) 연구요약 및 시사점

기존의 연구가 주로 일반소비자(중국소비자)를 대상으로 국가이미지 효과를 연구했다면, 본 연구는 중국기업가들을 대상으로 그들의 입장에서 한국국가 및 한국제품에 대해 어떻게 인식하고 있는지에 초점을 두고 연구하였다. 구체적으로 중국기업가들이 인식하는 한국이미지와 한국인이미지가 종속변수인 한국 제품이미지와 한국 제품신뢰도에 영향을 미치는지, 중국 지역별, 업종별 차이가 있는지, 그 차이가 있다면 어떻게 설명할 수 있는지를 파악하고자 하였다. 본 연구는 다음과 같은 몇 가지 의미가 있는 실증결과가 발견되었다.

첫째, 국가이미지 효과의 기본모형으로 상정하고 있는 후광모형(국가이미지→제품평가)은 기존연구와 동일하게 통계적으로 지지되고 있는 것으로 나타났다. 중국기업가들이 인식하는 한국 국가이미지가 높아질수록 한국 제품이미지와 한국 제품신뢰도에 정의 영향을 미치는 것으로 나타났다. 이는 한국의 국가이미지를 높일 수 있는 국가적인 홍보전략이 필요함을 시사한다.

KOTRA(2012)의 조사에 따르면, 중국기업이 '한국' 하면 가장 먼저 연상되는 것에 '한국드라마, 영화(30.9%)'로, 그다음으로는 '김치(21.3%)', '한국연예인(14.9%)' 순으로 꼽은 것으로 보아, 중국기업가에게 '한류'가 한국을 알리는 중요한 아이콘으로 자리 잡고 있는 것으로 해석된다. 또한, 한국상품의 경쟁력은 '품질(41%)'이 1위이고, 그다음으로 '디자인(39.8%)' 순으로 조사되었다. KOTRA(2012)의 조사와 본 연구의 통계결과를 통해 한류를 통한 국가이미지 개선이 한국상품의 품질경쟁력과 신뢰를 높이는 데 효과적일 수 있는 전략 중 하나임을 시사한다.

둘째, 지역별로 본 연구결과, 내륙지역의 기업들일수록 한국이미지가 한국 제품이미지 및 한국 제품신뢰도에 정(+)의 영향을 미치는 것으로 나타났다. 이는 KOTRA(2012)의 조사와도 동일한데, 내륙소재 중국기업이 한국에 대한 호감도가 74.4%로 연해지역(57.7%)보다 높았고, 한국 상품호감도 역시 84.5%로 연해지역(23.0%)보다 4배 가깝게 많았다. 그렇다면 왜 내륙지역의 기업들이 연해지역의 기업보다 한국 국가이미지 효과가 나타나는 것인가? 우선, 후광효과와 요약개념화효과를 바탕으로 유추해보고자 한다. 후광효과는 소비자들이 특정지역에서 생산한 제품에 대한 사전지식이나 사용경험이 없을 경우라도 제조지역에 대한 이미지를 다양한 경로를 통해 지각하고 있으며, 이러한 제조지역 이미지의 지각이 해당제품에 대한 신념 형성에 직접적인 영향을 미치는 것이다. 반면, 요약개념효과는 특정 제조지역 제품의 속성에 대한 경험을 전제하고 있으며 향후 동일한 제조지역 제품을 접하게 되는 경우에 과거에 사용했던 제품에 대한 기업이 제품에 대한 태도 형성에 직접 영향을 미친다는 것이다. 현재 중국 내륙지역의 경우, 서안지역의 삼성 반도체 공장 가동 및 총칭 지역의 현대자동차 공장 건설 계획 등 한국기업이 막 진출 시작하는 지역이며, 중국정부의 한국기업에 대한 투자유치도 적극적인 지역이다. 즉, 내륙지역은 아직 한국에 대한 사전지식이 연해지역에 비해 적고, 한국기업의 투자유치에 적극적인 중국정부의 우호적인 태도 및 쓰촨성 지진사태 시 한국기업의 우호적인 CSR활동 등 다양한 경로를 통해 한국 국가이미지의 후광효과가 작용했다고 본다. 반면에 연해지역의 경우, 요약개념화효과에 따라 이미 상당한 한국기업이 진출하여 실패한 곳이기도 하고, 최근 몇 년 전의 한국기업의 '야반도주' 사건 및 노무문제 등으로 이미 좋지 않은 인식이 중국기업의 기억에 남겨져 있을 수도 있다. 또한, 연해지역은 글로벌기업 및 유수의 중국기업들과 치열한 경쟁을 하는 각축장으로 한국제품의 경쟁력이 내륙지역에 비해 낮게 인식될 수도 있다. 이러한 근거로 내륙지역의 기업들이 연해지역의 기업보다 한국 국가이미지 효과가 나타났다고 볼 수 있다.

또한, 심리적 거리·문화적 거리의 영향을 통해서도 설명할 수 있다. 심리적 거리는 Tajfel(1982)의 사회정체성 이론으로 설명될 수 있다. 사회정체성 이론에 의하면 인간은 동질감을 느끼는 집단인 내집단(in-group)과 그렇지 않은 집단으로 지각하는 외집단(out-group)을 구분하는 경향을 보인다. 이에 따라 상대적으로 내집단과 관련 대상을 호의적으로 인식하는 반면, 외집단에 대해서는 반대의 경향을 보이는 소위 '내집단 편견(in-group bias)' 현상이 나타나는 것으로 보고되었다(Aberson, Healy, and Romero 2000). 이처럼 특정 국가 및 관련 대상에 대한 개인의 인식도 유사한 경향을 보일 수 있다. 심리적 거리가 가까운 국가, 즉 국가적 특성이 모국과 유사하다고 느끼는 국가를 내집단으로 지각하고 그 국가와 관련 대상에 대해 우호적인 태도를 보이는 경향이 있을 수 있다. 이를 지지해주는 선행연구로서, Oberecker, Riefler, and Diamantopoulos(2008, 2011)에서는 소비자가 유사한 문화적 배경을 가진 국가의 제품에 대해 친밀감을 보이는 경향이 있다고 연구결과를 발표한 바가 있다. 연해지역이 이미 한류(韓流) 붐이 시들해지고 있다면, 중국 내 한류의 발원지이기도 한 후난성을 중심으로 내륙지역은 여전히 한류 붐이 지속되고 있다. KOTRA(2012)의 조사에 따르면 내륙지역의 경우, 한류에 대한 우호적인 인식이 높게 나타나 한류가 '5년 이상 지속될 것'이라는 응답이 47.8%로 연해지역(24.5%)보다 높게 나타나 주목을 끌고 있다. 따라서 한류를 통한 심리적 거리·문화적 거리가 가까운 국가와 그 대상에 대해서 높은 수준의 유사성을 인식하고, 이에 따라 호의적인 태도를 보일 가능성이 높다. 종합하면, 이와 같은 논리에 의해서 연해지역에 비해 한국에 대한 심리적 거리가 가까운 내륙지역에서는 한국과의 정보 흐름이 원활해지고, 동시에 한국과의 유사성 인식이 높아짐에 따라 한국에 대해 호의적 이미지를 가지고, 이는 한국 제품이미지 및 신뢰도에 긍정적인 영향을 미치는 것으로 볼 수 있다.

한편, 구매희망 한국상품에 있어서도 내륙은 IT 상품(61.1%) > 화장품(48.9%) > 의류(47.8%) 순으로, 연해는 의류(60.9%) > IT 상품(40.5%) > 화장품(38.3%) 순으로 꼽는 등 지역별로 서로 다르게 조사된 것으로 보아, 지역별로 중국기업들이 선호하는 한국상품에 대한 인상과 선호품목이 다르게 나타나 우리 기업들은 중국 내 지역별 차별화 진출 전략을 세워야 할 것으로 보인다.

셋째, 업종별로 본 연구결과, 서비스업종의 기업들일수록 제조업보다 한국이미지와 한국인이미지가 한국 제품신뢰도에 부(-)의 영향을 미치는 것으로 나타났고, 한국이미지와 한국인이미지가 한국 제품이미지에는 영향을 미치지 않는 것으로 나타났다. 즉, 서비스업의 중국진출에 있어서 아직 국가이미지 효과가 창출되지 않거나, 아직까지 미비하다고 평가할 수 있다. 한국 서비스업의 중국진출은 아직 초기단계로 현지기업과의 합작투자 전략이 중요하다. 하지만 코트라(2012)의 조사결과에서도 서비스업의 경우 한국기업을 협력동반자라고 인식하는 비율(68%)이 제조업(71%)보다 다소 낮게 나타난 것으로 보이고 있다. 따라서 한국 서비스업의 경쟁력을 강화하고, 중국진출 활성화 방안을 모색하는 연구가 지속적으로 필요하다.

본 연구는 중국기업을 대상으로 국가이미지 효과를 검증해본 첫 번째 연구이다. 본 연구는 한국기업이 중국진출 시의 지역선정 및 중국기업과 협력하는 데 있어서 지역별, 업종별 차별화 전략을 세워야 함을 시사점으로 제시하고자 한다. 또한, 한국 국가이미지를 활용한 중국기업의 한국투자유치 전략의 기초자료로 제공될 수 있다는 점에서 시사점이 있다. 한국정부는 국가이미지를 향상시키기 위해 국가홍보 전략이 요구되며, 중국 내륙지역 진출과 서비스업 투자에 보다 적극적인 지원정책을 마련해야 할 필요가 있다.

2) 연구의 한계 및 향후 연구방향

본 연구는 앞선 시사점에도 다음과 같은 한계점과 앞으로 연구방향을 가지고 있다.

첫째, 본 연구는 중국소비자들을 대상으로 한 기존연구들과는 달리 중국 내 8개 지역의 중국기업가들은 대상으로 하여 연구표본에서 분명한 차별성이 있다. 하지만 이들 중국기업가들도 또 한편으로는 중국소비자라는 측면에서 본 연구의 독창성 부분에 문제제기가 될 수 있다. 이러한 문제제기의 한계점을 극복하기 위해 설문조사

단계에서 중국기업가들에게 제품을 구매하는 소비자 측면이 아닌 한국기업과의 교류 측면에서 설문지를 작성해줄 것을 인식시키고자 노력하였다. 하지만 여전히 설문조사자의 인식은 컨트롤할 수 있는 부분이 제한되어 있기 때문에 표본의 독창성에 한계를 가지고 있다.

둘째, 국가이미지에 관련하여 많은 연구들이 있지만, 연구자마다 국가이미지의 개념이 다르고, 국가이미지의 구성요소들 역시 다차원적이고 매우 다양하다. 본 연구의 경우, 국가이미지를 한국이미지와 한국인이미지 등 두 가지 구성요소만으로 측정한바, 국가이미지 측정을 일반화하는 데 한계점이 있다. 또한, 본 연구모형은 국가이미지가 전반적인 품질 지각에 미치는 영향만을 살펴보고 있어 자민족중심주의, 기업이미지, 한류지각, 친숙도 등의 다양한 변수들을 고려한 추가적인 분석 및 후속연구가 이루어질 필요성이 큰 것으로 판단된다.

셋째, 중국의 지역적 차이를 인식해야 하고, 중간재, 소비재, 서비스 등 타깃별로 다른 접근에 관한 전략연구가 필요한 시점이다. 막연한 중국 내수시장 공략이 아니라, 그 공략의 타깃과 한계를 분명히 인식해야 한다. 본 연구에서는 지역별, 업종별로 국가이미지 효과가 다르게 나타남에 따라 중국 내수시장을 공략할 경우에 지역 정체성 및 업종특성을 감안한 전략이 필요하다는 시사점을 주었다. 그러나 중국의 지역적 차이 및 업종별 차이에 관한 연구는 아직 미진하기 때문에 연구결과의 일반화를 위해서 지속적인 연구가 중요하다.

6. 참고문헌

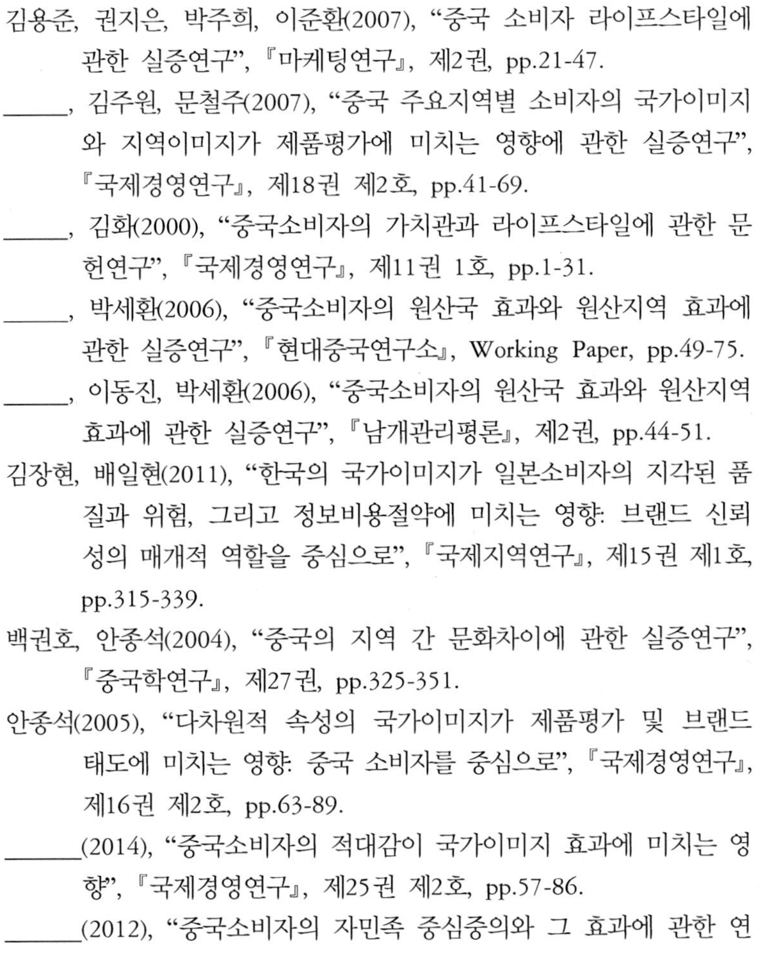

김용준, 권지은, 박주희, 이준환(2007), "중국 소비자 라이프스타일에 관한 실증연구", 『마케팅연구』, 제2권, pp.21-47.

_____, 김주원, 문철주(2007), "중국 주요지역별 소비자의 국가이미지와 지역이미지가 제품평가에 미치는 영향에 관한 실증연구", 『국제경영연구』, 제18권 제2호, pp.41-69.

_____, 김화(2000), "중국소비자의 가치관과 라이프스타일에 관한 문헌연구", 『국제경영연구』, 제11권 1호, pp.1-31.

_____, 박세환(2006), "중국소비자의 원산국 효과와 원산지역 효과에 관한 실증연구", 『현대중국연구소』, Working Paper, pp.49-75.

_____, 이동진, 박세환(2006), "중국소비자의 원산국 효과와 원산지역 효과에 관한 실증연구", 『남개관리평론』, 제2권, pp.44-51.

김장현, 배일현(2011), "한국의 국가이미지가 일본소비자의 지각된 품질과 위험, 그리고 정보비용절약에 미치는 영향: 브랜드 신뢰성의 매개적 역할을 중심으로", 『국제지역연구』, 제15권 제1호, pp.315-339.

백권호, 안종석(2004), "중국의 지역 간 문화차이에 관한 실증연구", 『중국학연구』, 제27권, pp.325-351.

안종석(2005), "다차원적 속성의 국가이미지가 제품평가 및 브랜드 태도에 미치는 영향: 중국 소비자를 중심으로", 『국제경영연구』, 제16권 제2호, pp.63-89.

______(2014), "중국소비자의 적대감이 국가이미지 효과에 미치는 영향", 『국제경영연구』, 제25권 제2호, pp.57-86.

______(2012), "중국소비자의 자민족 중심중의와 그 효과에 관한 연

구: 라이프스타일에 따른 차이와 국가이미지의 조절효과", 『국제경영연구』, 제23권 제3호, pp.91-121.
_____, 김주란(2010), "중국시장에서의 소비자 라이프스타일에 따른 국가이미지 지각과 그 효과의 차이", 『동북아경제연구』, 제22권 제2호, pp.191-234.
_____, 오정방(2002), "중국 내수시장에서 국가이미지가 소비자의 구매행동에 미치는 영향-TV제품을 중심으로", 『국제경영연구』, 제13권 제1호, pp.207-236.
_____, 이동진(2007), "중국시장에서 국가이미지 효과의 지역별 차이에 관한 연구", 『국제경영연구』, 제18권 제4호, pp.99-130.
오마이겐치(2002), "차이나임펙트", 청림출판사.
윤성환(2009), "한국기업 이미지가 중국소비자들의 한국제품 평가 및 행위적 반응에 미치는 영향", 『국제지역연구』, 제13권 제1호, pp.189-217.
이장로, 이춘수, 박지훈(2005), "해외다국적기업 제품에 대한 국가이미지와 브랜드이미지가 브랜드충성도와 성과에 미치는 영향에 관한 실증연구", 『무역학회지』, 제30권 제6호, pp.103-124.
이창영(2013), "중국 민영기업, 한국 M&A 시장진출 착수", 『CHINDIA JOURNAL』, 81권, 포스코경영연구소.
코트라(2012), "2012 한·중 기업 상호인식과 평가", 코트라, pp.1-70.
한충민(2011), "글로벌리제이션과 지역브랜드: 국가와 도시도 브랜드화가 가능한가?", 한양대학교출판부.
한충민, 원성빈, 김상문(2014), "심리적 거리가 한류 선호도와 한국 국가이미지에 미치는 영향", 『국제통상연구』, 제19호 제1호, pp.121-143.

Bhattacharya, C. and Sen, S.(2004), "Doing Better and Doing Good: When, Why, and How Consumers Respond to Corporate Social Initiatives", *California Management Review*, 47(1), pp.9-24.
Ahmed, Sadrudin A. and Alain d'Astous(2008), "Antecedents, moderators

anddimensions of country-of-origin evaluations", *International Marketing Review*, 25(1), pp.75-106.

Amine, L. S.(2008), "Country-of-origin, animosuty and consumer response: Marjetingimplicaitons of anti-American and Francophobia", *International Business Review,* 17, pp.402-422.

Amine, L. S., M. C. H. Chao, and MJ. Arnold(2005), "Exploring the practical effectsof country of origin, animosity, and price/quality issues: Two cases of Taiwan and Acer in China", *Journal of International Marketing*, 13(2), pp.114-150.

Balbanis, G. and A. Diamantopolous(2004), "Domestic country bias, country of origineffect, and consumer ethnocentrism", *Academy of Marketing ScienceJournal*, 32(1), pp.81-90.

Batra, R., V. Ramaswamy, D. L. Alden, J. B. Steenkamp, and S. Ramachander(2000), "Effects of brand local and nonlocal origin on consumer attitudes in developing countries", *Journal of Consumer Psychology*, 9(2), pp.83-95.

Han, C. Min(1988), "The role of consumer patriotism in the choice of domesticversus foreign products", *Journal of Advertising Research*, 28(June/July), pp.25-32.

Han, C. Min(1989), "Country image: Halo or Summary contruct", *Journal of Marketing Research*, 26(5), pp.222-29.

Insch, Gary S. and J. B. Mc Bride(2004), "The impact of country-of origin cues on consumer perceptions of product quality: A bilateral test of the decomposedcountry-of-origin construct", *Journal of Business Research,* 57(2), pp.256-265.

Knight, Gary A. and Roger J. Calantone(2000), "A flexible model of consumer country-of-origin perception", *International Marketing Review,* 17(2): 127-145.

Laroche, Michel and M. Mourali(2005), "The influence of country image structure onconsumer evaluations of foreign products",

International Marketing Review, 22(1), pp.96-115.

Orth, U. R. and Z. Firvasova(2003), "The role of consumer ethnocentrism in food product evaluation", *Agribusiness*, 19(1), pp.137-146.

Pharr, Julie M.(2005), "Synthesizing country-of-origin research from the last decade: Is the concept still salient in an era of global brands?", *Journal of Marketing*, pp.34-45.

Zhang, Yong(1996), "Chinese consumers' evaluation of foreign products: the influence of culture, product types and product presentation format", *European Journal of Marketing*, 30(12), pp.50-68.

Zhou, Lianxi and Michael King-Man Hui(2003), "Symbolic value of foreign products in the People's Republic of China", *Journal of International Marketing,* 11(2), pp.36-58.

한·중 비즈니스 관계의 갈등과 그 해결방안에 대한 모색*

김주원·김용준

1. 서론

주지하듯이 한국의 중요한 현안문제로 진행되어온 한·중 FTA와 관련하여 한편에서는 한국 경제성장의 기회요인이 된다고 하는 동시에 다른 한편에서는 위기요인이라고 하고 있다. 이런 가운데 특히 한·중 FTA와 관련된 위기의식의 감정은 한·중 비즈니스 관계의 갈등현상을 초래하였다. 예컨대 농산물 분야에서 농민들은 한·중 FTA가 체결되어 농산물시장이 전면 개방되면 민감품목 정도에 따라 10년에서 20년 안에 관세가 폐지되어 중국산 마늘은 현재 국산 가격의 3분의 1에서 12분의 1로, 콩은 5분의 1에서 31분의 1로, 고추는 16분의 1에서 58분의 1로 가격이 떨어질 것으로 추산되어 중국과 가격 경쟁력에서 크게 뒤지기 때문에 생존권이 무너질 것이라고 주장하고 있다. 이에 농민들의 불안감은 고조되고 지속적으로 집

* 이 논문은『무역상무연구』2015년 제66권에 게재된 글임.

회와 기자회견을 열어 한·중 FTA 반대 목소리를 내었고 한·중 FTA 협상을 둘러싼 수많은 갈등이 표출되었다.[1)]

한·중 FTA와 관련하여 지금까지 많은 연구자 및 연구기관들이 한·중 FTA에 대한 위협요인과 기회요인, 그리고 강점과 약점에 대하여 분석하고 발표하였다.[2)] 그러나 한·중 FTA를 둘러싼 갈등과 갈등관리 및 갈등해소와 관련된 연구는 아직 미진한 실정이다. 더욱이 한·중 FTA가 체결되어 향후 한·중 비즈니스가 더욱 활성화될 것으로 진망할 때 이에 따른 다양한 갈등현상이 야기될 것으로 본다.

이에 본 연구는 한국기업들이 중국기업들과 비즈니스를 할 때 어떤 요인에 의해 갈등이 발생되는지 살펴보고 그 해결방안을 모색하여 한국기업의 경쟁력을 제고시킬 수 있는 가이드라인을 제시할 필요성이 있다고 본다.

이와 관련하여 본 연구는 최근 국제 비즈니스 관계에서 다양하게 발생하는 갈등을 해소시키기 위하여 국가 간에 또는 기업 간에 협상이 필요하고, 또한 협상에서 문화요인의 중요성과 역할이 증대되었음에 주목한다. 이는 증가하는 국제관계의 상호의존성이 다양한 종류의 갈등을 가져오고 외교와 협상의 도구들이 유용한 상황이 되어 상이한 문화권의 사람들과 서로 협력하고 협상해야 할 필요성이 있기 때문이다. 즉, 이는 국제관계에 있어 문화를 선행적으로 이해하는 것이 국가 간의 상호의존 및 갈등해소를 이해하는 데 도움이 되

---

1) http://news.kbs.co.kr/news/NewsView.do?SEARCH_NEWS_CODE=2893437&ref=A

2) 문철주·김주원, "한·중 FTA의 배경 및 효과에 관한 연구", 중국학논총 34집, 한국중국문화학회, 2011, pp.191-216.

기 때문이다.[3)]

따라서 본고에서는 먼저, 한국기업이 중국기업과 거래 및 비즈니스를 할 때 발생할 수 있는 다양한 갈등문제를 관리할 수 있는 시사점을 얻고자 갈등에 관한 이론적 고찰을 한다. 그리고 문화적 차이로 인해 갈등을 야기시키는 중국의 협상 문화적 요인 및 특성을 파악해본다. 나아가 갈등을 관리하고 해소할 수 있는 갈등관리의 기법과 협상전략의 유형에 대하여 알아봄으로써 국제비즈니스 협상의 성과를 높일 수 있는 전략적 시사점을 제시하고자 한다.

2. 갈등에 관한 이론적 고찰

1) 갈등의 개념과 발생원인

국제사회에서 갈등은 시공간을 초월하여 끊임없이 발생하고 있다. 사전적으로 갈등(葛藤)이란 칡 갈(葛)자와 등나무 등(藤)자를 써서 '칡과 등나무가 서로 복잡하게 뒤얽혀 있는 것'을 의미한다. 이를 인간의 행동으로 적용하면 갈등(葛藤)이란 일이나 인간관계에서 복잡하게 뒤얽혀 풀기 어려운 상태나, 인간 내면의 상충되는 생각 때문에 고민하는 내면적, 심리적 상태를 말한다. 그리고 갈등은 이익에 대한 인지된 차이 또는 이해당사자의 열망이 동시에 성취될 수 없는 신념을 말한다.[4)]

3) 조윤형, "문화적 접근을 통한 국제관계 연구: 갈등해소와 협상에 있어서 문화의 역할 분석", 국제정치논총 제44집 1호, 한국국제정치학회, 2004, p.53.

또한 갈등은 당사자 간에 가치, 규범, 이해, 아이디어, 목표 등이 서로 불일치하여 충돌하는 상태를 말하며, 어떤 결과보다는 과정을 더 강조한다. 즉, 불일치와 충돌이 이미 완결된 상태인 결과를 강조하기보다는 불일치와 충돌이 진행 중인 상태인 과정을 강조한다.[5] 따라서 협상가들은 협상과정에서 협상당사자 간에 가치, 규범, 이해, 아이디어, 목표 등이 서로 일치할 수 있도록 노력함으로써 갈등을 해소시킬 수 있다.

보통 갈등은 커뮤니케이션의 장벽, 행동과 개성의 차이, 상호의존성 증가, 과다한 경쟁, 목표의 차이, 한정된 자원, 역할의 모호성, 규범의 차이, 문화의 차이, 종교의 차이, 가치관의 차이, 성격의 차이 등 매우 다양한 내외적인 요인으로 인해 인간의 모든 생활영역에서 매 순간 발생한다.

그런데 흔히 갈등을 '다툼', '전쟁' 등과 같이 공격적인 행동과 동일시하는 편견을 보일 때가 있다. 그러나 갈등에 대한 이해는 갈등이 공격적인 행동과 동일시되지 않을 때 더 쉽게 접근할 수 있다. 왜냐하면 갈등이란 행동의 한 가지 형태라기보다는 오히려 양립될 수 없는 이해관계와 가치관의 차이로 발생하는 상황이기 때문이다. 따라서 갈등 및 갈등유형을 제대로 이해하기 위해서는 갈등상황이 일반적으로 두 개 혹은 그 이상의 실재나 이해당사자들이 상호 양립할 수 없는 목표를 지닌 것을 인식하는 상황으로 규정하고 있는 것[6]을

4) Jeffrey, R., Pruitt, Dean G., and Kim, S. H., *Social Conflict: Escalation, Stalemate, and Settlement*, 2d ed. New York: Mcgraw-Hill, Inc, 1994.

5) 천대윤, 갈등관리와 협상전략론, 선학사, 2011, pp.20-21.

6) Mitchell, C. R., *The Structure of International Conflict, London*: The Macmillan Press, 1981, p.17.

알 필요가 있다.

2) 갈등의 차원 및 유형

갈등은 다양한 차원에서 일어나는 현상이다. 현실적으로 개인 간, 집단 간, 지역 간, 인종 간, 국가 간에 끊임없이 발생하고 있는 다양한 형태의 갈등을 슬기롭게 예방하거나 해결하기 위해서 개인, 집단, 조직, 지역, 국가, 그리고 국제사회는 다양한 형태의 활동을 수행하고 있다.[7] 갈등이 발생하는 차원 및 유형을 살펴보면 매우 다양하다. 첫 번째로, 사람이 생활하는 공간 또는 사람의 집합의 숫자를 중심으로 볼 때 갈등차원은 개인차원의 갈등, 팀 또는 집단차원의 갈등, 조직차원의 갈등, 정부차원의 갈등, 국가차원의 갈등으로 구분할 수 있다. 두 번째로, 조직에 편익을 증가시키느냐 비용을 초래하느냐에 따라 갈등을 순기능적 갈등 또는 생산적 갈등과 역기능적 갈등 또는 파괴적 갈등으로 분류할 수 있다. 세 번째로, 행동주체를 기준으로 개인 갈등, 조직 갈등, 조직 간 갈등으로 구분할 수 있다.[8] 여기서 개인 갈등은 개인 내 갈등과 개인 간 갈등, 집단 갈등은 집단 내 갈등과 집단 간 갈등, 조직 갈등은 조직 내 갈등과 조직 간 갈등으로 구분할 수 있다. 네 번째로, 접근과 회피를 기준으로 한 개인이 두 가지의 바람직한 목표를 동시에 이끌리고 있을 때 일어나는 접근-접근 갈등, 한 개인이 두 가지의 바람직하지 못한 가능성이나 혹은 위협적인 가능성에 당면했을 때 일어나는 회피-회피 갈등, 대안이

---

7) Dana, D., *Conflict Resolution*, New York: McGraw-Hill, 2001.

8) March, J. G., & Simon, H. A., *Organizations, New York*: John Wiley & Sons, 1966.

바람직한 것과 바람직하지 않은 속성을 동시에 가지고 있을 때 겪는 접근-회피 갈등, 그리고 대안들 하나하나가 다수의 호의적인 것과 비호의적인 성질의 것을 모두 함께 가지고 있을 때 발생하는 다중 접근-회피 갈등으로 구분할 수 있다.[9)]

3) 갈등관리

(1) 갈등관리 구조의 이해

기업 관리자들에게 있어서 갈등예방과 갈등해결을 위한 갈등관리 능력의 중요성은 현대에 있어서 더욱 강조되고 있다. 갈등을 관리하기 위해서는 갈등에 대한 이해를 바탕으로 갈등을 방지·해소·조장하는 노력이 필요하다(<그림 1> 참조). 즉, 갈등이 어떤 상황에서 긍정적 영향을 미치고, 어떤 조건 아래에서 부정적 영향을 미치는지를 파악하여 그 원인을 이해하는 것을 바탕으로 조직에 해를 초래할 갈등은 갈등이 발생하기 이전에 예방하는 것이 가장 바람직하고, 이미 발생한 갈등이라면 이를 해결 또는 해소해야 하며, 조직에 유익을 가져다주는 갈등이라면 이를 자극하여 갈등을 조장하는 것이 좋다.[10)] 구체적으로 효과적인 갈등관리를 위해서는 갈등이 어떤 차원에서 발생하고 있는가를 먼저 이해하는 것이 바람직하다. 갈등이 개인의 내적인 것인지, 개인 간 갈등인지, 집단의 성격인지, 조직의 성격인지, 사회문화적 성격인지 등을 먼저 파악하고 그에 대한

9) 권기성, "조직 내 집단에 있어서의 갈등유형과 갈등관리전략", 광운대논문집, 1994, pp.47-68.

10) 천대윤, 전게서, p.37.

관리기법을 개발해야 할 것이다. 이는 결국, 갈등의 수준, 형태, 강도, 해당 갈등에 관련된 사람 또는 집단의 수와 성격, 조직 또는 사회의 특성, 구조, 문화 등과 같은 다양한 변수와 상황을 고려하여 갈등을 관리하여야 함을 의미한다. 따라서 갈등관리는 상황에 따른 갈등관리를 하는 것이 효과적이며, 이는 나아가 한・중 비즈니스 관계에서도 갈등 상황에 따른 갈등기법 및 협상전략을 수립해서 대처해야 함을 시사한다.

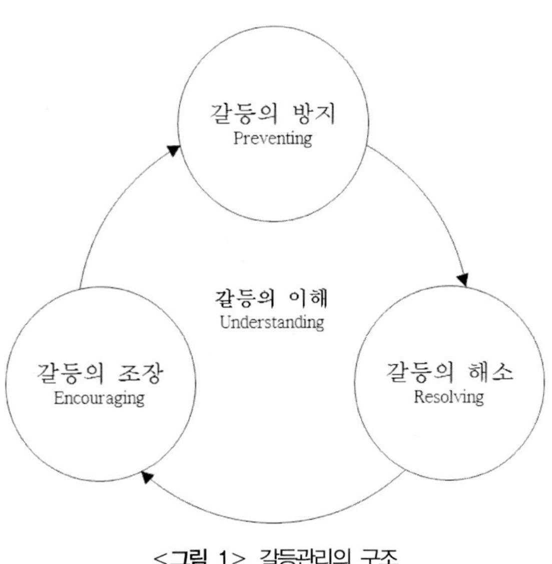

<그림 1> 갈등관리의 구조

(2) 갈등에 대한 시각 변천

갈등을 보는 시각은 시대의 변천에 따라 다양하다. 다음의 <표 1>에서 보듯이 첫 번째로, 갈등에 대한 부정적 시각은 고전적・전통적 갈등견해로서 이는 주로 20세기 초 과학적 관리론을 주장하는 학자들에 의해 주장된 것으로 갈등은 언제나 조직에 역기능, 병리적인 결과를 초래하기 때문에 갈등을 제거해야 한다는 것이다. 두 번째로, 갈등에 대한 긍정적 시각은 1960년대 인간관계학적 행동과학자들에 의해 주장된 것으로 갈등은 불가피한 것이며 조직에 활력을 불어넣어 주고 생산성을 높여줄 수 있다고 보는 시각이다. 세 번째로, 갈등에 대한 통합적 시각은 1970년대부터 발생된 현대적 시각으로 갈등은 그 자체로서는 가치중립적인 것이고 갈등의 결과는 부정적일 수도 있고 긍정적일 수도 있다고 보는 관점이다. 이 관점으로 보면 갈등은 순기능일 수도 있고 역기능일 수도 있어서 반드시 어느 한편에 속하는 것이 아니고[11] 적극적으로 조장하거나 적정한 수준에서 유지되고 관리되어야 할 성질의 것으로 볼 수 있다.[12] 따라서 현대에 있어서 갈등관리란 갈등을 제거 또는 해결하는 것에 한정된 것이 아니라 조직에 도움을 가져다줄 것이라고 판단되는 갈등을 조장하거나, 필요한 갈등을 적정수준으로 유지하거나, 갈등을 자극하여 증대하는 것, 그리고 조직에 해악을 가져오는 갈등을 해소하는 것 등에 관련된 활동들의 일체를 의미한다.[13]

11) Pondy, L. R., *Organizational conflict: Concepts and models*, Administrative Science Quaterly, 12, 1967, pp.296-320.

12) 천대윤, 전게서, pp.46-48.

13) 상게서, pp.213-214.

<표 1> 갈등을 보는 시각의 변천

부정적 시각: 고전적 · 전통적 견해	긍정적 시각: 인간관계학적 행동과학자들의 견해	통합적 시각: 현대적 견해
갈등은 개인과 조직에 피해를 주는 것으로 반드시 제거되어야 한다	갈등은 반드시 나쁜 것만은 아니고 자연적이고 필연적인 것이다	갈등은 가치중립적인 것으로 이익 또는 손해가 될 수 있다. 상황에 따라서 조장되거나 적정한 수준에서 유지 · 관리되어야 한다

자료: 천대윤, 갈등관리와 협상전략론, 2011, p.48

(3) 갈등의 기능 및 효과

갈등은 무조건 회피하거나 예방해야 할 대상이 아니라 효율적으로 관리를 해야 할 대상이다. 그렇기 때문에 조직 및 기업의 성과에 도움이 되는 갈등은 적절히 조장하고, 조직의 성과를 저해하는 갈등은 적절히 제어해야 한다. 이는 갈등이 동전의 양면성과 같이 조직과 개인에 대한 순기능과 역기능[14] 또는 건설적 갈등과 파괴적 갈등의 성격을 같이 지니고 있기 때문이다. 보통 건설적인 갈등은 쌍방이 협력적인 마인드 및 태도를 가지고 서로 신뢰하고, 서로 필요한 정보를 공유하여 성과를 나타내는 Win-Win 사이클의 특징이 나타나고, 반면 파괴적 갈등은 서로를 경쟁적인 관계로만 보아 서로 의심하고 회피하여 좌절하게 되는 Win-Lose 사이클의 특징이 나타난다(<그림 2> 참조).

14) Pondy, L. R. op. cit., pp.296-320.

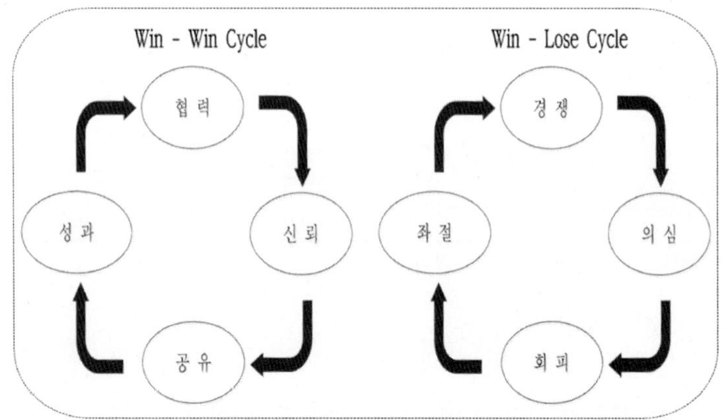

<그림 2> 건설적 갈등과 파괴적 갈등

또한 갈등의 순기능과 역기능의 양면성과 관련하여, 다음의 <그림 3>에서 보듯이 갈등의 기능 및 효과가 조직 및 기업의 성장과 발전을 초래하는 순기능적인 긍정적 결과로 나타나기 위해서는 갈등의 강도를 적당하게 조장하는 것이 바람직하다. 반면에 갈등이 너무 없어도 조직 및 기업의 성과가 낮아지며 정체되는 역기능적인 부정적 효과가 나타나고, 또한 극한 갈등이 발생되면 조직 및 기업의 성과가 낮아지며 파괴되는 역기능적인 부정적 효과가 나타나고 있음을 알 수 있다. 일반적으로 갈등의 순기능으로는 실제문제의 파악, 기술혁신의 촉진, 집단의 결속, 카타르시스(정화), 집단 간 관계를 강화시킬 수 있는 긍정적 효과가 있고, 역기능으로는 에너지 소모, 관련정보의 미공유, 커뮤니케이션의 왜곡, 불쾌한 감정지속, 집단 간의 관계를 약화시키는 부정적 효과가 있다. 따라서 한·중 비즈니스를 수행하는 경우에도 조직 및 기업의 성과를 높이기 위한 순기능 측면에서 갈등의 강도를 적절히 조절하고 관리할 필요가 있다.

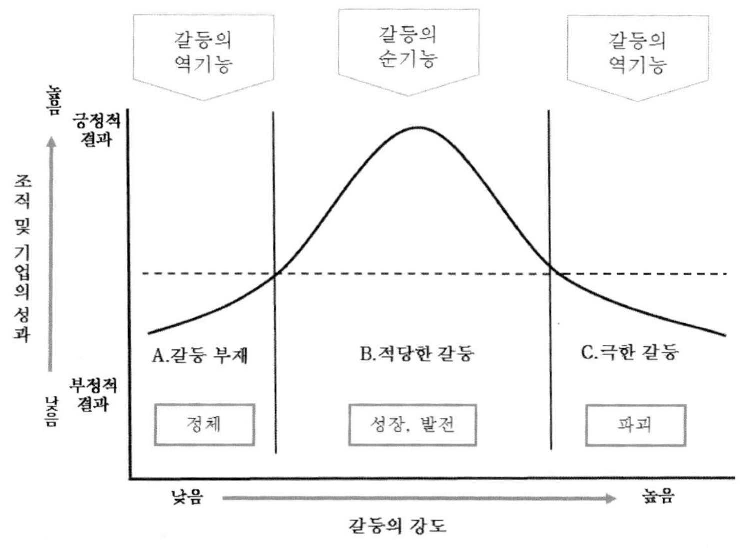

<그림 3> 갈등의 기능 및 효과

3. 갈등관리를 위한 중국의 협상문화 요인 및 특성

통상적으로 갈등이란 충족되지 않은 인간 요구에 의해서 유발되는 합리적 행위로 볼 수 있으며, 합리성에 기초한 전통적 갈등 해소의 방법들은 특정한 문화적 논리에 기초해 구성되어 왔기 때문에 갈등해소의 기본 가정에 깔려 있는 문화적 상식을 간과해서는 안 된다.[15] 또한 갈등은 둘 이상의 개인들이 서로 조화를 이루지 못하는 상태를 의미하는데, 보통 쌍방의 이해가 상반하고 노리는 목표나 욕구가 엇갈리기 때문에 분쟁이나 분규가 쉽사리 수습되기가 어려울

15) 조윤영, 전게논문, p.62.

수밖에 없다. 하지만 폭력적인 해결이 아닌 바에야 쌍방이 소모적인 대결보다는 생산적인 대화를 통해 타협점을 찾아가는 노력이 바로 '협상'이며, 일련의 협상이 분쟁과 갈등해소의 묘약이다.[16] 협상은 선호가 다른 행위자들 사이에 이해 충돌로 갈등이 발생하고, 이 갈등을 평화적으로 해결하려는 모든 곳에서 일어날 수 있다.[17] 실제적으로 갈등과 협상은 인간의 모든 생활의 영역에서 시공간을 초월하여 끊임없이 발생하고 있으며, 갈등이 존재하는 세상은 거대한 협상 테이블로서 사람들은 모든 것을 협상할 수 있다.[18]

그런데 통상적으로 국제적 협상에서는 정치, 제도 및 법규, 경제, 사회적 논리 이외에도 문화적 요소가 중요하게 개입된다. 따라서 중국 비즈니스 협상과정에서 발생되는 갈등문제를 해결하기 위해서는 중국 특유의 협상논리와 문화를 이해하는 것이 중요하다. 이런 관점으로 볼 때 한국기업이 중국기업과의 비즈니스 관계에서 발생될 수 있는 갈등문제를 예방하고, 발생된 갈등을 해소하고, 나아가 순기능 측면의 갈등을 조장하기 위해서는 중국의 협상문화 요인 및 특성을 이해하여야 효과적으로 갈등관리를 할 수 있다. 이에 국제협상에 영향을 미치는 문화의 역할과 중국의 협상문화 요인 및 특성에 관한 내용을 살펴본다.

---

16) 권원용, "갈등해소의 묘약은 '협상'뿐이다", 도시문제 제40권 445호, 대한지방공제회, 2005, pp.8-9.

17) 윤홍근·박상현, 협상게임: 이론과 실행전략, 인간사랑, 2010.

18) Cohen, H., *You Can Negotiate Anything*, New York: Bantam Books, 1982.

1) 국제협상에 영향을 미치는 문화의 역할

기존연구를 보면 문화와 협상을 연결하려는 연구가 중요하게 다루어져 왔다.[19] 일반적으로 국제적 협상은 이문화간 사회적 교환을 둘러싼 상호작용과정으로 쌍방이나 다자간 공통의 혹은 갈등적인 이해관계에 관하여 드러난 합의에 도달하는 것을 목표로 하는 명시적 제안과정이라고 정의할 수 있다.[20] 국제협상에서 문화의 역할에 대한 이론적 바탕을 제시한 코헨(Cohen)은 갈등당사자들 사이에서의 문화적 격차에 초점을 두고 협상과정을 분석하였다.[21] 코헨은 문화를 개개인의 특성이 아닌 그 개인이 속한 사회의 특성으로 간주하여 개개인이 그것을 습득하여 사회화함으로써 그 속성들이 집합체를 이루는 것으로 보고 있다.[22] 그런 의미에서 문화는 학습된 형태이며 사회의 가치가 깊이 스며들어 있기 때문에 학습된 인간의 성격이 문화권별로 유사하거나 차이가 나며 협상행태에도 차이가 나기 마련이다. 그렇지만 코헨은 문화가 협상결과에 결정적 영향력을 행사하는 중요한 요소이기보다는 협상의 방해물로 간주하고 있다. 따라서 교차 문화적 협상을 위해 협상 주체자들은 문화적 차이를 인식해야 하며 협상 참가자들과의 조화와 win-win 협상을 위해서는 협상의 스타일을 전환할 필요가 있다고 주장하고 있다. 즉, 이는 문화적 차이

---

19) 안세영 · 홍성민, “문화 간 태도진단성이 협상성과에 미치는 영향에 관한 연구”, 협상연구 제10권 제2호, 한국협상학회, 2004, pp.49-71.

20) 백권호, “중국의 협상문화와 기업협상전략 특성에 관한 연구”, 현대중국연구 제5권, 현대중국학회, 1998, p.393.

21) R. Cohen, *Negotiating Across Cultures, Washington*, DC: U.S. Institute of Peace Press. 1999.

22) R. Cohen, *op. cit.*, p.11.

에 따라 갈등문제가 발생할 수 있으며 협상스타일을 전환할 필요가 있음을 의미한다. 그렇기 때문에 비즈니스 관계에서 협상 참여자들은 협상 주체자들 간의 오해와 상투적 협상방법을 피하기 위하여 다른 문화의 특성뿐 아니라 자신의 가치와 전제들을 인식하고 있어야 한다.[23] 자신이 속한 공동체의 가치와 전제들에 대한 인식이 문화적 협상의 첫 단계이며 사람들의 문화적 지식이 주어진 상황에 적합한 협상모델을 개발하고 발전시키는 데 있어 그 핵심적 자원이라고 할 수 있다.[24] 또한 연관된 각각의 문화들의 갈등에 관한 지식을 모두 활용하는 것이 갈등관리의 기반이자 발전의 출발점인 것이다. 따라서 갈등의 근원적 원인의 이해와 갈등을 해소할 최선의 방법을 찾기 위해 문화에 대한 깊은 인식과 이해가 필요하다. 즉, 갈등의 원인과 역할, 갈등이 어떻게 고조되고 어디서 어떻게 해결되고, 모든 당사자들에게 상호 만족적이고 지속 가능한 결과로 변형될 수 있는지를 보다 잘 이해하기 위해 문화는 매우 중요한 요소임에 틀림없다.[25]

흔히 갈등 상황에 대한 대응은 갈등하는 당사자들의 입장, 분쟁의 원인과 유형, 당사자들의 세대적 사고방식, 갈등이 노출된 기간, 그 문제에 부여한 중요성, 문제와 관련된 문화적으로 특정한 가치와 수준 등에 따라 다르다. 특히 문화적으로 특정한 논리는 상반되는 논리들이 대결하는 협상테이블에서 가장 분명해진다고 볼 수 있는데 이는 갈등 당사자들 사이에서 문화적으로 특정한 논리들 간의 차이

---

23) P. Kimmel, "Cultural Perspective on International Negotiations", *Journal of Social Issues*, vol. 50, 1994, p.179.

24) J. P. Lederach, *Preparing for peace: Conflict Transformation Across Culture*, Syracuse, NY: Syracuse University Press, 1995, p.10.

25) 조윤형, 전게논문, pp.66-67.

는 협상의 결과에 영향을 미칠 수 있고 갈등을 고조시키기 때문이다. 실제적으로 국제관계에서 문화는 첫째, 갈등의 고조, 지속, 해결, 전환 등의 과정 혹은 진화, 둘째, 갈등 당사자들의 지각과 태도, 갈등 행위, 셋째, 협상을 중심으로 한 중재 혹은 조정 노력에 중대한 영향을 미친다. 따라서 국제관계를 성공적으로 수행하기 위해서는 갈등해소와 협상에 대한 문화의 중요한 역할을 이해할 필요가 있다.[26] 따라서 다음에서는 중국의 협상문화 및 특성에 대하여 알아보고자 한다.

2) 중국의 협상문화 및 특성

중국은 역사적으로 풍부한 병법서를 바탕으로 하는 중국 특유의 협상논리와 문화를 가지고 있어 이에 대한 이해가 중국인이나 중국과의 협력을 추진하고 갈등관리 및 문제를 해결해 나가는 데 매우 중요하다.[27] 그렇지만 본 연구에서는 주로 국제협상과 관련하여 이문화 협상에 영향을 미치는 중국의 협상문화 요인 및 특성(<표 2> 요약 참고)에 초점을 맞춰 살펴봄으로써 갈등관리의 기법 및 협상전략의 유형을 수립할 수 있는 시사점으로 활용하고자 한다.

먼저, 선행연구 가운데 국제비즈니스에서 이문화 간의 협상에 영향을 미치는 중국의 협상문화 및 특성과 관련된 내용[28](<표 2>의

---

26) 조윤형, 상게논문, pp.56-61.

27) 백권호, 전게논문, p.392.

28) Jeswald W. Salacuse, "Intercultural Negotiation in International Business", *from Group Decision and Negotiation 8, No. 3, May*, 1999, pp.217-236. Kluwer Academic publishers, Used with permission.

문화요인 및 특성 A) 참고)을 간략하면 다음과 같다. 첫 번째로, 중국인들의 협상목표는 계약보다는 관계를 더 중요하게 생각한다. 두 번째로, 협상태도에 있어서는 Win-Lose보다는 Win-Win 유형이 훨씬 높은 편이다. 세 번째로, 협상스타일은 공식적인 것보다는 비공적인 것이 많다. 네 번째로, 커뮤니케이션은 서양에 비해 우회적인 표현 경향이 높았다. 다섯 번째로, 시간에 대한 민감도는 낮다. 만약, 중국인이 시간관념이 약하다는 것에 유념하여 혹시 상대방이 약속시간에 늦더라도 그 상황에 불쾌함을 느끼거나 협상내용에 연관시키지 말아야 한다.[29] 여섯 번째로, 감정적 행위의 경향이 높다. 심지어 어떤 때는 무감정을 보일 때가 있고, 겉과 속이 다른 면이 있다. 일곱 번째로, 협정형태는 세부적인 원칙보다는 오히려 일반적인 원칙을 더 선호한다. 여덟 번째로, 협정을 구축하는 방식이 연역적 방식 및 상의하달식인 편이다. 아홉 번째로, 팀 조직 의사결정은 한 지도자에 의해 대부분 결정되는 경향이 매우 높다. 이는 어쩌면 중국이 전통적으로 정치적 영향을 받았기 때문으로 볼 수 있다. 열 번째로, 위험감수에 대한 경향이 낮은 특성을 가지고 있는 것으로 나타났다.[30]

29) 박명섭、허윤석、홍란주, “이문화 간 국제협상 커뮤니케이션 전략에 관한 연구: 미국, 중국과 한국의 비언어적 커뮤니케이션의 사례를 중심으로”, 국제지역연구 제11권 제3호, 국제지역학회, 2007, p.678.

30) Jeswald W. Salacuse, *op. cit*, pp.217-236.

<**표 2**> 이문화 협상에 영향을 미치는 요인들 및 특성

문화요인 및 특성 A)		문화요인 및 특성 B)		문화요인 및 특성 C)	
목표	계약/관계	중요한 이슈	업무/관계	환경	통제/조화/제약
		신뢰형성 토대	계약/관계		
태도	Win-lose/ Win-win	기본개념 및 인식	승자와 패자/ 상호이익	경쟁	경쟁적/ 협력적
개인적 스타일	형식적/ 비형식적	형식 및 의전 태도	형식적/ 비형식적	공간	사적/공적
커뮤니케이션	직접적/ 간접적	커뮤니케이션 유형	직접표현/ 간접표현	커뮤니케이션	높은/낮은 정황의존도, 직접적/간접적, 표현적/도구적, 형식/비형식적
시간에 대한 민감성	시간 준수 및 활용의 높고/낮음	시간에 대한 성향	일정중시/ 일정에 관대	시간	단일/복수초점, 고정적/유동적, 과거/현재/미래
감정 표출	감정적 행위의 높고/낮음	설득의 속성	논리적/ 감정적	행동	상태/동작
협정 형태	일반적/ 구체적	협정 형태	명시적/ 묵시적	권력	계급/평등
협정 구축 방식	상의하달/ 하의상달식	협상자의 선택	능력/지위	사고	연역적/ 귀납적, 직선적/ 체계적
팀 조직 의사결정	한 지도자/ 집단 합의에 의한 의사결정	내부 의사결정	독립적/ 집단의사결정	개인주의	개인/ 집단주의 보편/특수주의
		개인적 목표반영	개인/ 집단주의		
위험 부담	위험감수 경향이 높음/낮음	위험 선호정도	위험회피/ 위험감수	구조	명령적/ 탄력적

그리고 성공적인 국제거래를 위해 멕시코와 미국 그리고 인도상인의 협상에 영향을 미치는 문화를 포괄적이고 효과적으로 분석하기 위해 Weiss와 Stripp에 의해 제안되고 Churchill에 의해 각 척도가 좀 더 구체화되었으며 Metcalf와 Bird에 의해 추가로 정제된 척도 및 요인들[31]을 분석 틀로 활용하여 협상문화의 유형을 분류한 것[32]

(<표 2>의 문화요인 및 특성 B) 참고)을 근거로 중국 협상문화 및 특징을 조명해보면 다음과 같다.

첫 번째로, 협상에서 중국기업인들의 중요 이슈는 협상과 관련된 업무보다는 관계 중심의 성향이 더 높고, 신뢰 형성의 토대도 계약보다는 관계를 더 중시하는 경향이 높다.

두 번째로, 중국인들의 협상에 대한 기본개념 및 인식을 보면, 중국인은 개개인보다는 집단과의 조화와 협동성을 중시하고 자아중심적이고 쇄국적인 사고방식을 가지고 있으며 중화민족에 대한 우월주의를 가지고 있다.[33] 그렇지만 갈등을 대하는 태도 면에서는 역기능적이고, 제로섬적이며, 이에 대한 반응태도는 간접적, 회피적이며, 특히 사업적 협상에서는 경쟁적인 특징을 가지고 있다.[34] 이와 관련하여 중국기업과 비즈니스를 할 경우에 협상의 주요요소를 중심으로 다음과 같은 유형화가 가능하다. 첫째, 갈등을 대하는 태도가 기능적인지 역기능적인지 혹은 제로섬적인지 혹은 제로섬적이 아닌지, 둘째, 통상의 반응형태가 직접적인지 간접적인지 혹은 충돌적인지 회피적인지, 셋째, 사업적 교환에 대한 시각이 경쟁적인지 아니면

31) L. Metcalf & A. Bird, "Cultural Influence on Negotiation Behaviors: Resurrecting and Revitalizing an Overlooked Framework", *Proceedings of the Academy of International Business*, 2003;_____, "Integrating the Hofstede Dimensions and Twelve Aspects of Negotiating Behavior: A Six Country Comparison", *Leiden: Koninklijke Brill B.V.*, 2004, pp.251-269: L. Metcalf, A. Bird and D. Dewar, "Mexico and the United States: Common Negotiating Orientations", *Thunderbird International Business Review, Vol. 50, No. 1*, 2008, pp.25-43.

32) 박양섭, "성공적인 국제거래를 위한 인도상인과의 협상전략에 관한 연구", 무역상무연구 제43권, 한국무역상무학회, 2009, pp.463-464.

33) 강준영 외 2인, 한 권으로 이해하는 중국, 지영사, 1997, pp.45-53.

34) 백권호, 전게논문, pp.399-400.

협조적인지, 넷째, 협상의 목적이 개인이익 극대화에 있는지, 아니면 합동이익 극대화를 중시하는지 등이다. 중국의 협상에 대한 이러한 시각은 사회적 관계와 유교적 규범의 계층에서 발생하는 것이 아니면 대개는 공개적 갈등의 표출을 회피하는 문화적 특성에서 비롯된다.

세 번째로, 형식 및 의전에 대한 태도와 관련하여 중국인은 협상이 진행되면 형식과 의례를 존중하여 체면을 중시한다.

네 번째로, 커뮤니케이션 유형은 직접표현보다 간접표현을 즐겨 사용하며, 전통시를 사용하여 민감한 문제를 부드럽게 표현하기도 한다.

다섯 번째로, 시간에 대한 인식을 보면 일정에 관대한 성향을 갖고 있다. 이는 중국인들이 만만디라는 문화로 인하여 시간에 대하여 매우 관대한 가치관을 가지게 된 것[35]으로 볼 수 있다. 따라서 중국인들은 단기적으로 협상에 임하는 것보다 장기적인 관점에서 시간의 여유를 가지고 협상에 임하고 있다.[36] 그러나 중국인들도 상황에 따라 시간을 서둘러 협상하는 것도 있음을 간과해서는 안 된다.

여섯 번째로, 중국인은 협상은 설득이고, 설득력은 상대방의 마음을 읽는 독심술에서 나온다는 신념을 가지고 있다. 공자에 의하면 상대방을 설득할 때 상대방의 의견보다 먼저 자신의 생각을 드러내는 조급증과 상대방의 의견을 구할 때 자신의 관점을 은폐하는 행위, 그리고 상대방의 심리를 파악하기 전에 자신의 의견을 표출하는 행위를 피할 것을 협상 시의 주의사항으로 들고 있다.[37] 이런 측면

35) 류해인 역, 중국 비즈니스 성공의 비결, 하서출판사, 1994, pp.46-47.

36) 장대환, 국제기업협상, 서울: 김영사, 1989, p.107.

에서 볼 때 중국인의 설득 속성은 감정적 성향보다는 논리적 성향이 더 크다고 할 수 있다. 그러나 협상에서 설득기술은 논리적 측면과 감정적 측면이 혼합되어 상황에 따라 사용되고 있다.

일곱 번째로, 협정 형태는 명시적인 것보다 묵시적인 것이 많다.

여덟 번째로, 협상자의 선택기준은 자질을 중시하는데 이 가운데 혈연, 지연 등이 중요변수로 작용된다.

아홉 번째로, 내부 의사결정 과정은 집단의사 결정에 따르고, 집단의 의사결정이 개인의 결정보다 우선시되며 계획은 집단의 공동 가치에 의해 세워진다.

열 번째로, 위험선호 정도는 매사에 조심하여 가능한 남에게 책잡힐 행동은 삼가는 경향이 있고 위험이 내재되어 있는 어떤 행위나 결정을 회피하는 경향이 있다.

또한 한국과 중국의 문화적 차이가 양국 간 국제협상에 미치는 영향과 관련하여 문화의 가치정향 모델과 관련된 중국의 협상문화 및 특징[38](<표 2>의 문화요인 및 특성 C) 참고)을 간략하면 다음과 같다. 첫 번째로, 환경요인 및 특성과 관련하여 중국인들은 대륙의 광활한 대자연과 같은 환경 앞에서 자연에 대한 조화와 순응을 터득하였다. 그리고 꽌시를 중요시하는 조화지향적인 경향이 있다. 두 번째로, 경쟁요인으로 동양인들의 대부분이 협력적 경향을 보이고 있듯이 중국인들도 협력적인 경향이 강하다. 세 번째로, 중국인의 사무공간은 공적 공간 지향적이다. 이는 집단주의 특성과 관련성이 있

37) 王永昌, 歷史的傳弈, 上海文化出版社, 2006, p.160.

38) Terence Brake, Danielle M. Walker, Tim Walker, 정우찬 감역, 국제협상문화를 알아야 성공한다, 21세기 북스, 1997, pp.87-91.

으며 중국의 권위주의적인 통제체제의 구축을 위해서 필요했던 것으로 보인다. 네 번째로, 중국인의 커뮤니케이션은 정황의존도가 높으며 간접적이고 형식적이다. 또한 의례와 의리를 중시한다. 만약 충돌이 발생하면 제3자를 내세워 갈등을 해결하고자 하는 경향이 있다. 다섯 번째로, 중국인은 시간관념이 약하여 시간을 연장하는 상황이 높다. 여섯 번째로, 중국인의 행동은 집단주의를 중시한다. 또한 상태지향문화가 동작지향문화보다 더 높게 나타나는 경향이 있다. 일곱 번째로, 중국인들은 권력과 권위가 집중되어 있으며 가부장주의적인 성향이 강하다. 의사결정은 대부분 상부조직에서 이루어지며 중요계획을 세울 때는 정치적 고려를 하는 경향이 강하다. 그러므로 중국과의 비즈니스에서는 중국정부의 정책 및 제도를 간과해서는 안 된다. 여덟 번째로, 중국인의 사고는 연역적이며 체계적인 성향이 있다. 협상의 구체적인 항목보다는 포괄적인 원칙들에 대한 합의를 중요시 여긴다. 협상 중에 문제가 발생될 경우에 구체적으로 분석하기보다는 전체적인 관점에서 총괄적으로 판단하는 경향이 있으며, 설명을 위해서는 유추와 은유, 비유 등의 표현을 자주 사용하는 경향이 있다. 아홉 번째로, 개인주의 문화와 관련하여 중국은 집단주의적 영향으로 개인의 생각보다는 조화를 중시하고 업무보다 관계가 중요시된다. 그리고 집단의 의사결정이 개인의 결정보다 우선시되며 계획은 집단 공동의 가치에 의해 세워진다. 따라서 중국인들의 집단주의는 대단히 특수주의적인 경향을 나타낸다고 할 수 있다. 열 번째로, 구조요인 및 특성과 관련하여 중국인들의 역사적 구조는 오랜 세월 동안 어려운 환경을 헤쳐온 탓으로 위험이 내재되어 있는 어떤 행위나 결정을 몹시 꺼려하고 자신의 책임하에 결

단을 해도 좋다고 하는 확신이 없는 한 결정을 유보하는 탄력적인 경향이 있다.[39)]

4. 갈등관리 기법 및 협상전략 유형의 제시

앞에서 중국은 중국 특유의 협상문화 및 특성을 갖고 있고 문화적 차이에 따라 갈등이 발생할 수 있음을 살펴보았다. 이는 한국기업이 중국기업과 비즈니스를 할 때 중국의 다양한 문화적 요인들을 고려하고 이해를 하여야 효과적 갈등관리를 할 수 있음을 시사한다. 특히 글로벌 협상에서는 상대방의 협상문화와 협상의 특징을 잘 파악하는 것이 무엇보다 중요하다.[40)] 또한 주어진 사회 내에서 협상과 갈등해결에 대해 영향을 미치는 행위에 관한 지배적이며 독특한 패턴을 식별하는 것도 필요하다.[41)] 따라서 한국기업들이 효과적으로 갈등관리를 수행하기 위해서는 중국의 어떤 문화적 요인에 의해 중국 비즈니스 갈등문제가 발생할 수 있는지를 이해하고 그에 대처할 수 있는 갈등관리 기법 및 협상전략을 수립하여 실행해야 할 것이다. 이에 다음은 중국 비즈니스를 수행할 때 다양하게 발생될 수 있는 갈등에 대처할 수 있는 갈등관리의 기법 및 협상전략의 유형이 무엇인지를 제시해본다.

---

39) 조용득 · 김진학, "한 · 중 문화적 차이가 양국 간 국제협상에 미치는 영향", 동북아경제연구 제12권 제2호, 한국동북아경제학회, 2001, pp.14-17.

40) 오원석 · 김동호 · 김거진, "성공적 무역계약 체결을 위한 글로벌 협상전략: BRICS의 문화와 가치 차이를 중심으로", 무역상무연구 제47권, 한국무역상무학회, 2010, p.43.

41) 오원석 · 김동호 · 김거진, 상게논문, p.28.

1) 갈등관리 기법 및 협상전략

갈등관리의 기술적 전략에는 타협, 회피, 철수, 협력, 강압, 유화, 대결, 화해, 징벌, 규제 등이 포함된다.[42] 이들 전략들은 모두가 각각 장점과 단점을 가지고 있다. 따라서 갈등의 유형과 갈등이 발생한 상황에 따라서 선택적으로 사용되어져야 할 것이며 일방적으로 사용되기보다는 복합적으로 사용하는 것이 바람직할 것이다.[43] 앞에서 언급한 바와 같이 갈등을 해결할 수 있는 방법 중의 하나가 협상인데 협상은 협력과 갈등의 이중적 성격을 갖고 있다. 즉, 협상의 특징은 이익과 갈등이 공존하는 복합동기 상황이다.[44] 이익과 갈등이 공존하기 때문에 극단적인 분쟁으로 발전될 수도 있고 평화적으로도 해결될 수도 있다. 이는 협상결과로 발생할 상호이익이 강조된다면 협상은 쉽게 타결될 수 있어 갈등이 평화적으로 해결될 수도 있지만, 이익이 충돌하는 갈등요소가 강조된다면 갈등의 격화로 진행될 수도 있음을 의미한다. 따라서 협상이 성공하기 위해서는 갈등요인을 최소로 줄이고 대신 상호이익이 되는 공동의 이익을 최대화하는 것이 필요하다. 그런데 실제적으로 갈등해결을 위한 전략들은 욕구 및 상황에 따라서 달라질 수 있다. 그러나 주의할 것은 이들 전략들이 또 다른 욕구 및 상황에 따라서 새로운 갈등의 씨앗이 될 수 있다는 것을 유념하고 지속적으로 갈등관리를 할 수 있는 협상전략

---

42) Lippitt, G. L., Managing conflict in today's organizations, In Keith Davis and John W. Newstrom(7th), *Organizations Behavior: Readings and Exercises*, 1985, pp.442-451.

43) 천대윤, 전게서, p.222.

44) Ikle, *How Nation Negotiate*, NY: Frederick A. Praceger, 1974.

을 수립하여 구사하는 것이 중요하다. 즉, 협상목표를 달성하기 위해서는 어떠한 협상의 조건 및 상황이 되어야 하는지를 분석하여 협상전략을 수립하는 것이 중요하다. 이는 최종 협상의 상황이 어떠한 모습으로 만들어져야 자신에게 유리한 결과 및 성과를 얻을 수 있을 것인지를 판단할 수 있기 때문이다.[45] 따라서 갈등관리 기법을 적용함에 있어서 욕구 및 상황에 따른 적합한 접근이 필요하다. 따라서 본 연구에서는 욕구 및 상황에 따른 갈등해결 기법 및 협상전략의 유형을 <그림 4>와 같이 제시하였다.

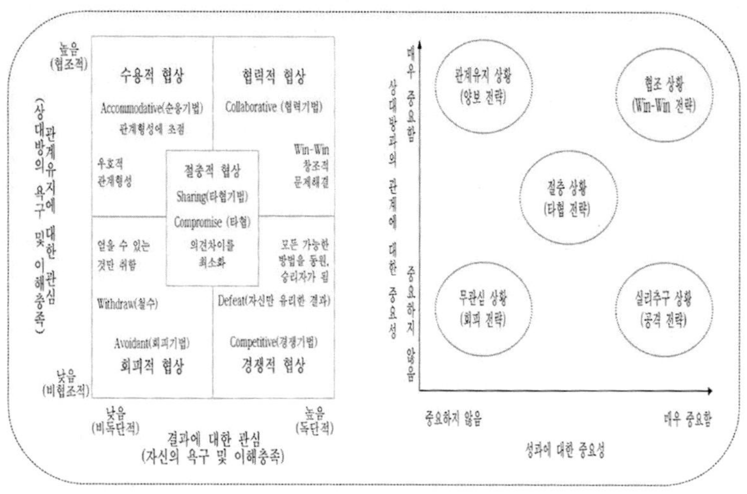

자료: Thomas와 Kilmann(1997), Lewicki와 Hiam(2007)의 자료를 참조함

<그림 4> 욕구 및 상황에 따른 갈등해결 기법 및 협상전략의 유형

45) 김주원, "효과적 한·중 FTA 체결을 위한 중국의 협상문화와 협상전략에 관한 연구", 무역상무연구 제63권, 한국무역상무학회, 2014, p.239.

위의 <그림 4>를 보면, 첫 번째로 타협기법의 절충적 협상방식은 상대방과 자신의 욕구가 모두 얼마씩 충족되고 있다. 타협방식은 원칙적으로 당사자 간에 상호이익을 얻을 수 있을 때 사용한다. 이 방식은 절충 상황에서 타협전략을 사용할 수 있다. 두 번째로 협력기법의 협력적 협상방식은 가장 고차적으로 당사자 모두의 욕구를 충족시키면서 갈등을 해결하는 방식이다. 즉, 자신의 욕구와 상대방의 욕구를 모두 충족시켜주면서 성과와 관계도 모두 중시하는 방식이다. 특히 이 방식은 협조 상황에서 Win-Win 전략을 구사할 수 있다. 세 번째로 경쟁기법의 경쟁적 협상방식은 자신의 욕구가 일방적으로 충족되고 있다. 이 방식은 상대방과의 관계는 중요하게 생각하지 않고 성과를 매우 중요하게 생각한다. 만약 협상에서 실리를 추구해야 하는 상황이라면 공격전략을 취한다. 네 번째로 순응기법의 수용적 협상방식은 상대방의 욕구가 일방적으로 충족되고 있다. 이 방식은 성과보다는 상대방과의 관계를 더 중시한다. 만약 협상에서 상대방과 관계를 유지해야 하는 상황이라면 양보전략을 구사한다. 다섯 번째로 회피기법의 회피적 협상방식은 상대방의 욕구충족도 낮고 자기 자신의 욕구충족도 낮다. 이 방식은 성과와 관계가 모두 중요하지 않은 방식이다. 따라서 협상에서 관심이 없는 상황이라면 회피전략을 구사한다.

이를 토대로 볼 때 갈등해결 기법 및 협상의 방향은 상대방과 자신의 욕구 및 이해충족에 대한 수준과 관계유지에 대한 관심과 결과에 대한 관심 수준에 따라 결정해야 한다. 그리고 협상전략은 상대방과의 관계에 대한 중요성과 성과에 대한 중요성 수준 및 상황에 따라 실행되어야 한다.

따라서 본 연구에서는 갈등관리 기법의 유형 및 협상전략의 유형을 아래의 <표 3>과 같이 요약 제시하였으며, 이를 한·중 비즈니스를 할 때 전략적으로 적용해야 할 것을 제언한다. 이는 국제적인 비즈니스에서 발생되는 갈등문제들을 해결하기 위한 모든 협상이 상대방과 자신의 욕구 및 결과(성과)를 충족시키려는 측면의 문제해결 요소와 관계적인 요소를 함께 지니고 있기 때문이다.[46)]

<표 3> 갈등관리 기법의 유형 및 협상전략의 유형

상대방의 욕구 및 이해충족/관계유지	자신의 욕구 및 이해충족/성과(결과)	갈등관리기법의 유형 및 협상의 방향	협상의 상황	협상전략의 유형
보통/보통	보통/보통	타협기법-타협적 협상	절충	타협
높음/중요함	높음/중요함	협력기법-협력적 협상	협조	Win-Win
낮음/중요하지 않음	높음/중요함	경쟁기법-경쟁적 협상	실리추구	공격
높음/중요함	낮음/중요하지 않음	순응기법-수용적 협상	관계유지	양보
낮음/낮음	낮음/중요하지 않음	회피기법-회피적 협상	무관심	회피

2) 중국 협상문화를 고려한 갈등관리 기법 및 협상전략의 유형

최근에 더욱 활성화된 국제적 비즈니스로 국가와 국가 간에, 국가와 기업 간에, 기업과 기업 간에 이루어지는 계약 등이 활발해지면서 서로 다른 문화 사이에 이루어지는 협상에 관한 연구들이 많이 있다.[47)] 이는 서로 다른 문화 간의 특성과 가치 차이로 협상에 있어서 협상당사자의 접근방식에 영향을 미치기 때문이다.[48)]

46) Cohen, *op. cit*, p.50.

47) S.E. Weiss, *International Negotiations: Bricks, Mortal and Prospects*, Handbook for International Management Research, Cambridge, MA: Blackwel, 1996.

48) 오원석·김동호·김거진, 전게논문, p.27.

따라서 본 연구에서는 앞에서 고찰한 중국의 협상 문화적 요인들, 즉 협상의 목표, 중요 이슈, 신뢰형성 토대, 환경, 협상의 태도, 기본개념 및 인식, 경쟁, 개인적 스타일, 형식 및 의전태도, 공간, 커뮤니케이션, 시간에 대한 민감성 및 성향, 협정 형태, 권력, 협정구축방식, 협상자의 선택, 사고, 팀 조직 의사결정, 내부의사결정, 개인적 목표반영, 개인주의, 위험부담 및 위험 선호정도, 구조 등의 특성을 고려하여 중국 비즈니스 협상을 수행해야 할 것으로 본다. 또한 한·중 비즈니스 관계에서 협상당사자는 자신의 욕구 및 이해충족, 결과와 상대방의 욕구 및 이해충족, 관계유지 그리고 성과에 대한 중요성과 관계에 대한 중요성 등의 상황적 요인에 따라서 다양한 갈등해결 기법 및 협상전략을 구사해야 한다. 이와 관련된 협상전략의 형태에는 문제해결전략, 양보전략, 무행동전략, 경쟁전략 등이 있는데,[49] 문제해결전략은 협조상황의 Win-Win 전략에, 양보전략은 관계유지 상황의 수용전략에, 무행동전략은 무관심 상황의 회피전략에, 경쟁전략은 실리추구 상황의 공격전략에 해당된다고 할 수 있다.

그러므로 이와 같은 내용을 토대로 본 연구는 중국 협상문화를 고려한 갈등관리 기법 및 협상전략의 유형으로 첫째, 타협기법의 절충적 협상 및 절충 상황의 타협전략, 둘째, 협력기법의 협력적 협상 및 협조 상황의 Win-Win 전략, 셋째, 경쟁기법의 경쟁적 협상 및 실리추구 상황의 공격전략, 넷째, 수용기법의 수용적 협상 및 관계유지 상황의 양보전략, 다섯째, 회피기법의 회피적 협상 및 무관심 상황의 회피전략에 관한 내용을 다음과 같이 제시하였다.

49) 김현기, 북한의 협상전략, 국방저널 308, 1999, pp.84-89.

(1) 타협기법의 절충적 협상 및 절충 상황의 타협전략

타협기법의 절충적 협상은 서로가 얼마간씩 양보하여 갈등을 해결하는 전략으로 갈등 당사자 모두에게 얼마간의 만족을 갖다 주는 해결책을 찾는 전략이다. 절충상황의 타협전략은 협상 참여자가 자신의 초기 입장에서 서로 조금씩 양보하여 서로의 이익을 보장할 수 있는 가능성을 높이기 위한 절충안을 개발하는 전략이다. 타협전략의 전술로는 양보, 거래, 절충 등이 있다.

이와 관련 중국과 비즈니스 협상을 할 때 너무 빨리 쉽게 양보하지 말아야 한다. 중국 협상문화는 시간에 대한 민감성이 낮고, 또한 시간이 유동적이고 일정에 관대하기 때문에 조급하게 양보하면 안 된다. 중국 협상가들은 긴 시간 동안 협상할 것을 바라며 평정심을 잃지 않으면서도 자신을 제어할 줄 아는 협상 상대자를 존중한다.

(2) 협력기법의 협력적 협상 및 협조 상황의 Win-Win 전략

협력기법의 협력적 협상은 서로가 마음과 힘을 모아서 함께 갈등을 해결하고자 한다. 협조 상황의 Win-Win 전략에서는 자신의 목표에 대해서 매우 단호한 입장을 견지하면서도 상대방과의 협력적 입장을 동시에 취하며 창조적으로 문제를 해결하려고 한다. 협력전략에서는 모든 당사자들이 신뢰분위기를 형성해야 하며 당사자들의 목표, 태도, 감정, 의견 등이 자유롭게 허용되도록 하고 건설적 해결을 위해서 모든 당사들이 노력해야 한다.[50] 또한 협력전략의 협상전술에는 협동적 원인탐색, 정보수집과 제공, 쟁점의 구체화, 대안개

50) Lippitt, G. L., *op. cit.*, pp.442-451.

발, 개발된 대안들에 대한 공동평가, 합동하여 최종안 선택 등이 있다.[51)]

이와 관련 중국 협상문화는 자신의 필요를 직설적으로 표현하지 않고 간접적이고 비형식적이다. 또한 자신의 감정을 직접 드러내지 않는 경향이 있다. 따라서 중국 비즈니스 협상을 할 때 상대방이 무엇을 진정으로 원하는지를 잘 파악할 필요가 있다. 이것이 협상의 목표가 되어야 할 것이다.

(3) 경쟁기법의 경쟁적 협상 및 실리추구 상황의 공격전략

경쟁기법의 경쟁적 협상은 상대방의 사상, 감정, 행동을 수용하거나 이해하려고 노력하지 않고 자신의 사상, 감정, 행동에 상대방의 것을 강제로 지배하는 전략이다. 실리추구 상황의 경쟁전략은 공격적 전략이며 강압전략으로서 이 전략은 인간관계를 중요하게 여기지 않고 어떤 수단방법을 동원해서라도 자신의 입장과 이익극대화를 관철시키는 것에 관심이 있다. 경쟁전략이 사용할 수 있는 협상 전술로는 위압적인 입장천명, 협박과 위협, 협박적 설득, 확고한 입장에 논쟁, 협박적 회유와 설득, 상대방 입장에 대한 강압적 설명요청 등이 있다. 상대방을 협박조로 회유하거나 설득하는 것, 상대방이 표현한 입장에 대해서 설명을 강압적으로 요청하는 행위 등의 전술로 사용할 수 있다.[52)]

이와 관련하여 중국 협상문화의 기본 내념 및 인식 상호이익, 협

---

51) Pruitt, D. G., "Strategy in Negotiation", Victor A. Kremenyuk(ed), *International Negotiation: Analysis, Approaches, Issues*, San Francisco: Jossey-Base Publishers, 1991.

52) Pruitt, D. G., *Ibid.*, 1991.

력적이나 사업적 교환에 대한 시각이 경쟁적인지 아니면 협조적인지를 잘 판단하여 접근해야 할 것이다. 협상과 관련된 중국인의 전통적 사상체계 가운데 선쟁후화(先爭後和)는 협상에서 유리한 조건을 가지기 위해 서로 경쟁하고 견제하는 것을 의미한다. 고대 중국 협상에서 보통 '쟁'과 '화'는 교차적으로 이루어져 전쟁을 하면서도 협상을 하였고, 협상하면서도 무력사용은 계속되었다. 이는 협상에서 중국 협상가가 힘이 더 세거나 반드시 실리를 추구해야 하는 상황이라면 중국 비즈니스 협상가는 경쟁적으로 나올 수 있음을 알고 대처해야 한다. 물론 기본적인 대처방법은 상대방보다 더 강한 힘을 키워야 하겠지만, 평상시 중국 비즈니스 파트너와 서로 신뢰할 수 있는 관계를 구축하는 것이 필요하다.

(4) 수용기법의 수용적 협상 및 관계유지 상황의 양보전략

수용기법의 수용적 협상은 결과보다 인간관계유지를 중요시하는 관리방식에서 많이 사용된다. 관계유지 상황의 양보전략은 상대방과의 우호관계를 중시하며 그 우호관계를 지속하기 위해서 자신의 입장이나 이익보다는 상대방의 이익과 입장을 고려하여 상대방에게 돌아갈 결과에 더 큰 관심을 가지고 상대방의 주장에 순순히 따르는 전략이다. 이 전략은 장기적 관점에서 볼 때 상대방과의 상호의존성과 인간관계의 우호적인 면을 강화하여 상대방의 지원을 지속시킬 수 있다면 유화전략을 공개적으로 사용할 수 있다. 이 전략에 사용될 수 있는 전술에는 유화, 양보, 순응, 수용, 굴복, 요구사항 철회 등이 있다.[53)]

이와 관련 중국의 협상문화를 보면 협상의 목표, 중요 이슈가 계

약 및 업무보다 관계를 더 중시하는 경향이 있다. 또한 계약의 구체적인 사항들보다 관계구축에 우선순위를 두는 경향이 높다. 따라서 협상의 준비과정에서 인맥과 꽌시문화의 접맥을 통해 '우의전술' 효과를 높여야 할 것이다.

(5) 회피기법의 회피적 협상 및 무관심 상황의 회피전략

회피기법의 회피적 협상은 갈등을 일으킨 문제를 직접적으로 해결하지 않고 뒤로 미루거나 피하여 갈등해결을 피하거나 연기하는 전략이다. 무관심 상황의 회피전략은 무행동전략이며 협상을 피하거나 잠정적으로 중단하거나 철수하는 전략이다. 그러나 항상 무조건 피하는 것이 능사는 아니고 향후 건설적인 협상에 부정적 영향을 미치지 않도록 주의해야 한다. 현실적으로 중국 비즈니스 시에 이익이 없을 때 회피하거나 철수할 수 있다. 특히 한국기업들은 중국 진출 전략만을 생각하지 말고 상황에 따라 기업의 철수전략을 세워두는 것도 중요하다. 회피전략의 전술에는 협상을 회피, 무시, 상대방의 도전에 대한 무반응, 협상안건을 타인에게 넘겨주기, 협상으로부터 철수 등이 있다.

한편, 중국인의 협상문화는 사후 책임회피를 위해 웬만한 사항은 구두로 전달하고 문자로 기록을 남기지 않으려는 경향이 있다. 협정형태도 일반적이고 묵시적인 경향이 높다. 이에 중국 비즈니스 협정을 타결하는 마무리단계에서는 명문의 서류작성(계약서, MOU), 합의내용 공개, 협상 이행약속의 증표 상호교환 등을 하는 것이 좋다.

53) Pruitt, D. G., *op. cit.*, 1991.

특히 협상의 목적은 단순히 합의에 도달하는 것이 아니라 이행약속을 받아내는 것이 중요하다.[54]

5. 결론 및 시사점

인간 세계는 어느 한편으로는 갈등의 세상이며, 또 다른 한편으로는 갈등을 해결하기 위한 거대한 협상테이블과 같은 세상이다. 특히 이권이 달려 있는 글로벌 비즈니스 관계에서도 갈등은 시공간을 초월하여 끊임없이 발생하고 있다.

이에 본고는 먼저, 한국기업이 중국기업과 비즈니스를 할 때 발생할 수 있는 다양한 갈등에 대해 알아보았다.

첫째, 갈등은 때로는 인간과 조직 및 기업에게 긍정적 효과를 주기도 하고, 또 한편으로는 부정적 효과를 안기어 주기도 한다. 따라서 한·중 비즈니스 관계에서 갈등이 어떤 상태에서 긍정적 영향을 미치고, 어떤 조건 아래에서 부정적 영향을 미치는지를 이해함으로써 중국 비즈니스에 손실을 초래할 갈등은 갈등이 발생하기 전에 예방하고, 이미 발생한 갈등이라면 이를 해소해야 하며, 중국 비즈니스에 유익을 가져다주는 갈등이라면 이를 자극하여 갈등을 조장하는 것도 좋다. 즉, 갈등관리는 적정수준의 갈등조장 및 유지가 필요하다. 둘째, 만약 갈등이 발생하면 서로 Win-Win하는 협상의 시각으로 갈등관리를 하면 창의적으로 문제를 해결하면서 성과를 나타

54) Shell, G. R., *Bargaining for Advantage: Negotiation Strategies for Reasonable People,* Vikin, 1999.

내는 데에 도움이 될 것이다. 셋째, 갈등을 슬기롭게 예방하거나 관리하기 위해서 다양한 협상활동을 수행할 필요가 있다. 이와 관련 갈등해소론의 기본적 가정[55]의 특징을 살펴보면, 갈등해소론은 갈등을 자원, 이익, 가치, 욕구의 충족 등을 획득하기 위한 이해관계 속의 다양한 단위들 간의 경쟁으로 이해한다. 그리고 갈등해소론은 갈등이 반드시 나쁜 것이 아닌 사회생활의 정상적인 모습으로 간주한다. 또한 대부분의 갈등은 갈등당사자들의 유익한 형태, 즉 Win-Win 관계의 형태로 해결 또는 해소될 수 있다.[56]

이러한 특징을 감안해볼 때 갈등해소론은 기본적으로 상호 이해관계를 중시하며 지속가능하고 상호 만족할 수 있는 해소에 도달하기 위해 직접적 의사소통이 바람직하게 추구되어야 할 것이다. 이는 갈등이 흔히 당사자들 사이에 이해가 충돌할 때 발생하는 과정에서 행위자의 이해가 한쪽이 관심을 갖고 있거나 필요로 하는 것에 대한 두려움, 염려, 필요, 욕망으로 인해 발생하기 때문이다. 또한 갈등관리의 적절한 접근방법은 기본적 지식과 행동방식을 활용하여 갈등해소라는 것이 단순한 갈등의 현상유지에 안주하는 것이 아닌 갈등의 문제를 제거 갈등당사자의 협력과 발전을 가져다주는 것으로 제시하여야 한다.

그런데 일반적으로 협상에서 갈등이 문제가 되는 것은 제한된 시간과 제한된 해결책 및 대안 때문이다.[57] 이해의 충돌이 발생해도

55) 조윤영, 전게논문, pp.93-94.

56) Jeffrey, R., Pruitt, Dean G., and Kim, S. H., *op. cit.,* 1994.

57) William Ury and R. Smoke, "Anatomy of a Crises", *Negotiation Journal, Vol. 1, No. 1.* 1985.

손실이 발생되지 않는 무한한 시간이 주어져 있다면 문제가 되지 않는다. 또한 이해의 충돌을 해결할 수 있는 다양한 수단이 있다면 갈등이 큰 문제가 되지는 않는다. 따라서 갈등이 문제가 되는 것은 제한된 시간 내에, 그리고 제한된 해결책 안에서 해결해야 하기 때문이다. 갈등의 이러한 특징은 협상력을 높이는 가장 확실한 방법이 무엇인가를 보여주고 있다. 협상에서 자신에게 유리한 결과를 얻어내는 쪽은 시간의 압박에서 보다 자유롭고 문제 해결책에서 많은 선택을 가진 쪽이다. 즉, 시간과 대안에서 유리한 쪽이 협상에서 유리하다고 할 수 있다. 이처럼 협상에서 시간은 매우 중요한 의미를 지닌다. 서로의 이익이 충돌하더라도 급히 해결해야 할 필요가 없다면 갈등이 아니다. 갈등이 발생하는 것은 제한된 시간 안에 문제를 해결해야만 하는 압박 때문일 것이다. 따라서 협상에서 자신이 원하는 유리한 결과를 얻기 위해서는 무엇보다도 시간적으로 조급하지 않는 유리한 입장에 있어야 한다. 앞에서 살펴보았듯이 중국의 협상문화 요인 및 특성 가운데 중국 협상가들은 시간에 유동적이고 시간관념이 약하다는 것을 유념해야 한다. 동시에 협상력의 우위를 점령할 수 있는 확실한 대안(BATNA)[58]전략이 있어야 한다.

두 번째로, 효과적 갈등관리를 위해서 갈등이 어떤 차원에서 발생하고 있는가를 먼저 이해하는 것이 바람직하다. 이와 관련하여 본 연구는 문화적 차이로 인해 갈등을 야기시키는 중국의 협상문화 요인 및 특성을 고찰하였다. 한・중 비즈니스 협상을 수행하고 있는

58) BATNA란 Best Alternative to a Negotiated Agreement의 약자로서 '협상안에 대한 최선의 대안'을 말한다. 피셔(Fisher)와 유리(Ury) 등은 협상에서 좋은 BATNA를 가지면 가질수록 협상력이 강해지며, 좋은 협상 성과를 얻을 수 있다고 한다.

협상관계자들은 중국의 협상문화에 대한 충분한 이해와 활용을 통해 효과적인 협상전략을 수립할 수 있는 역량과 통찰력이 더욱 향상되리라 본다. 특히 한·중 FTA 체결 이후 중국 비즈니스가 더욱 활성화되어 중국기업들과 협상할 때 중국의 협상문화에 대한 대응능력이 있어야 한다. 이는 개인이든 기업이든 국가든 이문화 대응능력이 국제화시대의 핵심능력이고 나아가 협상능력이라고 할 수 있기 때문이다. 세 번째로, 본 연구는 갈등을 관리하고 해소할 수 있는 갈등관리의 기법과 협상전략의 유형에 대하여 알아보았다. 현실적으로 한·중 비즈니스를 통해 나타나는 갈등의 유형은 다양하다. 따라서 상황에 따른 협상전략을 구사해야 할 것이다. 그렇지만 갈등관계에 있는 당사자 또는 당사국들의 중요한 가치들을 희생시키지 않으면서 당사국들 간의 상호합의에 의해 근본적 욕구나 이익들을 만족시키는 협상전략을 수립해서 실행해야 할 것이다.

특히 본 연구는 중국의 협상 문화적 요인 및 특성을 고찰하였으며, 한·중 비즈니스 협상에 따른 갈등관리 기법 및 협상전략의 유형들을 제시하였다. 구체적으로 본 연구는 중국협상문화를 고려한 갈등관리 기법 및 협상전략의 유형으로 첫째, 타협기법의 절충적 협상 및 절충 상황의 타협전략, 둘째, 협력기법의 협력적 협상 및 협조 상황의 Win-Win 전략, 셋째, 경쟁기법의 경쟁적 협상 및 실리추구 상황의 공격전략, 넷째, 수용기법의 수용적 협상 및 관계유지 상황의 양보전략, 다섯째, 회피기법의 회피적 협상 및 무관심 상황의 회피전략이 있음을 제시하였다. 이와 같은 전략들은 중국 비즈니스에서 자신의 욕구 및 이해충족, 결과와 상대방의 욕구 및 이해충족, 관계유지 그리고 성과에 대한 중요성과 관계에 대한 중요성 등의 상황적 요인에 따라 다양한 갈등을 해결할 수 있는 기법 및 협상전략으로 실행되어야 한다.

현실적으로 한·중 비즈니스 협상에서 한국기업에게 유리한 상황으로 만들기 위해서는 우선적으로, 한국기업들이 협상을 통해 원하는 것이 무엇인지를 분명하게 인식하고 있어야 한다. 그리고 한국기업의 목표를 달성하기 위해서는 어떠한 협상의 조건 및 상황이 되어야 하는지를 분석하여 협상전략을 수립하는 것이 필요하다. 이는 최종 협상의 상황이 어떠한 모습으로 만들어져야 자신에게 유리한 결과 및 성과를 얻을 수 있을 것인지를 판단할 수 있기 때문이다.

또한 본 연구는 한·중 비즈니스 관계에서 문화적 환경이 다른 상황 속에서 '변화된 매개자(changed agent)'로서 중국의 협상문화를 잘 이해해 순응할 뿐만 아니라 나아가 '변화의 매개자(change agent)'[59]로서 중국의 협상문화를 초월하여 변화시킬 수 있는 브랜드 파워, 탁월한 기술력과 제품력, 마케팅 능력 등의 핵심역량을 갖추어야 할 것을 적극 제언한다.

끝으로 본 연구는 한·중 비즈니스에 따른 갈등과 해소방법 그리고 한국과 중국의 협상문화 차이에 따른 협상전략이 협상성과에 미치는 실증분석이 많이 부족한 상황에서 진행된 연구이다. 따라서 향후에는 한·중 비즈니스상의 갈등문제 및 유형과 협상전략의 성과와 관련된 실제적인 통계 데이터의 분석 및 실증연구를 추가적으로 수행해야 할 것으로 본다.

59) 변화의 매개자(change agent)란 현지에 대한 수용만이 아니라 현지문화의 변화를 유발한다는 의미를 말한다.

6. 참고문헌

강준영 외 2인, 한 권으로 이해하는 중국, 지영사, 1997.

권원용, "갈등해소의 묘약은 '협상'뿐이다", 도시문제 제40권 445호, 대한지방공제회, 2005.

권기성, "조직 내 집단에 있어서의 갈등유형과 갈등관리전략", 광운대논문집, 1994.

김주원, "효과적 한·중 FTA 체결을 위한 중국의 협상문화와 협상전략에 관한 연구", 무역상무연구 제63권, 한국무역상무학회, 2014.

김현기, 북한의 협상전략, 국방저널 308, 1999.

류해인 역, 중국 비즈니스 성공의 비결, 하서출판사, 1994.

문철주·김주원, "한중 FTA의 배경 및 효과에 관한 연구", 중국학논총 34집, 한국중국문화학회, 2011.

박명섭·허윤석·홍란주, "이문화 간 국제협상 커뮤니케이션 전략에 관한 연구: 미국, 중국과 한국의 비언어적 커뮤니케이션의 사례를 중심으로", 국제지역연구 제11권 제3호, 국제지역학회, 2007.

박양섭, "성공적인 국제거래를 위한 인도상인과의 협상전략에 관한 연구", 무역상무연구 제43권, 한국무역상무학회, 2009.

백권호, "중국의 협상문화와 기업협상전략 특성에 관한 연구", 현대중국연구 제5권, 현대중국학회, 1998.

안세영·홍성민, "문화 간 태도진단성이 협상성과에 미치는 영향에 관한 연구", 협상연구 제10권 제2호, 한국협상학회, 2004.

오원석·김동호·김거진, "성공적 무역계약 체결을 위한 글로벌 협상

전략: BRICS의 문화와 가치 차이를 중심으로", 무역상무연구 제47권, 한국무역상무학회, 2010.

윤홍근·박상현, 협상게임: 이론과 실행전략, 인간사랑, 2010.

장대환, 국제기업협상, 서울: 김영사, 1989.

조윤형, "문화적 접근을 통한 국제관계 연구: 갈등해소와 협상에 있어서 문화의 역할 분석", 국제정치논총 제44집 1호, 한국국제정치학회, 2004.

조용득·김진학, "한·중 문화적 차이가 양국 간 국제협상에 미치는 영향", 동북아경제연구 제12권 제2호, 한국동북아경제학회, 2001.

정우찬 감역, 국제협상문화를 알아야 성공한다, 21세기 북스, 1997.

천대윤, 갈등관리와 협상전략론, 선학사, 2011.

王永昌, 歷史的傳弈, 上海文化出版社, 2006.

Cohen, R, Negotiating Across Cultures, Washington, DC: U.S. Institute of Peace Press, 1999.

Cohen, H., You Can Negotiate Anything, New York: Bantam Books, 1982.

Dana, D., Conflict Resolution, New York: McGraw-Hill, 2001.

Ikel, F.C., How Nation Negotiate, NY: Frederick A. Praceger, 1974.

Jeswald W. Salacuse, "Intercultural Negotiation in International Business", from Group Decision and Negotiation 8, No. 3, May, pp.217-236. Kluwer Academic publishers, Used with permission, 1999.

Kimmel, P., "Cultural Perspective on International Negotiations", Journal of Social Issues, vol. 50, 1994.

Lederach, J. P., Preparing for peace: Conflict Transformation Across Culture, Syracuse, NY: Syracuse University Press, 1995.

Lewicki, R. J. and Hiam, A., "The Flexibility of the Master Negotiator", Global Business & Organizational Excellence, Jan/Feb, Vol.26

Issue 2, 2007.

L. Metcalf & A. Bird, "Cultural Influence on Negotiation Behaviors: Resurrecting and Revitalizing an Overlooked Framework", Proceedings of the Academy of International Business, 2003.

Lippitt, G. L., Managing conflict in today's organizations, In Keith Davis and John W. Newstrom(7th), Organizations Behavior: Readings and Exercises, New York: McGraw-Hill Book, 1985.

March, J. G. & Simon, H. A., Organizations, New York: John Wiley & Sons, 1966.

Mitchell, C. R., The Structure of International Conflict, London: The Macmillan Press, 1981.

Pondy, L. R., Organizational conflict: Concepts and models, Administrative Science Quaterly, 12, 1967.

Pruitt, D. G., "Strategy in Negotiation", Victor A. Kremenyuk(ed), International Negotiation: Analysis, Approaches, Issues, San Francisco: Jossey-Base Publishers, 1991.

Rubin, Jeffrey, Dean G. Pruitt and Sung Hee Kim, Social Conflict: Escalation, Stalemate, and Settlement, 2d ed. New York: Mcgraw-Hill, Inc., 1994.

Shell, G. R., Bargaining for Advantage: Negotiation Strategies for Reasonable People, Vikin, 1999.

Thomas, K. and R. Kilmann, Developing a Forced Choice Measure of Conflict-Handling Behavior: the "Mode" Instrument, Educational and Psychological Measurement, 1997.

Weiss, S. E., International Negotiations: Bricks, Mortal and Prospects, Handbook for International Management Research, Cambridge, MA: Blackwel, 1996.

William Ury and R. Smoke, "Anatomy of a Crises", Negotiation Journal, Vol. 1, No. 1. 1985.

EMBRACING THE NEW PARADIGM–A CASE STUDY OF HAIER'S PLATFORM STRATEGY

Young Jun Kim · Zheung Wang

1. Introduction

The business environments in China become increasingly complex and turbulent. This complex situation is rooted in factors such as hyper-competition, globalization, time-to-market pressures, and technological advancements(Huang, Ouyang, Pan and Chou 2013). In the domestic market, Chinese consumers' preference has been continuously changing over the past ten years, from purchasing low-end or premium products to purchasing good-enough products(Gadiesh, Leung, and Vestring 2007). Especially, the 80s and 90s consumers who like shop online are forming a different segment markets. They like indoor shopping and customized service more than any other counterparts. The software, Internet, and mobile communications revolutions have created information distribution systems of unprecedented efficiency and vast markets (Hagiu and Spulber 2013). With the increasingly e-business and fast changing environments, leaders within the e-commerce and relevant industries are promoting to alter the low price oriented this e-commerce situation. Firm's capability transformation to sense and respond to market threats and opportunities readily has gradually become vital for survival in recently. Platform constructing capability, which is regarded as constructing "a set of solutions to problems that is made available to the members of the business ecosystem through a set of access points or interfaces"(Iansiti and Levien 2004), is suggested as an essential capability that helps firms to be successful in current situation.

Given its increasingly important role in sustainable competition (Cusumano 2010), research in this field is attracting more and more attention from both academia and practitioners in recent decades. Previous studies identified platform as two-sided market intermediaries, which can attract buyers and sellers and can solve coordination problems(Hagiu et al. 2013). Most studies focus on the one-side elements consists in the platform. For example, Boudreau(2010) viewed platform was made up of systems(e.g. computers, automobiles, telecommunications services and video games). He argued that "A platform may include physical components, tools and rules to facilitate development, a collection of technical standards to support interoperability, or any combination of these things." Hagiu and Spulber(2013) extended the platform's unit and regarded "content"(e.g. news, entertainment, data, software applications, articles, books, music and images) as basic consisting elements. The shortcoming of prior research is they neglected the consumer or the buyer's side in the platform. Despite the growing body of research on platform strategy, how to platform operating from consumer side is still not answered by previous research. Given the indispensible role of platform strategy in contemporary business environments, it is an imperative to deeper investigate in this topic.

The goal of this case study is to elaborate the approach of using platform strategy in firm's development and transformation. Specifically, we considered how to combine and motivate the consumer side of achieving platform strategy in the case company. We organized this paper as follows. Right after the introduction part, section 2 reviews the literature on two-sided platform-based market and different views of platform. Meanwhile, we also developed a conceptual research framework based on the literature review. Section 3 focuses on Haier's strategy transformation and C2B transaction platform construction, in which is the case study part. We conclude our findings and discuss future research in Section 4.

2. Theoretical Backgrounds and Conceptual Framework

1) Two-sided Platform-based Market

Unlike traditional non-platform-based markets, the platform-based markets are usually regarded as two-sided, because platform providers must get both consumers and developers of complementary applications on board in order to succeed(Zhu and Iansiti 2012). A two-sided market is a market where two distinct and mutual attracting groups (e.g. buyers and sellers) that can trade between each other exist, and an intermediary(e.g. the platform) is always involved in such trade (Eisenmann, Parker and Alstyne 2011). In two-sided market, there often is a supply side that includes vendors who offer elements to demand-side users. Examples of suppliers in platforms include: PC operating system vendors such as Microsoft's Windows includes Internet Explorer and Windows Media Player; SNS such as Facebook which provide network information(news feeds, games, digital gifts, email notifications, friend suggestions, information sharing, ability to comment, notifications from fan sites. etc); e-commerce sites such as Amazon, eBay, Alibaba which provide market information and customer ratings; search engines and Internet portals such as Google, Bing, Yahoo! which provide search results(website links, maps, news, weather, entertainment, books, articles, images, video); stock exchanges such as

NYSE, NASDAQ; video game console manufacturers such as Microsoft's Xbox 360 game Halo, Sony's Playstation 3 game Gran Turismo, Nintendo's Wii Sports which provide first-party games; smart phone and tablet original equipment manufacturers such as Apple's iPhone and iPad apps and App Store which provide first-party applications etc.(Hagiu and Spulber 2013; Zhu and Iansiti 2012).

In the other side-the demand side of the two-sided market, users' interactions are subject to platform effects. The value of platform affiliation for any given user depends upon the number of other users with whom they can interact(Economides 1996). Different from one-sided market that all users are similar and play switching roles, users on the other side typically fill the equal roles in transactions (Eisenmann, et al. 2011). Appendix 1 lists the two-sided relationship of all examples.

In previous studies, many researchers debated on whether an entrant platform can gain or retain market share when it competes with an incumbent platform based on the relative importance of network effects, platform quality, and consumer expectations(Zhu, et al. 2012). Parker et al.(2011) illustrated platform-mediated network was constructed by a focal platform and other subordinate platforms. They argued that when network effects are positive and strong, users will converge on fewer platforms. These fewer platforms will be viable if users have relatively homogeneous needs. In contrast, if different user segments have distinct preferences and no single platform can profitably satisfy all segments' needs, then the market is more likely to be served by multiple rival platforms. Zhu et al.(2012) explain the network effects on platform due to the interdependence between consumer demands for platforms and demands for their associated applications. The more applications a platform contains, the greater demand for that platform. Meanwhile, a larger number of users, a larger number of suppliers will come out.

Some scholars argued that network effects could reduce a platform's quality because a platform that has a small lead on both sides of the market is likely to attract more consumers and more suppliers, and thus over time, it could take over the entire market regardless of platform quality(Sheremata 2004). However, a few scholars argue that quality is still important as in traditional markets for taking over or retaining market share(Tellis, Yin and Niraj, 2009; Evans 2003).

Other studies mentioned that two sided platform firms follow different content and pricing strategies depending on buyer and seller expectations. They used Nash equilibrium tested buyer and seller coordination game in the platform. For example, Hagiu et al.(2013) introduced first-party content as a strategic instrument chosen by two-sided platforms in addition to prices. They concluded that the seller subsidy strategy is preferred when first-party content is such that the surplus derived by sellers from the buyers' presence is low relative to the surplus derived by buyers from sellers' presence. Farrell and Klemperer(2007) used static model of network effects based on economic literature delineated an expectation-driven view in coordination. Based on this view, Zhu et al.(2012) established a complete model and explained that consumer expectations of the future market share of the entrant platform play essential roles in its success. The shortcoming of these studies mentioned above is they mainly centres on supplier side rather than the demanded side(e.g. consumer or the buyer's side) in the platform.

In our current paper, we unified the theoretical literatures and addressed a conceptual research framework of efficiently using platform strategy. Especially, we considered how to combine and motivate the demanded side of achieving platform strategy. To demonstrate the applicability of our theoretical model, we chose a prospering Chinese electronic manufacture as a case and analyzed its strategy transformation as well as its current platform strategy.

2) Different Capabilities of Establishing Platform Strategy

Since the prior researches on the evolution of platform strategies are insufficient, we had a conversation with several business practitioners from our case target. By integrating theoretical literature and perspectives from practitioners, we analyzed three capabilities of establishing an efficient platform strategy as follows.

(1) Technological Capability

Technological capability, particular the new product development activities, is a critical factor to construct a platform strategy. A platform can be regarded as a collection of the underlying technology or knowledge(Gawer and Cusumano 2002) that is implemented across a range of products.

In the fast-evolving high-technology industry, certain technologies serve as a platform to facilitate market expansion. For instance, as we mentioned previously, Microsoft's Windows operating system acted as a technology platform for the PC market, and the iOS served as a platform for all Apple's products and its integrated services. In this situation, platform leaders normally have a foundation technology that is sufficiently open to allow outside firms to provide complementary products and services. In addition, platform technological capability allows a company to drive innovation around a particular platform technology at a broad industry level(Gawer and Cusumano 2008). Moreover, platform development is also a technical issue because it needs know-how or specific problem-solving procedures(Muffatto and Roveda 2002). In sum, it is crucial to better understand using of technological capability to develop platform strategy.

(2) Logistic Capability

Based on the technology platform, various products need to be delivered to customers. A strategic logistics capability can influence the market success of a company(Morash, Dröge and Vickery 2004), then could be considered as an important factor that consist in an efficient platform strategy. This is especially true in case of two-sided market.

On the one hand, the requirement of adequate logistics capability of a platform, seen from the perspective of the supplier side, is the condition to secure the required level of the logistics service. This capability is related mainly to design and secure the proper functioning of the distribution systems according to buyers' expectations and solutions used by competitors. It requires the choice of such distribution strategy, which lead not only to the fulfillment of customers' needs and expectations but also to the achievement of measurable benefits by a company(Matwiejczuk 2011).

On the other hand, the logistics capability seen from the perspective of the demanded side allow to offer the expected level of logistics services, primarily by identifying the preferences and expectations of buyers, providing the required speed and reliability of deliveries, and developing the solutions, which enable effective to react on the needs of customers. The concentration of a platform on the development of logistics capability can lead not only to prepare more clear logistics offer for customers, but also to build long-term relations with customers, based on mutual trust and loyalty(Hadaś et al. 2014). Thus, it is necessary to establish platform strategy, considering the logistic capability from both supplier and demanded side in market.

(3) Organizational Capability

The implementation of a platform strategy not only affected by product development and logistic operation; but also by firm's organizational capability(Pasche et al. 2011). According to Rubenstein (2005), in order to create a platform or platforms, a set of rules such as behavioral expectations, quality control, tone, work and customer service ethic, as well as the overall identity of the organization play critical roles.

Moreover, organizational issues such as people and relationships are also essential to the platform strategy. It includes the teams, relationships among team members, relationships between the team and the larger organization, and relations with the supplier network. In addition, evidence from Burstrom(2011) research, the development of the platform leads to organization boundary challenges when the development covers several different companies. It illustrates that the organizational capability also helps for firms cooperate together in a strategic alliances platform.

3) Conceptual Research Framework

The conceptual research framework is developed based on our discussed literature review. It is necessary to investigate the platform strategy with reference to aspects of technology, logistic, and organization. Figure 1 delineates our research framework combining firm's three capabilities in two-sided market.

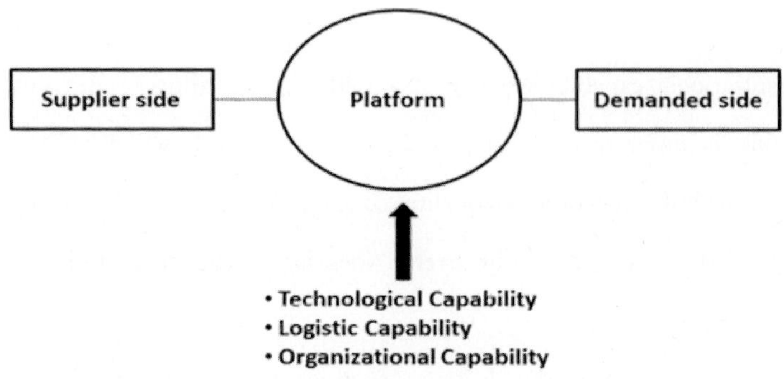

<Figure 1> Conceptual Research Framework

3. Case Study–Haier's Platform Strategy

In order to follow the metrics of our research model, the choice of the target case is mainly based on the firm's size, global presence, global reputation and most importantly, its platform strategy performance. Practically, since the case study requires reliable second-hand data, a primary factor in selecting the case is whether the company would be able to provide the most comprehensive information in its strategy transformation or not. Haier, the world's largest white electronics and home appliances company, with honoured 2015 Best Chinese Brand Value Ranklist and the Most Internationally-influential Chinese Brand, recently joined hand in hand with Alibaba(China's e-commence giant) to establish the new C2B platform, would be the most suitable option to present the current situation and the adoption of platform strategy. Haier most likely represents the strategic transformation case from Chinese traditional manufacturing industry to a new paradigm embracer. By studying its practices and strategies, it is hoped to provide more knowledge and insights about platform strategy for companies within our designed research model.

1) Case Background

Haier Group manufactures and markets home appliances and electronic products. Started as the Qingdao Refrigerator Factory in 1984, within three decades, Haier has transformed from an almost-bankrupted tiny manufacturer in China to a multi-national business group. In 2014, Haier achieved a global turnover of 200.7 billion yuan, a total profit of 15 billion yuan. Its profit growth was 3 times the number of income, and the online trade volume reached 54.8 billion yuan, a year-on-year growth of 2391%. According to the statistics of Euromonitor, an authoritative consumer market survey organ, Haier brand accounted for 10.2% of the global retail volume, becoming the top large household appliance brand in the world for the 6th consecutive year.

At present, Haier Group has over 240 subsidiary companies, more than 110 design centers, and around 80,000 employees global wide.

Moreover, Haier is the largest white electronic home appliance manufacturer in both global and Chinese domestic markets. It operates through six business lines that include: white goods, digital and personal de vices, kitchen cabinets, real estate, home appliances, and bio-medical products. Up to now, Haier has 5 research and development centers, 21 industrial parks, 66 trading companies and users across 100 countries and regions.

2) Haier's Strategy Transformation

Lashed by the impact of the Internet, traditional economic models are undertaking dramatic changes. The company's Internet strategy is the fifth strategy Haier has implemented. The previous four being brand building strategy(1984-91), diversified development strategy (1991-98), international strategy(1998-2005) and global brand strategy (2005-12), (Appendix 2). With completion of previous four strategies, Haier became an integral part of the legend of Made-in-China and the world's largest white goods brand.

(1) Haier's Previous Four Strategies

Brand building strbuilding arted in the 1980s, when is the beginning of the reform and opening up, and many companies including Haier imported from abroad advanced refrigerator technologies and equipment. At the time, household appliances were in short supply, which led to many companies striving to expand in scale. Focus was put on quantity at the expense of quality. Instead of following this trend blindly, Haier made quality a priority, putting into place a comprehensive quality management system. When finally there was an oversupply in the household appliance market, Haier was already well positioned to win with its differentiated quality. During the period Haier was dedicated to making refrigerators, developing successful portable models in management, technologies, personnel, capital and corporate culture.

Haier's diversified development stage started in the early 1990s when China's government encouraged business mergers and acquisitions. Many companies in that period failed after reorganization or diversified. However, in the innovation spirit of Haier Culture Revitalizing the "Stunned Fish", Haier acquired eighteen domestic businesses, developed in a broader dimension and diversified operation and expansion in scale. Competition in the home appliance market was stiff and quality had become users' basic demand. While other home appliance manufacturers were engaged in a price war, Haier was already well positioned to win with its differentiated services. Moreover, in order to enhance productive efficiency, Haier implemented OEC(Overall Every Control and Clear) management. It was overall control and sort-out of everything that every employee finishes on his/her job every day, with the goal of "accomplish what's planned each day and improve on what's accomplished the previous day."

At the end of 90s, China acceded into the WTO. In responding Chinese government call of "Go abroad", Haier switched their diversification strategy to the internationalization strategy. Haier realized that going abroad was not just for earning foreign exchange, more essentially, for creating China's own brands. In this case, Haier implemented the "three-step strategy" of "going out, going in and going up." Acting on the idea of "taking on the more difficult ones first", Haier began with entering developed countries first to build a brand. After that, it created the localization mode of "three in one", combining design, manufacture and sales. This leaded Haier taking to the markets of developing countries with a more advantageous position. Furthermore, Haier implemented a "Market Chain" management which was based on computer information systems and order information flow to drive logistics and capital flows in business processes. This innovation on management system facilitated information flows within the enterprise, and encouraged employees to align their value orientation with the needs of users.

After entering the new century, the Internet Era brings with it segmentation of marketing. The production-inventory-sales model of traditional businesses can no longer meet personalized demands of users, and a firm has to transform from the self-centered product selling to a user-driven mode(i.e. on-demand manufacturing and delivery mode). The Internet also gives rise to integration of global economies. Under this situation, Haier established their global brand strategy. Different from internationalization strategy which is creating international brands with an enterprise's own resources, the globalization refers to making use of global resources to create localized mainstream brands. Haier consolidated global resources in R&D, manufacturing, and marketing to create a global brand.

(2) Haier's New Paradigm–Networking Platform Strategy

Fifteen years ago, Zhang Ruimin, Chairman and CEO of Haier Group, developed a sensational view at the time: "A company will die without touching the Internet." He later admitted that:

> *"The future is uncertain at present, but I feel that the Internet would change the world."*

In 2012, Haier began implementing its Internet strategy. The company has never countenanced leaving manufacturing, instead opting to make progress in the sector through the employment of "Internet thinking." In Zhang's opinion, Internet thinking has two aspects: consumers, factories, sales channels and material suppliers participate in production via Internet technology; while companies manage customers instead of products. Based on this service-oriented thinking, Haier explored its business model as the Win-win Model of Individual-Goal Combination(Appendix 3). This model is let employees become the principal in independent innovation, thereby forming a new pattern of relationship between the enterprise and employees. In another word, instead of employees following orders from the company as was the case in the past, employees now have to follow the demands of users, and the company in turn has to heed its employees' plan to innovate on behalf of users.

From Haier's perspective, the way of implementing the development strategy of a networked enterprise is embodied in three respects: border-free enterprise, manager-free management and scale-free supply chain. They developed their e-commerce strategy aiming to transform from a traditional manufacturer to a contemporary service-oriented company. To achieve this goal, Haier raised two strategic targets: channel service integration and expansion, and online channel expansion. Channel service integration and expansion requires to fully integrate Haier's channel service including distribution, logistics, after-sale service, and other complementary channel service, and to transform channel service from an internal function to a competitive commercial channel service provider. Online channel expansion requires to acquire a major online market share, and to transform the company from a traditional mass-product provider to a customized-product provider(Chen, Ouyang and Pan 2013).

3) C2B Transaction Platform Construction

In 2014, Haier named their strategy theme as "platform-based enterprise, entrepreneurial maker employees, and customized user experience." In particular, "Platform-based enterprise" corresponds to the Internet thinking of enterprises, or boundless enterprises. A representative example of Haier's platform strategy is their alliance with Alibaba(China's No.1 e-commence company) to establish the C2B e-commence platform.

(1) Attracting Demanded Side

Unlike the traditional e-commence modes(e.g. B2B, B2C and C2C), C2B means understanding of consumer's need is in advance of arranging production. Consumer oriented or consumer's participation in manufacture of goods is the main features of C2B. Haier clearly understands that in the Internet Era, information asymmetry shifts the balance in favor of the customers and customers can decide the fate of an enterprise. The only option of the enterprise is catch up with the speed with which the user clicks on the mouse.

By using their Win-win Model of Individual-Goal Combination, Haier encourages their front-line employees to give maximum autonomy and decision-making power, so that they can respond to the demands of consumers in the fastest way. In another word, instead of employees following orders from the company as was the case in the past, employees now need to follow the demands of consumers, and the company in turn has to heed its employees' plan to innovate on behalf of consumers. As Zhou Yunjie, the Rotating President described:

> "To make Haier an Internet workshop, the company must focus on customer demand and create what customers want using the resources of the whole of society. This will be the soul of Made-in-China in the future."

To fully satisfy diversified consumer demand worldwide, Haier has established a whole-process interactive and open innovation ecological system to better interact the customers, suppliers and to access the top resources in the world. Just as Li Pan, the Vice President of Haier's home appliance industry group noted:

> "From Haier's interaction platforms across the world, we can see the latest ideas and how customers imagine their future lives. We got a lot of ideas for new products from these interactive platforms, such as refrigerators sold in Pakistan that can maintain cold temperature after power has been cut for 100 hours and washing machines sold in Japan were designed in portable mini ones."

(2) Technological Capability

Haier has Central Research Institute as the engine that powers their technology. It has driven Haier to its current position as one of China's most technology leaders. In fact, Haier was named the 8th most innovative company in the world in 2012 in the widely-respected

BCG report. Technologies developed by Haier have applications ranging from the military to environmental protection and lead them to the world's biggest domestic appliance brand for four years running, with an 8.6% share of the global market.

Haier's capability of product development enables them manufacture various products to fulfil different customer demands. The guiding principles for design at the Haier Central Research Institute come directly from the consumers. The Institute engages closely with both users and technical resources, applying a world-leading parallel development model in its development projects. This model, named the "end-to-end parallel interactive open innovation ecosystem" has four modules: 1) a global ecosystem of cutting edge development resources, built around five major R&D centres; 2) an R&D model in which innovation and solutions are born of parallel linkages between consumers, suppliers and research resources; 3) a pool of patents which allows Haier to dictate the shape of the industry; and 4) an ultra-modern R&D model driven by micro-companies. This series of leading technologic capability has made Haier a trail-blazer in the white goods industry, and given the company great influence in defining their platform strategy.

(3) Logistic Capability

Haier developed their logistics as a subsidiary company of the Haier Group. It relies on the advanced management philosophy and the strongly networked resources of the Haier Group to build its competencies, to provide the most competitive integrated logistics integration services for global customers, and to be the TPL enterprise that has the most competitive power all over the world(Hu 2013).

In order to acquire the logistic capability for online orders, Haier developed the speedy delivery system. It was designed to improve delivery speed of online orders. To be specific, Haier provided "24-hour shipping, money-back guarantee" service for online orders, promising that online orders would be delivered within 24 h; otherwise the order payment would be waived. The strong support for this e-commence logistic system is Haier's Riri Shun Mart Logistics mode. Haier Riri shun, as the first Internet brand whose value is billions of, integrate advantages of virtual network(e-business platform), physical network, logistics network and service network, provides one-stop shopping experience for consumers, also provides users with the household design of online, interactive experience, personality of product customization, synchronization and so on(Appendix 4), (Weng and Zhang 2015).

Riri Shun Mart Logistics operates a 24-hour delivery in over 1500 districts, and in addition to delivery-at-request and installation-after-delivery services, this logistics mode also offers reverse logistics, unpacking and product checks, and scheduled delivery. As Haier electronic Chairman Zhou Yunjie described:

> "The (logistics) industry is experiencing large scale consolidation, and more enterprises will outsource their logistics function to professional third party logistics companies. Our group will reinforce investments and enhance our merger integration capability, aiming to absorb more third party logistic teams into the group's platform."

(4) Organizational Capability

The traditional organization structure is a pyramid with employees at the bottom and leaders at the top. People at higher levels give order to those at lower levels and subordinates are supposed to obey their superiors. In the process of promoting the platform strategy, Haier flattened the organization into a dynamic network organization (Appendix 5a).

Inside Haier, there are over 2,000 "mini Haiers" or called the ZZJYTs(self-operating units). It refers to staff members can formulate their own ideas by collecting consumer opinions and market information from the Internet. Once an idea is approved by senior management, the staff member developing the idea can form and manage his own team to implement the project, and all team members will share the profits of that project. They are the basic innovation units of the enterprise under the organization. ZZJYTs, together with their partners and interactive users, form virtual organizations mobilized and dispersed on demand, in which values are created and risks are shared jointly.

In addition, Haier is exploring ecosystems of platform organization to enhance their organizational capability. Platform organization refers to resources mobilized and dispersed on demand and employees are classified as registered employees and online employees(Appendix 5b). The employees, who used to wait for directions from the hierarchy and take orders passively, now become interfaces linked to resources. Many of them are not employees registered at the company, but employees that can be consolidated online.

Occupying all three capabilities mentioned above, Haier have established a very effective e-commerce platform from design, manufacturing and distribution(Appendix 6).

(5) What is Next?

Base on the established platform and with Haier Electronics as the main part, Haier is developing the value interaction platform to transform from hardware to solution and production to service. It is also building virtual-physical consumer value interaction platform, transforming the traditional logistics to the creation of user interaction value while providing them with service as the IOT(Internet of Things) and logistics service, and building open platforms led by customer experience in the Internet age.

4. Conclusion

The adoption of platform strategy in the E-commerce Era has had a significant positive influence on the overall performance of manufacturers and firms. This paper contributes to both theory and real business practise in relation to establishing platform strategy. In detail, this paper provides a conceptual research framework to describe platform strategy with reference to three capabilities(technology, logistics and organization). Moreover, this paper links the expanded platform framework to the real business case-Haier Group to further illustrate how essential of these capabilities in establishing a platform strategy. Some Chinese enterprises have recognized the importance of platform strategy, but most of them may lack experience as well as necessary knowledge and management skills. Therefore, the designed platform strategic model under E-commerce context supported by Haier case in this paper may shed some light on adoption of platform practices for manufactures and firms not only in China, but also in other markets.

5. References

Andrei Hagiu, Daniel Spulber(2013), First-Party Content and Coordination in Two-Sided Markets, Management Science 59(4): 933-949.

Cusumano, M.(2010), "Technology strategy and management the evolution of platform thinking", Communications of the ACM, Vol. 53, No. 1, pp.32-34.

Evans DS(2003), Some empirical aspects of multi-sided platform industries. Review of Network Economics 2(3): 191-209.

Feng Zhu and Marco Iansiti(2012), Entry into Platform-based Markets, Strategic Management Journal, 33: 88-106.

Gawer, A. and Cusumano, M. A.(2002), Platform Leadership: How Intel, Microsoft, and Cisco Drive Industry Innovation, Harvard Business School Pr, Boston, Massachusetts.

Gawer, A. and Cusumano, M. A.(2008), "How companies become platform leaders", MIT Sloan Management Review, Vol. 49, No. 2, pp.28-35.

Haier(2015), Online. Available at www.haier.net.

Iansiti, M. and Levien, R.(2004), The Keystone Advantage: What the New Dynamics of Business Ecosystems Mean for Strategy, Innovation, and Sustainability, Harvard Business School Pr, Boston, Massachusetts.

Jing(Elaine) Chen, Tao Hua Ouyang, Shan L. Pan(2013), The role of feedback in changing organizational routine: A case study of

Haier, China, International Journal of Information Management, Volume 33, Issue 6.

Kevin Boudreau(2010), Open Platform Strategies and Innovation: Granting Access vs. Devolving Control. Management Science, 56(10): 1849-1872.

Masaru Unno and Hua Xu(2013), Optimal Platform Strategies in the Smartphone Market, Electronics and Communications in Japan, Vol. 96, No. 7.

Morash E., Dröge C., Vickery S.(1996), Strategic Logistics Capabilities for Competitive Advantage and Firm Success, Journal of Business Logistics, Vol. 17, No. 1.

Muffatto, M. and Roveda, M.(2002), "Product architecture and platforms: a conceptual framework", International Journal of Technology Management, Vol. 24, No. 1, pp.1-16.

O. Gadiesh, P. Leung, T. Vestring(2007), The battle for China's good-enough market, Harvard Business Review, 85, p.80.

Pasche, M. H., Persson, M. and Löfsten, H.(2011), "Effects of platforms on new product development projects", International Journal of Operations & Production Management, Vol. 31, No. 11, pp.1-1.

Pei-Ying Huang, Tao Hua Ouyang, Shan L. Pan, Tzu-Chuan Chou (2012), The role of IT in achieving operational agility: A case study of Haier, China, International Journal of Information Management, Volume 32, Issue 3, pp.294-298.

Rubenstein, H.(2005), "The platform-driven organisation", Handbook of Business Strategy, Vol. 6, No. 1, pp.189-192.

Sheremata WA(2004), Competing through innovation in network markets: strategies for challengers, Academy of Management Review 29(3): 359-377.

Tellis GJ, Yin E, Niraj R.(2009), Does quality win? Network effects versus quality in high-tech markets, Journal of Marketing Research 46(2): 135-149.

Thomas Eisenmann, Geoffrey Parker, Marshall Van Alstyne(2011), Platform envelopment, Strategic Management Journal, Volume 32, Issue 12, pp.1270-1285.

Xingang Weng, Liying Zhang(2015), Analysis of O2O Model's Development Problems and Trend, iBusiness Vol.07 No.01.

Yili Wei(2014), Development of Haier's logistics system under e-commerce environment, China's Market, Vol. 35, pp.83-84.

6. Appendixes

<Appendix 1> Examples of Two-sided Platform-based Markets

Industry	Supplier side	Platform	Demanded side
PC operating system	Application developers	Microsoft's Windows	Computer users
SNS	SNS developers	Facebook, Renren	SNS users
E-commerce	Sellers	Amazon, eBay, Alibaba	Buyers
Search engines	Search results providers	Google, Bing, Baidu	Searchers
Stock exchanges	Listed companies	NYSE, NASDAQ	Equity purchasers
Video games	Game developers	Xbox, Play station	Game players
Smart phone	Equipment manufacturers	App Store	Users

(Source: by authors)

<Appendix 2> Haier's Strategy Transformation

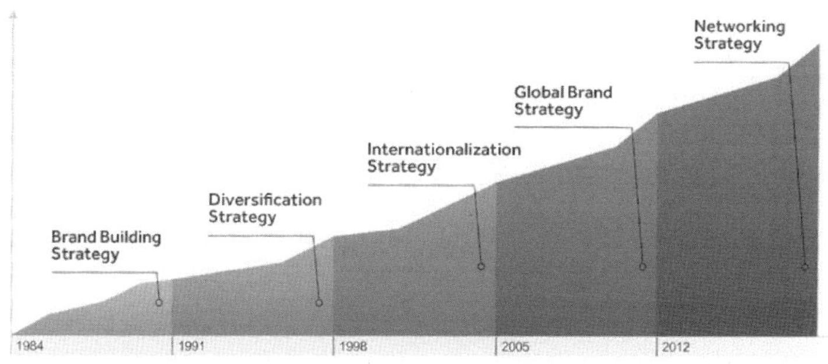

(Source: www.haier.net)

Since 1984 when all the pioneering started Haier Group has gone through four strategic stages, namely the Brand Building, Diversification, Internationalization and Global Brand stages. And in December 2012 Haier Group announced entrance into the fifth development stage: Networking Strategy Stage.

<Appendix 3> Haier's Win-win Model of Individual-Goal Combination

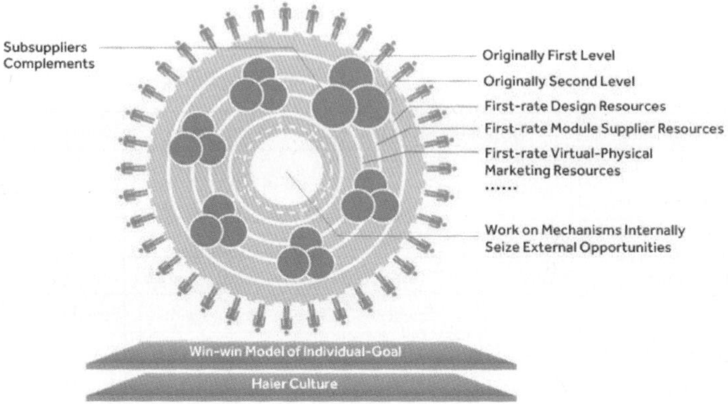

(Source: www.haier.net)

"Individual-Goal Combination" is to let employees and users unite into one entity, while "Win-win" manifests itself in employees realizing own value in the process of creating value for users. Win-win Model of Individual-Goal Combination fits in with the Internet Era. Its fundamental difference with traditional management model: traditional management model is constituted with the company at the center while Win-win Model of Individual-Goal Combination is user centric.

<Appendix 4> Haier's Riri Shun Logistics Mode

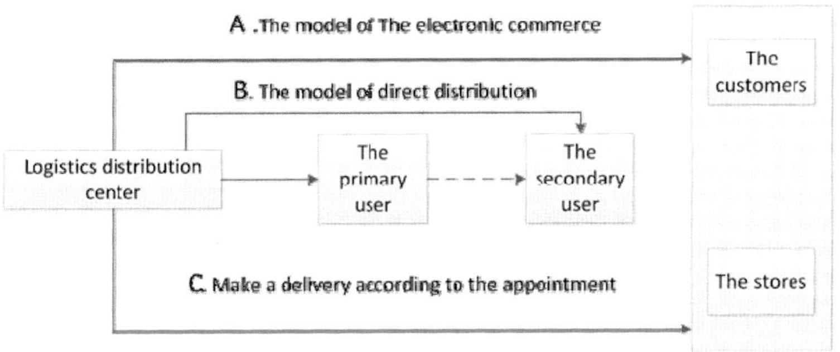

(Source: Weng and Zhang, 2015)

<Appendix 5a> Haier's Dynamic Network Organization Mode

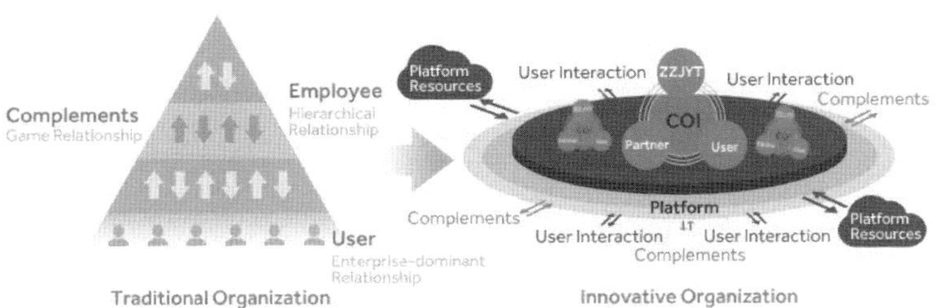

(Source: www.haier.net)

<Appendix 5b> Platform Ecosystem of ZZJYTs in Parallel Connection under the Platform Organization

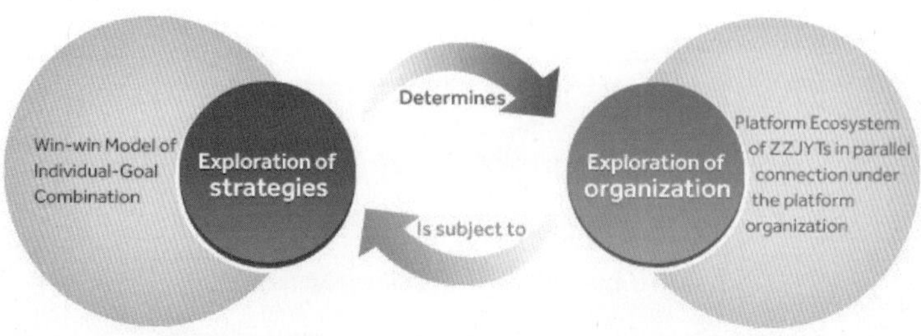

(Source: www.haier.net)

<Appendix 6> Haier's C2B Transaction Platform

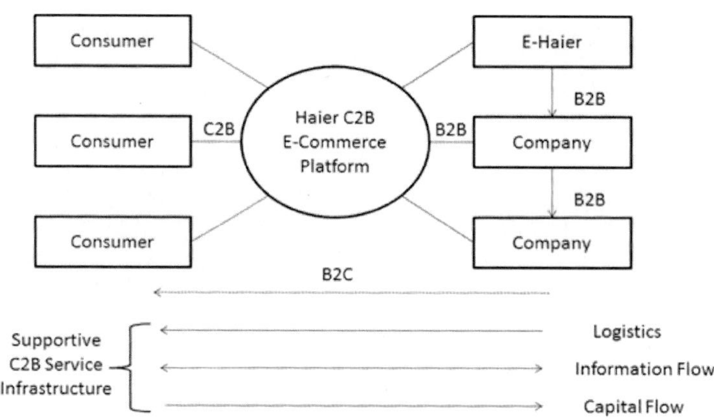

(Source: Wei, 2014)

In this mode, Riri Shun Logistics plays a supporting role in terms of logistics for the platform. The information flow and the capital flow are the strengths of Haier. E-Hair can do business with other enterprises as long as without harming the health of distribution channels. The E-commerce platform provides services for both supplier side and demanded side.

ABSTRACT

EMBRACING THE NEW PARADIGM -A CASE STUDY OF HAIER'S PLATFORM STRATEGY

Young Jun Kim · Zheung Wang

Platform strategy is regarded as the interaction interface strategy in the two-sided market. It plays increasingly crucial role in competition under the Internet Business Era. The main functions of a platform are interaction interface, value creation and network formulation. This paper explores platform strategy based on a case study. It is developed through a review of existing research and the relevant literatures. The empirical information and statistical data discussed and explored in the exemplifying part are mostly obtained from official websites, official reports, news papers and other reliable sources such as journals. The study investigates the issue of platform strategy through three firm's capabilities, respectively technology, logistics and organization. As a result, a designed conceptual model is presented, which may shed some light on adoption of platform strategy for companies not only in China, but also in other markets.

Keywords: Platform Strategy; Two-sided Market; Haier.

A CASE STUDY OF HAIER'S PLATFORM STRATEGY

제2부

중국 현대기업문화

중국기업 리더십과 기업문화가 직무만족도 및 기업성과에 미치는 영향에 대한 연구*

이상윤 · 서영인 · 이정열

1. 서론

2013년 말 기준 한국의 대중국 수출금액 총액은 1,458.4억 달러를 기록했으며, 한국의 대중국 수입금액 총액은 5,155.6억 달러를 기록하였다. 특히 2013년 말까지 대중국 수출금액 총액은 대미국 수출금액과 대일본 수출금액 합계보다 더욱 큰 것으로 나타났다. 2013년 말 기준으로 삼성전자, 현대자동차, LG화학, SK이노베이션 및 오리온 등 38개 주요기업의 중국매출액 비중은 34.6%에 이르는 것으로 나타났다. 이와 같이 한국경제와 한국기업에게 있어 중국의존도가 점차 높아지고 있다.

2013년 기준으로 중국 상무부가 발표한 대중국 해외직접투자(FDI)

* 이 논문은 2013년 정부(교육부)의 재원으로 한국연구재단의 지원을 받아 수행된 연구임(NRF-2013S1A5B8A01053894). 이 논문은 중국연구 제63권에 게재된 논문임.

대상국별 투자금액에 따르면 실제집행기준으로 한국은 싱가포르, EU, 일본 및 미국에 이어 30.6억 달러를 기록했다. 같은 기간 한국 기획재정부가 발표한 한국의 해외직접투자 투자국 통계자료에 따르면 신고기준으로 대중국 직접투자금액은 미국에 이어 48.0억 달러를 기록했다. 이처럼 한국과 중국은 해외직접투자 분야에서도 서로 불가분의 관계를 가지고 있다.

이러한 한중 간의 밀접한 교역관계와 향후의 전망을 반영하여 한국과 중국 양국 정상은 2014년 11월 10일 한중 FTA가 타결되었음을 밝혔다. 이는 한국과 중국이 더욱 밀접한 경제적 관계를 구축하게 됨을 의미하며, 향후에는 한중 간 경제협력 중 전통적인 제조업 이외에 서비스산업이 차지하는 비중이 더욱 커질 것으로 보인다. 이는 기존의 제조업이 전통적인 제조업 영역 이외에도 부가가치가 커질 수 있는 서비스를 제공하면서 서비스의 영역이 더욱 커질 것이기 때문이며 중국경제구조의 변화에 따라 중국 GDP 중 서비스산업이 차지하는 비중이 커지고 있기 때문이다. 실제로 2005년 기준으로 40.5%를 차지하던 3차산업 비중이 2011년 기준으로 43.3%로 높아진 것으로 나타났다. 그중 금융업의 비중 역시 3.3%에서 5.3%로 높아졌다. 또한 중국이 유치한 금융 및 보험업의 대중국 직접투자금액은 2010년 11.2억 달러, 2011년 19.1억 달러, 2012년 21.2억 달러를 기록하였다(박정수 등 2014).

중국 인민일보 산하 인민망(人民網) 발표자료에 따르면 2013년 기준으로 중국상장회사 소속 산업 중 가장 수익성이 높은 산업은 각각 은행업, 에너지산업, 금융보험업, 자동차산업, 부동산업 순인 것으로 나타났다.[1)]

아주주간이 집계하여 발표한 아시아지역 300대 은행기업 실적자료에 따르면 300대 기업의 자산총액 비중, 순이익 총액 비중 등 2개 기준에서 중국기업이 아시아기업 중 일본기업을 앞선 결과를 보여주었다.[2)]

이와 같이 중국경제에서 서비스산업의 비중이 높아지고 특히 은행, 보험 등 금융기업이 성장과 함께 높은 수익성을 보여주고 있는 시점에서 중국 서비스산업 종사기업 중 은행기업, 보험기업, 투자기업·시험검사 및 분석 서비스기업 등 서비스산업의 경영관리특성을 보여주는 리더십과 기업문화 변수를 구체적 고찰하고 이들 변수가 조직 관련 변수인 직무만족도와 재무성과를 보여주는 기업성과에 미치는 영향을 살펴보는 것은 상당한 의미를 가진다고 볼 수 있다. 특히 향후 중국내수 시장에 대한 참여가 계속적으로 증가될 상황에서 2013년 기준 가장 높은 수익성을 기록한 은행, 보험 및 투자업 등 금융산업 종사기업을 중심으로 한 서비스산업 종사기업을 고찰하는 것은 한국기업 및 한국기업 관리자에게도 의미를 가지는 것이라고 생각된다.

2013년 기준으로 포천(Fortune誌)이 발표한 세계 500대 기업 중 중국기업이 100개 기업을 차지하고 중국기업이 활발한 대외직접투

---

1) 중국 인민일보 산하 인민망(人民網) 발표자료
http://51fayan.people.com.cn/BIG5/n/2014/0509/c172459-24997066.html(검색일 2014년 11월 10일).

2) 홍콩 아주주간(亞洲週刊) 발표자료
http://www.yzzk.com/cfm/content_archive.cfm?id=1414037320098&docissue=2014-43 (검색일 2014 년 11월 10일).

자를 진행하면서, 한국에서 중국기업에 대한 관심이 높아지고 있으며 중국기업의 경영관리를 심도 있게 고찰해야 할 필요성이 높아지고 있는 상황이다. 다만 국내 연구자들은 주로 중국기업의 리더십과 조직관련 변수 간, 또는 기업문화와 조직관련 변수 간의 관계에 집중하여 연구를 진행하고 있으며(박종돈 2010; 박상수 등 2010; 이도화 등 2011; 서문교 등 2012; 김기태 등 2013), 리더십과 기업문화가 기업성과에 미치는 영향을 고찰한 연구는 주로 국내기업에 대한 연구에 집중되고 있으며 중국기업의 리더십, 기업문화와 기업성과에 대한 연구는 여전히 제약적인 상황이다(김영수 등 2004; 최희원 등 2011; 김상덕 2011; 김봉진 2012). 특히 기업조직의 경영관리 행태를 이해하기 위해 중요한 요인이 될 수 리더십 및 기업문화 변수가 조직관련 변수인 직무만족도와 기업전체의 재무성과에 미치는 영향을 함께 고찰하는 연구는 매우 제한적인 상황이다. 이에 따라 본 연구는 중국정부가 지속적으로 추진 중인 경제구조 조정 정책과도 관련이 있는 서비스산업 종사기업을 중심으로 경로분석 및 부트스트래핑 방법을 이용하여 중국기업의 가부장적 리더십·기업문화·직무만족도 및 기업성과 간의 관계에 대한 구체적이고 입체적인 고찰을 실시했다는 측면에서 그 의미가 있다고 할 수 있겠다. 특히 중국기업의 리더십·기업문화와 직무만족도 간의 관계 이외에도 리더십·기업문화와 기업성과 간의 관계를 고찰하고자 했다는 면과 직무만족도와 기업성과 간의 관계를 고찰하고자 했다는 측면에서 그 의미가 있다고 할 수 있다. 또한 본 연구는 리더십과 기업문화 등 2가지 변수가 기업조직의 관리행태를 보여주는 중요한 변수이기 때문에 이들 변수를 모두 고려하여 종합적인 분석을 진행하고자 하였다.

본 연구는 중국기업 리더의 리더십, 기업문화, 직무만족도 및 기업성과 간의 관계를 고찰하기 위해 경로분석 및 부트스트래핑 방법을 적용하였으며, 중국기업 조직운영의 특성을 고려한 가부장적 리더십 변수와 서로 상이하고 모순된 가치 중에서 균형을 추구하는 중국기업조직의 특성을 반영하여 경쟁가치 이론체계를 이용한 기업문화 변수를 고려하였으며, 중국기업의 가부장적 리더십 및 기업문화와 직무만족도 간의 관계, 가부장적 리더십 및 기업문화와 기업성과 간의 관계, 그리고 직무만족도가 기업성과에 미치는 영향을 구체적이고 입체적으로 분석하고자 하였다.

2. 이론 및 가설도출

1) 리더십

본 연구는 선행연구 고찰과 관련하여 중국과 타이완 지역 연구자의 리더십 관련 연구를 고찰해보고 기업문화 관련 연구를 고찰해보고자 한다.

리더십 분야 연구자들은 리더십의 정의에 대하여 다양한 정의를 제시하고 있다. 리더십은 조직의 리더가 주어진 상황에서 리더와 추종자의 관계성을 통하여 목표달성을 이루기 위하여 조직 구성원이나 집단의 행위에 대하여 영향력을 행사하는 과정이라고 할 수 있다 (Vroom and Jago 2007; 신유근 1987; 신구범 2001).

서구의 리더십 연구자들은 주어진 사회상황 및 조직 내 상황에서 리더의 역할을 고려하여 리더십 특성이론, 상황이론, 카리스마적 리더십 이론과 변혁적 리더십 이론 등을 제시하였다(Burns 1978; Bass 1985; Bass et al. 1996; Avolio & Bass et al. 1999; Afsaneh 2012). 그 후 서구의 연구자들은 감성 리더십, 슈퍼 리더십, 서번트 리더십 등 다양한 이론을 개발하고 있다.

Bass(1999)는 집단주의적 가치가 지배적인 영향을 발휘하고 있는 아시아에서 조직내부의 집단주의적 경향이 강하게 나타나기 때문에, 아시아적 가치는 구성원이 기업조직 리더에 대해 느끼는 존경심을 통해 결과적으로 변혁적 리더십을 강화하는 된다는 견해를 제시하였다. 이와 같이 중국을 포함한 아시아에서 기업조직 리더가 구사하는 리더십을 단순히 교환적 리더십과 변혁적 리더십으로 구분하여 접근하는 것보다는 유교적 가치 또는 가부장적 가치관이 반영된 리더십 이론체계를 통하여 리더십 변수를 고찰하는 것이 필요하다고 볼 수 있다. 인도네시아 및 터키기업에 대한 연구에서도 기업조직의 리더가 가부장적 리더십을 구사하고 있다는 결과를 보여주었다(Suryani et al. 2012; Karakitapoglu-Aygun et al. 2013).

1985년 이후부터 중국 대륙과 타이완 지역의 연구자들은 서구의 리더십이론에 중국적 특색을 반영하여 중국적 특색을 가진 리더십 이론을 개발하였다. 그중 가장 대표적인 이론은 중국 대륙의 링원취안(凌文輇 등 1987; 李明 등 2012)이 제시한 CPM 이론과 타이완 지역의 정보쉰(鄭伯壎 등 2005; Cheng et al. 2004)이 제시한 가부장적 리더십(Paternalistic Leadership) 이론이라고 할 수 있다.

중국의 연구자들은 기업조직 최고경영자의 리더십이 조직 관련 변수에 미치는 영향에 대한 실증연구를 진행하였다. 먼저 정보쉰 등(鄭伯壎, Cheng et al. 2004)은 인자형 리더십, 도덕적 리더십 및 권위적 리더십 등 요인으로 정의된 가부장적 리더십이 '일체화(identification)', '복종(compliance)'과 리더로부터 느끼게 되는 '감사(gratitude)'에 미치는 영향을 고찰하였다. 이러한 실증연구는 인자형 리더십과 도덕적 리더십이 '일체화'와 '감사(感謝)'에 대해 정(+)의 영향을 주는 결과를 보여주었다. Niu et al.(2009)은 실증연구를 실시하여 인자형 리더십 및 도덕적 리더십이 관리자에게 느끼는 존경과 동기부여에 미치는 영향을 고찰하였다. 이러한 실증연구는 인자형 리더십 및 도덕적 리더십이 모두 높은 경우, 인자형 리더십이 높은 경우, 도덕적 리더십이 높은 경우, 그리고 두 가지 리더십이 모두 낮은 경우의 순서로 '존경'과 '동기부여'에 영향을 미치는 결과를 보여주었다. Wu, M.(2012)의 실증연구는 인자형 리더십과 도덕적 리더십이 직무성과, OCBI(Organizational Citizenship Behavior towards Individual), OCBO (Organizational Citizenship Behavior towards Organization) 등 3개 변수에 유의한 정(+)의 영향을 주는 결과를 보여주었다.

이에 비하여 梁雄军(2011) 등은 중국 8개 지역 민영기업을 대상으로 한 실증연구를 진행하였으며, 다소 상이한 실증연구 결과를 보여주었다. 이러한 실증연구를 통하여 솔선수범, 집권적 리더십, 권위적 리더십 및 비도덕적 리더십 등 4가지 리더십 스타일과 생활 측면에서 보여주는 인자함·업무 측면에서 보여주는 인자함 및 포용적이고 우호적임 등 3가지 리더십 행위가 직원충성도에 미치는 영향을 고찰하였다. 이러한 실증연구는 생활 측면에서 보여주는 인자함, 업무 측면에서 보여주는 인자함 및 포용적이고 우호적임 등 3가지 리더십 행위 이외에 권위적 리더십과 집권적 리더십이 직원의 충성도에 유의한 정(+)의 영향을 주는 것으로 나타났다.

중국 연구자들은 가부장적 리더십 이외에 변혁적 리더십이 조직성과 및 기업성과에 미치는 영향을 고찰해보고자 하였다. 郭骁(2011)는 중국 내 기업가, 창업자 및 기업 재직인원을 대상으로 한 실증조사를 실시하였으며, 창업 중 보여주는 변혁적 리더십이 작년에 대비한, 경쟁기업에 대비한 그리고 산업 내 기타기업에 대비한 성과 등 3가지 요인으로 정의된 기업성과에 미치는 영향을 고찰하였다. 이러한 실증연구는 창업 중 보여주는 변혁적 리더십 역시 기업성과에 유의한 정(+)의 영향을 미치는 결과를 보여주었다.

기존에 이루어진 중국기업에 대한 선행연구 중에서 정보쉰 등(鄭伯壎, Cheng et al. 2004)의 연구가 진행된 이후에도 다수의 연구결과에서 기업조직의 최고경영자가 구사하는 인자형 리더십과 도덕적 리더십이 조직 관련 변수에 유의한 영향을 미치는 변수로 작용하는 것으로 나타났다(Niu et al. 2009; Wu, M. 2012; 梁雄军 등 2011). 본 연구는 이러한 선행연구결과들을 바탕으로 중국 기업조직의 리더가 조직 구성원에게 배려와 관심을 보여주고 구성원들과의 장기적인 관계성을 중시하는 리더십 스타일을 의미하는 인자형 리더십, 리더의 도덕성을 중요시하며 구성원이 이러한 리더의 행위를 학습하게 하여 리더십을 보여주게 되는 도덕적 리더십과 지시에 대한 철저한 이행, 규율성, 위계질서 등을 중시하는 권위적 리더십 등 3가지 측면을 모두 보여주게 되지만 이 중 인자형 리더십과 도덕적 리더십을 구사할 경우 조직 구성원의 직무만족도가 높아질 것으로 예측하였다.

가설 1: 중국기업 경영자가 구사하는 가부장적 리더십은 직무만족도에 정(+)의 영향을 미칠 것이다.

가설 1-1: 중국기업 경영자가 구사하는 가부장적 리더십 중 인자형 리더십 및 도덕적 리더십은 직무만족도에 정(+)의 영향을 미칠 것이다.

서구 및 중국 연구자들이 기업조직 경영자의 리더십이 기업성과에 미치는 영향을 고찰한 선행연구는 제약적이지만, 서구 및 중국 연구자들은 리더십 유형 이외에 주로 경영진 구성 및 이사진 구성을 의미하는 경영진 리더십과 기업성과 간의 관계에 대한 실증연구를 진행하였다. 선행연구에서 연구자들은 주로 ROE, ROA, 매출액증가율 및 자기자본 비율 등을 통하여 기업의 재무성과를 정의하였다 (Tian et al. 2001; Waldman et al. 2004; Sridharan et al. 1998; Lin, Y. F 2005; Daily et al. 2002).

중국 연구자인 Tian(2001) 등은 1996년 중국 주식시장에 상장한 기업을 대상으로 상장기업 리더십이 미치는 영향을 살펴보기 위해 대표이사와 CEO 등 2개 직무의 겸직 여부 · 이사회 구성 · 사외이사 비율 등 경영진 구성이 기업성과에 미치는 영향을 고찰하였다. 이들은 국유자본 보유비율, ROE, ROA 및 자기자본 비율 등 요인으로서 기업성과를 정의하였으며, 이러한 실증연구를 통하여 대표이사와 CEO 등 2개 직무의 겸직과 내부이사 비율이 ROE와 ROA에 정(+)의 영향을 주며, 국유자본 보유비율과 사외이사비율이 ROE와 ROA에 부(-)의 영향을 주는 결과를 보여주었다. 이에 비하여 Sridharan (1998) 등은 미국 상장기업을 대상으로 한 실증연구를 통해 ROE와 경영자 리더십 구조의 안정성(stability)이 모두 MBR(Market-to-Book Ratio)에 정(+)의 영향을 주는 결과를 보여주었다.

이들 선행연구들과는 다소 다르게 Waldman(2004) 등은 69개 미국 및 캐나다 기업을 대상으로 하여 카리스마 리더십이 기업성과에 미치는 영향을 살펴보고자 하였다. 이러한 실증연구는 카리스마 리더십과 지적 자극이 ROE 및 NPM 등 기업성과에 유의한 정(+)의 영향을 주는 결과를 보여주었다.

기업성과를 정의하기 위하여 연구자들은 각기 상이한 요인을 통해 기업성과를 정의하였다. Lin, Y. F.(2005)는 1997-1999년간 제조업에 종사하는 타이완 소재 상장기업을 대상으로 실증연구를 진행하면서, ROA, ROE, 주식수익률(stock return) 및 EPS 등 요인을 통해 기업성과 변수를 정의하였다. Daily(2002) 등은 2000년에 미국 내 가장 빠른 성장을 이루는 중소기업을 대상으로 한 연구를 진행하면서 ROA, ROE 및 PER(P/E Ratio) 등 요인을 통하여 기업성과를 정의하였다.

기존의 선행연구를 고찰해보면 다수의 연구결과에서 경영자의 안정적이고 강력한 리더십이 기업성과에 유의한 영향을 미치는 변수로 작용하는 것으로 나타났다(Tian et al. 2001; Waldman et al. 2004; Sridharan et al. 1998). 본 연구는 중국기업의 리더가 가부장적 리더십 중 장기적 관계와 구성원에 대한 배려를 의미하는 인자형 리더십과 리더의 도덕성을 통한 리더십을 보여주게 되는 도덕적 리더십이 조직관련 변수인 조직만족도 이외에도 기업성과에 정(+)의 영향을 줄 것으로 예측하였다.

가설 2: 중국기업 경영자가 구사하는 가부장적 리더십은 기업성과에 정(+)의 영향을 미칠 것이다.

가설 2-1: 중국기업 경영자가 구사하는 가부장적 리더십 중 인자형 리더십 및 도덕적 리더 십은 기업성과에 정(+)의 영향을 미칠 것이다.

2) 기업문화

기업문화는 기업조직 내부에서 일반적으로 받아들여지는 가장 기본적인 가정이며, 조직 구성원이 외부환경에 적응하고 통합하는 과정에서 발견되고 개발되며 축적된 것들이라고 할 수 있다. 이러한 측면을 고려하여 연구자들은 기업문화가 기업내부에 내면화된 규범이 내재화되고 암묵적으로 영향을 주는 과정을 통해 강화되게 된다는 견해를 보여주었다(Schein 1985; Forsyth 2006).

이에 비해 중국에서 진행된 기업문화에 대한 본격적인 연구는 1970년대 후반 국유기업 소유권에 대한 개혁을 진행하면서 1980년대 초반부터 시작된 것이라고 할 수 있다. 이 시기에 중국정부는 기업에 대한 경영권과 이윤의 분배권을 기업에 위양하고(放權讓利), 국유기업의 경영권과 소유권 개혁을 추진하였다. 이러한 중국정부 정책이 변화하면서 1988년에 중국에서 '중국기업문화연구회(中國企業文化研究會)'가 결성되었다. 이때부터 중국에서는 학계와 정부 관련 부서가 중국기업의 기업문화에 연구를 본격적으로 진행하였다. 2005년에 중국 국유자산감독관리위원회(SASAC)는 '국가의 중앙기업 기업문화 강화에 대한 지도의견(國有資產監督管理委員會, 2005)'를 발표하여 대형 국유기업의 기업문화를 수립하기 위한 방침을 제시하고자 하였다(김용준 등 2013; Hawes 2012).

중국 및 타이완 지역 연구자들은 중국적 전통문화와 가치관의 중요성을 인정하면서도 아직 학계 및 연구계에서 광범위하게 받아들일 수 있는 중국적 기업문화 이론체계를 개발하지 못하고 있으며 현재까지 서구의 기업문화 이론체계를 받아들여 이러한 연구모형을 기반으로 한 다양한 연구를 진행하고 있는 상황이다(蔣岡霖 2001; Tsui et al. 2006; 廖述賢 등 2008; 楊君茹 등 2011; Tsai 2011; 彭红霞 등 2007; 卢美月 2007; 朱瑜 등 2008; 魏立群 등 2008; 张仁江 등 2010; 黄容生 2010; 李昌南 등 2011; 刘明明 등 2012).

다수의 중국 연구자들은 서구의 기업문화 이론을 기반으로 실증연구를 진행하였다. 彭红霞(2007) 등은 장강 삼각주 소재 다국적기업을 대상으로 한 실증연구에서 유연성·변화·성장·창조성 및 외부에 대한 적응성 등을 의미하는 발전문화가 혁신성과(Innovation Performance)에 유의한 정(+)의 영향을 주는 결과를 보여주었다. 卢美月(2007)는 중국 상하이·장수성 및 타이완 지역 소재 기업을 분석대상으로 하고, Cameron et al.(2006)의 경쟁가치 이론체계를 이용하여 유연성 및 통제, 내부 및 외부 등 4개 요인으로 정의된 기업문화의 강도(强度)가 재무지표 및 비(非)재무지표로 정의된 조직성과에 유의한 정(+)의 영향을 주는 결과를 보여주었다. 朱瑜(2008) 등은 중국 광동성 소재 기업을 대상으로 한 실증조사를 실시하고, Lynn, B E.의 기업문화 연구모형을 적용하여 관료형 문화, 발전형 문화 및 지원형 문화로 정의된 기업문화 변수가 인적자원관리성과·시장성과 및 새로운 제품/서비스 성공 등으로 정의된 조직성과에는 정(+)의 영향을 주지만 그 영향이 유의하지 않은 결과를 보여주었다. 魏

立群(2008) 등은 중국 내 국유기업, 외국계기업 및 민영기업을 대상으로 한 실증연구를 실시하였다. 이들은 Quinn et al.(1991)의 경쟁가치 이론체계를 적용하여 발전문화와 위계문화가 순이익·신제품의 개발/성과 및 ROA 등 4개 요인을 통해 정의한 기업성과에 미치는 영향을 살펴보고자 하였다. 이러한 실증연구의 결과는 발전문화가 기업성과에 유의한 정(+)의 영향을 주며 위계문화가 기업성과에 부(-)의 영향을 주지만 그 영향이 유의하지 않은 결과를 보여주었다. 张仁江(2010) 등은 Denison, D. R.의 기업문화 연구모형을 적용하여 참여성, 일치성 및 적응성 등 3개 요인을 통해 기업문화를 정의하였고, 그중 참여성이 품질과 직원만족도에 유의한 정(+)의 영향을 주며 적응성이 수익성과 전체성과에 유의한 정(+)의 영향을 미치고 있다는 결과를 보여주었다. 李昌南(2011) 등은 중국기업 재직인원을 대상으로 하고 Denison, D. R.의 이론체계 및 Cameron et al.(2006)의 경쟁가치 이론체계를 적용하여 유연성 및 외부지향성이 재무성과 추구능력(盈利能力)에 유의한 정(+)의 영향을 주고 통제 및 내부지향성이 유의한 부(-)의 영향을 주는 결과를 보여주었다. 刘明明(2012) 등은 Deal and Kennedy(1982)의 기업문화 이론체계를 적용하여 중국 10개 지역 소재 기업에 대한 실증연구를 실시하였다. 이러한 실증연구는 팀워크와 고객지향성이 기업성과와 정(+)의 상관관계를 가지고 있음을 보여주었다. 이들 연구와는 다소 다르게 진행된 Tsui et al.(2006)의 실증연구 결과에 따르면, 높은 수준으로 통합된 기업문화(Highly integrative culture), 시장 지향적 기업문화(Market oriented culture), 적절한 수준으로 통합된 기업문화(Moderately integrative culture)의 순으로 기업성과에 미치는 영향이 큰 것으로 나타났다.

최근 일부 중국 연구자들은 중국적인 문화와 가치관을 고려하여 다양한 요인을 통해 기업문화를 정의하고자 하였다. 黄容生(2010)은 중국적 특성을 고려하여 사명/비전, 조직동일시(Organizational Identification), 직원 지향성, 고객 지향성 및 팀워크 등 요인을 통하여 기업문화 변수를 정의하고 이들 기업문화의 요인들이 매출액증가율·수익률 및 직무만족도에 미치는 영향을 고찰하였다. 이러한 실증연구 결과 사명/비전·조직동일시(Organizational Identification)·직원 지향성·고객 지향성 및 팀워크 모두가 조직성과 변수인 매출액증가율, 수익률 및 직무만족도와 정(+)의 상관관계를 가지고 있는 것으로 나타났다. 楊君茹(2011) 등은 중국 4개 지역 소재 기업에 대한 실증연구를 실시하였고, 엄격한 규칙 및 규범·공평공정·진취적인 정신·직원에 대한 관심·협력적인 팀워크·개인적인 관계 등 6개 요인을 통해 기업문화를 정의하고 이러한 요인들이 직무만족도, 이직의도, 직원의 사기 및 조직몰입에 미치는 영향을 고찰하고자 하였다. 이러한 실증연구는 공평공정·진취적인 정신·직원에 대한 관심·협력적인 팀워크·개인적인 관계 등 5개 요인이 직원의 사기와 조직몰입에 정(+)의 영향을 주는 결과를 보여주었다.

이러한 기존의 연구결과를 고찰해보면 중국기업의 기업문화는 조직 관련 변수와 기업성과에 유의한 정(+)의 영향을 주는 것으로 나타났으며(卢美月 2007; 朱瑜 등 2008; Tsui et al. 2006), 외부환경에 대한 적응성과 성장을 중시하는 발전문화(彭红霞 2007; 魏立群 등 2008; 张仁江 등 2010; 黄容生 2010; 李昌南 등 2011; 刘明明 등 2012)와 조직의 유연성과 참여를 중요시하는 집단문화(张仁江 등 2010; 黄容生 2010; 李昌南 등 2011; 楊君茹 등 2011; 刘明明 등

2012)가 조직 관련 변수 및 기업성과에 유의한 영향을 주는 결과를 보여준 것으로 나타났다.

본 연구는 기존의 연구결과(翟學偉 2001; 張翼 2002; Balazs 1964; 정동근 1992)를 고찰해볼 때 중국기업 내부에 집단주의와 개인주의, 전체적인 조화와 개인적 성취 등과 같이 서로 모순되어 보이는 가치들이 공존하기 때문에 기업의 상황에 따라 상이한 기업문화 유형이 공존하면서 균형과 조화를 추구한다는 측면을 고려하여 Quinn et al.(1991)의 경쟁가치 이론체계를 적용하여 기업문화 변수를 고찰하고자 하였다. 본 연구는 특히 기업조직이 설정한 목표의 명확성과 효율성 및 수익성 등을 중요시하는 합리문화와 기업내부의 통제와 공식화 등 조직내부의 체계와 절차를 중요시하며 위계문화보다는, 외부의 변화에 적응하며 성장과 발전 등을 중요시하며 구성원의 몰입과 발전을 통해 구성원의 역량을 응집하게 하는 발전문화(彭红霞 2007; 魏立群 등 2008; 张仁江 등 2010; 黄容生 2010; 李昌南 등 2011; 刘明明 등 2012)와 내부적인 유연성과 구성원의 참여 및 구성원과의 장기적인 관계성을 중시하는 집단문화(张仁江 등 2010; 黄容生 2010; 李昌南 등 2011; 楊君茹 등 2011; 刘明明 등 2012)를 보여줄 경우 구성원의 직무만족도가 높아질 것으로 예상한다. 이에 따라 본 연구는 다음과 같은 가설을 설정하였다.

가설 3: 중국기업의 기업문화는 직무만족도에 정(+)의 영향을 미칠 것이다.

가설 3-1: 중국기업의 집단문화 및 발전문화는 직무만족도에 정(+)의 영향을 미칠 것이다.

조직이론 분야의 연구자들은 기업조직 전체의 성과인 조직성과를 측정하기 위한 요인으로서 조직몰입도(Organizational Commitment), 조직성과(Organizational Performance), 조직유효성(Organizational Effectiveness) 등의 변수를 개발하였다.

Gold(2001) 등은 조직성과를 측정하기 위해 지식경영과 관련된 12개 요인을 이용하였다. 이들 12개 요인은 조직관련 2가지 요인과 기술을 통한 조직의 능력 관련 10개 요인을 의미하였다. 이에 비해 Kaiser(2010) 등은 조직성과를 측정하기 위해 생산성(productivity)・재무(finance)・고객(customers)・인사(HR)・목적(purpose) 등 5개 요인을 이용하였다. 이 중 생산성 측면은 효율성과 혁신을 의미하고, 재무 측면은 시장 및 회계 분야의 요인을 의미하며, 고객 측면은 시장점유율과 성장을 의미하여, HR 측면은 몰입과 재능 수준 등 요인을 의미하며, 목적 측면은 미션・문화와 사회적 책임 등 요인을 의미한다.

이와는 다소 상이하게 Kellis(2013) 등은 조직성과를 측정하기 위해 "나의 기능수준이 지난 1년간 향상되었다", "나의 대리인은 미션 수행에 성공적이었다", "모든 요인을 생각해볼 때 당신은 조직에 얼마나 만족하는가" 등의 3가지 요인을 이용하였다.

본 연구는 중국기업이 기업문화 중 발전문화와 집단문화를 보여줄 경우 기업조직 전체의 성과를 보여주는 기업성과에 정(+)의 영향을 줄 수 있음에 주목하였다(张仁江 등 2010; 黄容生 2010; 李昌南 등 2011; 刘明明 등 2012). 이에 따라 본 연구는 가설 3과 구분하여 기업문화가 조직 관련 변수인 구성원의 직무만족도 이외에도 기업성과에 유의한 정(+)의 영향을 줄 것이라고 예측하였다. 이에 따라 다음과 같은 가설을 설정하였다.

가설 4: 중국기업의 기업문화는 기업성과에 정(+)의 영향을 미칠 것이다.

가설 4-1: 중국기업의 집단문화 및 발전문화는 기업성과에 정(+)의 영향을 미칠 것이다.

조직이론 분야 선행연구에서 조직성과를 측정하기 위해서는 조직몰입도, 조직유효성 및 직무만족도 등 조직 관련 변수로 구성된 비(非)재무성과 이외에 재무지표로 구성된 측정된 재무성과를 통해 전체적이고 포괄적인 기업의 성과를 측정하고자 하였다. 중국 연구자들 역시 조직의 성과를 측정하기 위해 재무성과와 비재무성과를 모두 이용하여 조직성과 또는 기업성과를 정의하였다(卢美月 2007; 朱瑜 등 2008; 张仁江 등 2010; 黄容生 2010). 다만 아직까지 중국기업에 대한 선행연구 중에서 직무만족도, 조직몰입도 및 조직유효성 등 조직 관련 변수가 재무지표로 구성된 중국기업의 기업성과에 미치는 영향을 고찰한 선행연구는 여전히 제약적인 상황이다.

이에 따라 본 연구는 조직이론에 기초하여 비재무성과인 직무만족도, 조직몰입도 및 조직유효성 등 조직 관련 변수가 재무지표로 구성된 기업성과에 정(+)의 영향을 주게 될 것이고, 직무만족도가 기업성과에 정(+)의 영향을 줄 것으로 예측하였다. 이에 따라 다음과 같은 가설을 설정하였다.

가설 5: 중국기업 구성원의 직무만족도는 기업성과에 정(+)의 영향을 미칠 것이다.

본 연구는 지금까지 언급한 가부장적 리더십 변수, 기업문화 변수, 직무만족도 및 기업성과에 대한 가설을 고찰하기 위해 다음과 같은 연구모형을 설정하였다.

본 연구는 중국기업 경영자의 가부장적 리더십이 기업조직 구성원의 직무만족도와 기업성과에 어떠한 영향을 주는지 고찰해보고자 하며, 중국기업의 기업문화가 직무만족도와 기업성과에는 어떠한 영향을 미치는지 살펴보고자 한다. 세 번째로 중국기업 구성원의 직무만족도가 기업성과에는 어떠한 영향을 미치는지 고찰해보고자 한다.

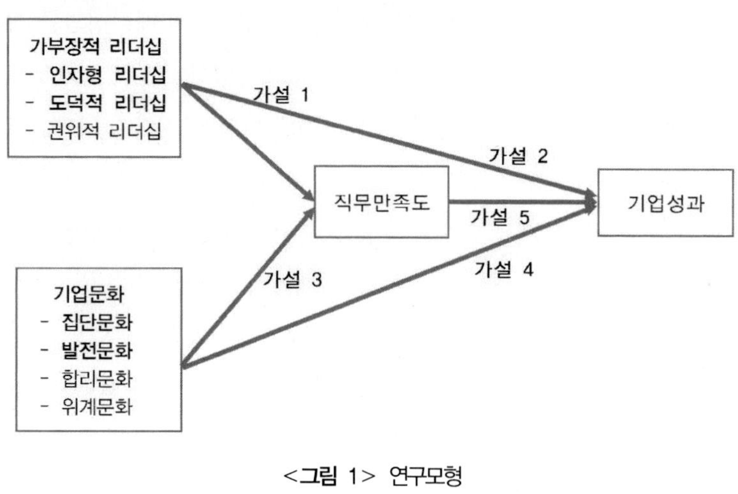

<그림 1> 연구모형

3. 분석방법

1) 표본 및 자료수집

본 연구는 본 연구의 가설을 검증하기 위해 중국 산동성(山東省) 소재 서비스산업 종사기업 재직인원을 대상으로 하여 직접 설문조사를 계획하고 산동성 현지인력을 통해 이들 서비스산업 종사기업 재직인원(피험자)에게 설문내용을 설명하게 하여 설문지를 작성하는 방식으로 설문지를 취합하였다.

중국 산동성 지역의 기업을 모집단으로 하여 실증조사를 실시한 이유는 중국 산동성이 2013년 말 기준으로 한국기업의 대중국투자 지역 중에서 신고건수와 신규법인수 기준에서 모두 1위를 기록하여 한중 간 투자 및 통상분야에서 중요한 지역이라고 할 수 있기 때문이다.[3] 산동성은 중국에서 화동지역에 속하며 산동성 지난(濟南)시는 산동성 성도이며 산동성 지역 내 서비스산업의 중심지역으로 산동성 지역 주요기업이 집중된 지역이며 중국 국유기업의 산동성 내 자회사가 위치한 지역이라는 측면을 고려하였다.

설문조사의 첫 번째 단계는 2013년 6월 1일부터 15일까지 25부의 설문지를 회수하여 신뢰성 분석을 실시하였으며, 중국기업 리더십·기업문화 및 직무만족도 등 변수가 통계적으로 유의한지를 파악하였다. 본 연구는 또한 이들 서비스산업 종사기업이 공개한 재무제표 자료를 통해 이들 기업의 ROA 및 매출액증가율을 계산하였다. 이들

---

3) 한국수출입은행 해외투자통계 데이터자료
http://keri.koreaexim.go.kr/keri/stati/intro/define.jsp(검색일 2015년 2월 6일).

서비스산업 종사기업 중 은행업 종사기업은 모두 상장기업으로 6개 기업이며 그중 5개 기업이 중국 내에서 전국적인 영업을 진행하고 있고, 이들 기업 모두가 기업 홈페이지에서 Annual Report 형태로 재무제표를 공개하고 있다. 자산투자업 종사기업은 1개 기업으로 중국에서 전국적인 영업을 진행하고 있으며 이 기업 역시 기업 홈페이지에서 Annual Report 형태로 재무제표를 공개하고 있다. 보험업 종사기업은 1개 기업으로 중국 전역에서 영업을 진행하고 있으며 중국 보험산업협회에서 해당기입의 재무제표 자료를 제공하고 있다. 시험검사 및 분석 서비스업 종사기업은 1개 기업으로 상장기업이며 주로 중국에서 전국적인 영업을 진행하고 있고 기업 홈페이지에서 Annual Report 형태로 재무제표를 공개하고 있다.

설문조사의 두 번째 단계는 2013년 11월 1일부터 12월 20일까지 중국 산동성 지난시 소재 9개 서비스산업 종사기업의 재직인원을 대상으로 설문조사를 실시하였으며, 이를 통해 총 232부의 유효설문지가 회수되었다. 9개 기업은 6개 은행, 1개 보험회사, 1개 자산투자회사, 1개 시험검사 및 분석 서비스업 제공업체로 구성되어 있다.

설문지의 작성자는 113명이 남성이고 112명은 여성으로 나타났으며 7명은 응답하지 않아서 결측치로 나타났다. 설문지 작성자의 직위는 각각 사원이 90명(38.8%), 대리가 32명(13.8%), 과차장은 82명(35.3%), 팀장 또는 그 이상이 28명(12.1%)로 나타났다.

설문지 작성자의 해당기업 근무경력은 각각 3년 미만은 51명(22.0%), 3-5년은 68명(29.3%), 5-10년은 61명(26.3%), 10-20년은 37명(15.9%)이며, 20년 이상 근무자는 15명(6.5%)으로 나타났다.

설문지 작성자가 담당하는 직무는 각각 고객만족(Customer Service)

은 14명(6.0%), 엔지니어는 17명(7.3%), 세일즈 및 마케팅업무는 36명(15.5%), 고급 관리자로서의 기업 경영은 22명(9.5%), 생산은 8명(3.4%), 재무는 49명(21.1%), 인사관리는 16명(6.9%), 기타 직무는 70명(30.2%)로 나타났다.

소속업종은 은행업(6개 기업 134명, 57.7%), 보험업(1개 기업 49명, 21.1%), 자산투자업(1개 기업 19명, 8.2%), 시험검사 및 분석 서비스업 제공업체(1개 기업 30명, 12.9%)가 포함된 것으로 나타났다. 작성자의 인구통계학적 내용은 <표 1>에 정리하여 제시하였다.

조사대상 기업 9개 기업 중 8개 기업은 중국에서 전국적인 영업활동을 진행하고 있고, 9개 기업 중 은행업 종사기업, 보험업 종사기업, 투자자산업 종사기업, 시험검사 및 분석 서비스업 제공업체를 포함하고 있으며, 시험검사 및 분석 서비스업 종사기업을 제외하고는 모두 국유기업으로서 중국 서비스산업 종사기업에 대한 충분한 대표성을 보여준다고 사료된다.

2) 변수의 조작적 정의

중국기업의 리더십, 기업문화, 조직지원인식 및 직무만족도 간의 관계를 고찰하기 위하여 다음의 각 변수에 대하여 조작적 정의를 하고 각 변수에 대하여 7점 척도로 측정하였다.

첫 번째로, 리더십 변수는 중국기업조직 조직운영 및 조직관리의 특성을 고려하여 가부장적 리더십 모델을 통하여 개념적 정의 및 조작적 정의를 하고자 하였다. 가부장적 리더십 변수는 정보쉰(鄭伯壎 등 2005; Cheng et al. 2004; Cheng et al. 2003)이 제시한 인자형 ·

도덕적·권위적 리더십 등 3개의 요인을 통해 정의하였다.

본 연구는 인자형 리더십(benevolent leadership)·도덕적 리더십(virtuous leadership)·권위적 리더십(authoritative leadership)을 포함하는 정보쉰(Cheng et al. 2004; 鄭伯壎 등 2005)의 중국 전통적 가부장적(家長式) 리더십 스타일 모델을 통하여 중국기업의 리더십을 정의하였다. 이중 인자형 리더십은 구성원에게 관심을 보여주고 이들과의 관계성을 중시하는 리더십 스타일이며, 도덕적 리더십은 리더의 도덕성을 중시하며 구성원이 리더의 도덕성을 학습하게 하어 리더십을 행사하는 리더십 스타일을 의미한다. 세 번째로 권위적 리

<표 1> 작성자의 인구통계학적 특성

	항목	빈도	비율(단위: %)
구분	남성	113	48.7
	여성	112	48.3
	결측치	7	3.0
성별	은행업	134	17.4
	보험업	49	21.1
	자산투자업	19	8.2
	시험검사 및 분석 서비스업	30	12.9
소속업종	고객만족(Customer Service)	14	6.0
	엔지니어	17	7.3
	기업경영	22	9.5
	세일즈 및 마케팅	36	15.5
직무	생산	8	3.4
	재무	49	21.1
	인사관리	16	6.9
	기타직무	70	30.2
직급	사원	90	38.8
	대리	32	13.8
	과장 및 차장	82	35.3
	팀장 및 그 이상	28	12.1

더십은 리더가 절대적인 권위를 가지고 구성원의 행위를 통제하며 구성원은 절대적인 복종을 하게 되는 리더십 스타일을 의미한다.

본 연구에서 가부장적 리더십 중 인자형 리더십은 "우리 최고경영자는 업무적인 관계 외에도 직원들의 일상생활에 대해 관심을 가진다" 등 6개 요인으로 측정하였고, 도덕적 리더십은 "우리 최고경영자는 자신의 특권을 획득하기 위해 권한을 남용하지 않는다" 등 5개 요인으로 측정하였으며, 권위적 리더십은 "우리 최고경영자는 조직의 모든 의사결정을 한다" 등 5개 요인으로 측정하였다.

본 연구는 중국 기업조직이 집단주의 및 가부장적 가치와 함께 개인주의적 경향을 보여주고 있으며 이러한 모순적인 가치 가운데 균형과 조화를 추구한다는 점에 주목하였다(翟學偉 2001; 張翼 2002). 또한 본 연구는 중국 기업조직이 장구한 역사적 전통의 영향을 받아 관료적인 측면을 보여준다는 점을 역시 인식하였다(Balazs 1964; 정동근 1992). 본 연구는 중국기업이 이러한 다양하고 모순적으로 보이는 가치들 중에서 조화와 균형을 찾기 위해 노력하는 측면을 가지고 있음을 고려하였다(백권호 등 2009).

본 연구는 위와 같이 중국기업이 중국기업 조직의 조직관리 행태에 적합한 기업문화를 형성하는 과정 중에 서로 모순된 가치 가운데 조화와 균형을 추구하는 특성을 보여주고 있음을 고려하였다. 이에 따라 한 기업조직 내부에 다양한 문화가 존재할 수 있으며 이들 문화들이 서로 경쟁하며 기업의 상황에 따라 상이한 기업문화 유형이 존재할 수 있음을 보여주는 Quinn et al.(1991)의 경쟁가치 이론체계를 적용하여 기업문화를 정의하였다. 이에 따라 본 연구는 기업문화를 '내부적 유지 및 외부적 포지셔닝', '유연성 및 안정성' 등 2개의

축을 통해 집단문화(group culture), 발전문화(development culture), 합리문화(rational culture) 및 위계문화(hierarchical culture)로 구분하였다.

이들 4가지 기업문화 중에서 집단문화는 리더와 구성원 간 인간적인 관계를 중시하며 충성심과 전통을 통해 구성원의 역량과 조직의 응집력을 발휘하게 하는 기업문화를 의미하며, 발전문화는 성장과 발전을 중시하며 구성원의 몰입과 발전을 통해 조직내부의 역량을 응집시키는 기업문화를 의미하고, 합리문화는 목표를 설정하고 이러한 목표의 명확성과 효율성 및 수익성 등을 중시하며 임무와 목표를 완수하는 과정을 통해 조직의 역량을 발휘하게 하는 기업문화를 의미한다. 이에 비해 위계문화는 통제와 공식화 등 조직내부의 체계와 절차를 중시하며 공식적인 규정과 정책을 통해 조직이 응집하게 하는 기업문화를 의미한다.

집단문화는 "애사심과 전통은 우리 회사 구성원을 끈끈히 묶는 역할을 한다" 등 3개 요인으로 측정하였고, 발전문화는 "우리 회사는 매우 역동적이고 기업가적 조직이다" 등 3개 요인으로 정의하였으며, 합리문화는 "우리 회사는 대단히 능률을 추구한다" 등 3개 요인으로 정의하였으며, 위계문화는 "우리 회사는 조직의 영속성과 안정성을 강조한다" 등 2개 요인으로 측정하였다.

본 연구에서 직무만족도 변수는 Tsai(2011) 및 Findler et al.(2007)가 제시한 이론체계를 통해 정의하였다. 직무만족도 변수는 "지금까지 나는 내 직무에 만족한다" 등 5개 요인으로 측정하였다.

본 연구는 다수의 선행연구(Sridharan et al. 1998; Tian et al. 2001; Daily et al. 2002; Waldman et al. 2004; Lin, Y. F. 2005)에서

자산총액, 자기자본, 순이익 및 매출액 등 객관적 수치를 이용한 재무지표를 통하여 기업성과를 측정하였음을 고려하였다. 본 연구는 중국 서비스산업 종사기업의 기업성과를 측정하기 위해 이들 기업이 공개한 2013년 말 재무제표 자료를 이용하여 2013년 말 기준으로 9개 기업의 ROA(Return on Asset) 및 매출액증가율을 계산하여 기업성과 변수를 계산하였다. 본 연구는 ROA=(2013년 당기순이익/2013년 말 기준 자산총액)으로 정의하고, 매출액증가율=((2013년 매출액-2012년 매출액)/2012년 매출액)으로 정의하여 재무제표 자료를 이용하여 이들 재무지표 수치를 계산하였다.

다만 기업성과 변수는 이들 9개 기업이 공개한 객관적인 재무제표 자료를 통해 계산된 수치로서 이는 신뢰성=T/(T+e)이라고 정의하면, T는 객관적이고 진실한 모수의 평균이고 e는 체계적인 오차와 비체계적인 오차라고 하면 이들 기업성과 변수는 객관적인 자료를 통해 계산된 수치로서 e=0이 되고 이에 따라 신뢰성이 1이 된다(Montgomery 1991; 원태연 등 2010; 구동모 2013). 이에 따라 객관적인 재무제표 자료를 통해 계산된 수치인 기업성과의 신뢰성계수를 계산할 수는 없으므로 4장에서 신뢰성 계수를 계산하는 부분에서 제시하지 않았다. 또한 요인분석은 상관계수가 높은 요인끼리 묶어 각 요인들이 명확히 분리되도록 하는 방법이라고 할 수 있다(김계수 2011). 이에 따라 기업성과 변수는 리더십, 기업문화 및 직무만족도와는 독립적인 변수로 다른 3개 변수와의 상관계수가 0이 되기 때문에 4장에서 요인분석 결과를 제시하는 부분에서 제시하지 않았다.

<표 2> 상관분석 결과

	인자형 리더십	도덕적 리더십	권위적 리더십	집단 문화	발전 문화	합리 문화	위계 문화	직무 만족도
인자형 리더십	1	.405**	.239**	.464**	.533**	.494**	.516**	.458**
도덕적 리더십		1	.086	.566**	.705**	.600**	.483**	.422**
권위적 리더십			1	.303**	.105	.274**	.367**	.310**
집단 문화				1	.593**	.778**	.680**	.441**
발전 문화					1	.611**	.586**	.535**
합리 문화						1	.675**	.507**
위계 문화							1	.586**
직무 만족도								1

*: p<0.05, **: p<0.01(양측)

4. 실증분석 결과

본 연구의 가설검증을 실시하기 위해 인자형 리더십·도덕적 리더십·권위적 리더십 등 가부장적 리더십, 집단문화·발전문화·합리문화·위계문화 등 기업문화 및 직무만족도 간의 상관관계를 분석하였으며, 그 결과는 <표 2>에 제시되어 있다.

<표 2>에서 변수들 간의 상관계수를 살펴보면, 본 연구에서 독립변수로 설정한 중국기업 리더십 중 인자형 리더십과 직무만족도 간, 도덕적 리더십과 직무만족도 간에는 0.01 수준에서 유의한 상관

관계가 존재한다. 중국기업의 기업문화 중 집단문화와 직무만족도 간, 합리문화와 직무만족도 간에는 0.01 수준에서 유의한 상관관계가 존재한다. 이는 가설 1-1 및 가설 3-1을 뒷받침한다고 할 수 있다. 중국기업 리더십과 기업성과 간(가설 2-1), 기업문화와 기업성과 간(가설 4-1), 직무만족도와 기업성과 간(가설 5) 관계는 4장의 경로분석모형 분석결과를 통하여 구체적으로 고찰해보고자 한다.

본 연구는 중국기업 경영자 리더십, 기업문화 및 직무만족도 등 측정변수의 신뢰성 검증을 위해 Cronbach's α 검정을 실시하였다.

<표 3> 신뢰성 분석결과

변수	요인	문항	척도	Cronbach's α	총분산 설명력
가부장적 리더십	인자형 리더십	6	1-7	.828	61.243%
	도덕적 리더십	5	1-7	.913	
	권위적 리더십	5	1-7	.679	
기업문화	집단문화	2	1-7	.937	92.312%
	발전문화	2	1-7	.899	
	합리문화	2	1-7	.854	
	위계문화	2	1-7	.691	
직무만족도	직무만족도	5	1-7	.867	66.027%

<표 3>, <표 4>, <표 5> 및 <표 6>과 같이 측정도구에 대한 신뢰성 분석결과 집단문화의 신뢰성 계수가 0.937로 가장 높게 나타났으며, 신뢰성 계수가 0.679인 권위적 리더십 변수를 제외하고는 전체적으로는 신뢰성 계수가 0.7 이상의 수준으로 높게 나타났다. 이에 따라 본 연구는 설문지의 문항이 신뢰할 수 있다고 판단하였다.

가부장적 리더십 변수의 경우는 3개의 고정된 요인(집단문화·발전문화·합리문화·위계문화)이 전체 변이의 61.243%를 설명하는 것으로 나타났다. 기업문화 변수는 4개의 고정된 요인(인자형 리더십·도덕적 리더십·권위적 리더십)이 전체 변이의 92.312%를 설명하는 것으로 나타났다. 다만 기업문화의 4가지 유형에서 집단문화의 1번째 요인, 발전문화의 3번째 요인 및 합리문화의 2번째 요인은 요인적재치가 상대적으로 낮은 것으로 나타나 제거한 이후 요인분석과 경로분석을 실시하였다. 이에 비해 직무만족도는 1개의 요인이 66.027%를 설명하는 것으로 나타났다. <표 4>, <표 5> 및 <표 6>은 리더십, 기업문화 및 직무만족도 변수의 탐색적 요인분석 결과를 보여준다. 이러한 탐색적 요인분석에서 서로 독립인 요인을 단순구조로 만들고 순수한 요인들을 얻기 위해, 요인추출 방법은 주성분 분석방법을 이용하고 아이겐값(고유값: Eigenvalue)은 1을 기준으로 하였으며, 회전방법은 Kaiser 정규화가 있는 베리멕스 방법을 이용하였다.

다음에는 경로분석 모형을 통해 중국기업의 리더십, 기업문화, 직무만족도와 기업성과 간의 관계를 고찰해보고자 한다. <표 7>과 <표 8>에는 직무만족도 및 기업성과에 대한 독립변수인 가부장적 리더십의 영향을 경로분석 모형을 통해 분석한 결과가 제시되어 있다.

<표 4> 가부장적 리더십 및 변혁적 리더십 변수에 대한 탐색적 요인분석 결과

측정변수	설문	성분		
		1	2	3
인자형 리더십	BL1		.709	
	BL2		.761	
	BL3		.787	
	BL4		.653	
	BL5		.692	
	BL6		.635	
도덕적 리더십	VL1	.816		
	VL2	.808		
	VL3	.902		
	VL4	.877		
	VL5	.786		
권위적 리더십	AL1			.678
	AL2			.744
	AL3			.711
	AL4			.498
	AL5			.597
아이겐값		4.148	3.263	2.389
설명분산		25.923	20.392	14.928
누적분산		25.923	46.315	61.243
총분산				61.243
Cronbach's α		.828	.913	.679

<표 5> 기업문화 변수에 대한 탐색적 요인분석 결과

측정변수	설문	성분			
		1	2	3	4
집단문화	GC2	.857			
	GC3	.855			
발전문화	DC1		.837		
	DC2		.880		
합리문화	RC1			.805	
	RC3			.681	
위계문화	HC1				.888
	HC2				.440
아이겐값		2.813	1.956	1.453	1.163
설명분산		35.158	24.452	18.160	14.542
누적분산		35.158	59.610	77.771	92.312
총분산					93.312
Cronbach's α		.937	.889	.854	.691

<표 6> 직무만족도 변수에 대한 탐색적 요인분석 결과

측정변수	설문	성분
		1
직무만족도	JS1	.698
	JS2	.910
	JS3	.893
	JS4	.838
	JS5	.698
아이겐값		3.301
설명분산		66.027
누적분산		66.027
총분산		66.027
Cronbach's α		.867

<표 8>에는 AMOS 패키지를 이용하여 부트스트래핑(Bootstrapping) 방법으로 계산한 총효과, 직접효과 및 간접효과의 유의수준이 제시

되어 있다.

<그림 2>에는 직무만족도 및 기업성과에 대한 독립변수인 가부장적 리더십(인자형 리더십 · 도덕적 리더십 · 권위적 리더십)의 영향을 고찰하기 위한 모형이다. 직무만족도 및 기업성과에 대한 가부장적 리더십의 영향을 고찰하기 위한 경로분석 모형의 적합도는 절대적합도의 경우 CMIN의 P-value=.001, GFI=.984, RMSEA=.000이며 증분적합도의 경우 NFI=.935, IFI=.940, CFI=.935 등 전반적으로는 수용이 가능한 정도라고 판단된다. 이에 따라 아래에서는 계수추정치와 직접효과 및 간접효과를 보기 위해 경로분석 모형의 분석결과를 살펴보기로 하겠다.

<표 7>은 경로분석 모형을 통해 직무만족도 및 기업성과에 대한 독립변수인 가부장적 리더십의 영향을 보여주는 계수추정치를 계산한 결과를 보여주고 있다. <표 8>은 경로분석 모형을 통해 가부장적 리더십이 직무만족도와 기업성과에 미치는 직접효과와 간접효과를 분석한 결과를 보여주고 있다. <표 7>의 분석결과를 살펴보면 인자형 리더십과 도덕적 리더십이 모두 직무만족도에 유의한 정(+)의 영향을 주는 결과를 보여주고 있다. 이에 따라 가설 1-1은 채택되었다. 본 연구에서 인자형 리더십과 도덕적 리더십은 모두 직접적으로 직무만족도에 영향을 주기 때문에, <표 8>에서는 인자형 리더십과 도덕적 리더십이 직무만족도에 미치는 직접효과만을 보여주고 있다.

<표 7>의 분석결과를 자세히 살펴보면서 인자형 리더십과 도덕적 리더십이 기업성과에 정(+)의 영향을 준다는 가설 2-1을 검증해보도록 하겠다. 인자형 리더십은 ROA에 부(-)의 영향을 주지만 그

영향이 유의하지 않게 나타났으며, 도덕적 리더십은 0.05 수준에서 ROA에 정(+)의 영향을 주는 것으로 나타났다. 이에 비해 인자형 리더십은 매출액증가율에 유의한 정(+)의 영향을 주고 있는 것으로 나타났지만, 도덕적 리더십은 매출액증가율에 유의한 부(-)의 영향을 주는 것으로 나타났다.

본 연구는 <표 8>의 분석결과를 살펴보면서 <표 7>의 결과와 비교해보고자 한다. <표 8>의 분석결과에 따르면 인자형 리더십이 ROA에 미치는 직접효과는 -.100이며 유의한 영향을 주며 간접효과 역시 -.029로서 부(-)의 방향으로 나타났다.[4]

<표 7> 경로분석 결과(계수추정치)

측정변수 간의 영향			계수추정치	표준오차	P-value
인자형 리더십	→	**직무만족도**	.290	.058	**
도덕적 리더십	→	**직무만족도**	.285	.052	**
권위적 리더십	→	**직무만족도**	.216	.059	**
인자형 리더십	→	ROA	-.100	.003	.189
도덕적 리더십	→	ROA	.174	.002	*
권위적 리더십	→	ROA	.005	.003	.940
인자형 리더십	→	**매출액증가율**	.175	.005	*
도덕적 리더십	→	**매출액증가율**	-.240	.005	**
권위적 리더십	→	**매출액증가율**	-.170	.005	*
직무만족도	→	ROA	-.101	.003	.201
직무만족도	→	매출액증가율	.020	.006	.791

4) <표 7> 및 <표 9>에서 경로계수가 유의하게 나타난 경우 모두 볼릭체로 표시하였다.

도덕적 리더십이 ROA에 미치는 직접효과는 .174로서 간접효과인 -.029보다 큰 것으로 나타났다. 이에 비해 도덕적 리더십이 매출액증가율에 미치는 직접효과는 -.240로서 간접효과인 .006보다 큰 것으로 나타났다. 이러한 분석결과에 근거하여 가설 2-1은 부분적으로 채택된다. 이러한 분석결과에 대하여 결론부분에서 다시 고찰해보고 분석결과의 의미에 대하여 살펴보기로 하겠다.

<표 8> 경로분석 결과(표준화된 총효과, 직접효과 및 간접효과)

측정변수 간의 영향			총효과	직접효과	간접효과
인자형 리더십	→	직무만족도	.290**	.290**	.000
도덕적 리더십	→	직무만족도	.285**	.285**	.000
권위적 리더십	→	직무만족도	.216**	.216**	.000
인자형 리더십	→	ROA	-.129	-.100*	-.029
도덕적 리더십	→	ROA	.145	.174**	-.029
권위적 리더십	→	ROA	-.017	.005**	-.022
인자형 리더십	→	매출액증가율	.181	.175*	.006
도덕적 리더십	→	매출액증가율	-.234	-.240*	.006
권위적 리더십	→	매출액증가율	-.166	-.170*	.004
직무만족도	→	ROA	-.101**	-.101**	.000
직무만족도	→	매출액증가율	.020**	.020**	.000

<표 9>와 <표 10>에는 직무만족도 및 기업성과에 대한 독립변수인 기업문화의 영향을 경로분석 모형을 통해 분석한 결과가 제시되어 있다. <표 10>에는 AMOS 패키지를 이용하여 부트스트래핑(Bootstrapping) 방법으로 계산한 총효과, 직접효과 및 간접효과의 유의수준이 제시되어 있다.

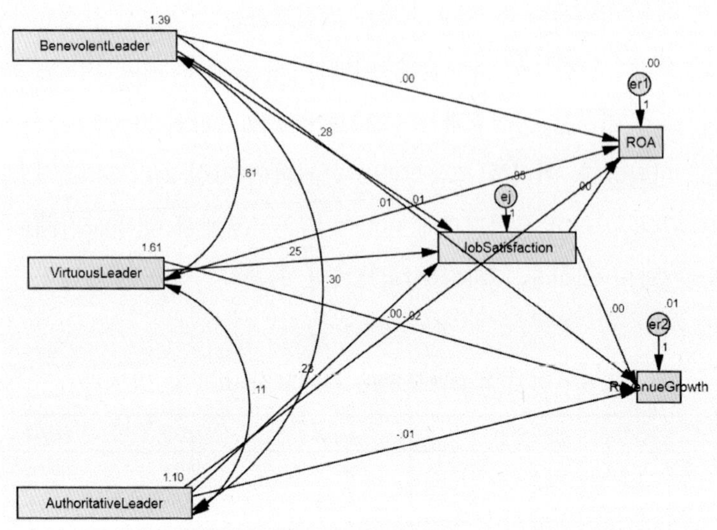

<그림 2> 경로분석 모형: 직무만족도 및 기업성과에 대한 가부장적 리더십의 영향

<그림 3>에는 직무만족도 및 기업성과에 대한 기업문화의 영향을 고찰하기 위한 경로모형이 제시되어 있다. 직무만족도 및 기업성과에 대한 기업문화의 영향을 고찰하기 위한 경로분석 모형의 적합도는 절대적합도의 경우 CMIN의 P-value=.027, GFI=.994, AGFI=.833, RMSEA=.000이며 증분적합도의 경우 NFI=.993, IFI=.995, CFI=.994 등 전반적으로는 수용이 가능한 정도라고 판단된다.

이에 따라 아래에서는 계수추정치와 직접효과 및 간접효과를 보기 위해 경로분석 모형의 분석결과를 살펴보기로 하겠다.

먼저 본 연구에서 설정한 기업문화가 직무만족도에 정(+)의 영향을 미칠 것이라는 가설(가설 3)을 검증하여 보기로 하겠다. <표 9>의 분석결과를 살펴보면 집단문화가 직무만족도에 부(-)의 영향을 주지만 그 영향이 유의하지 않은 것으로 나타났고, 이에 비해 발전문화는 직무만족도에 유의한 정(+)의 영향을 주는 결과를 보여주고 있다. 이에 따라 가설 3-1은 부분적으로 채택되었다. 본 연구에서 집단문화와 발전문화는 모두 직접적으로 직무만족도에 영향을 주기 때문에, <표 10>에서는 집단문화와 발전문화가 직무만족도에 미치는 직접효과만을 보여주고 있다.

<표 9>의 분석결과를 자세히 살펴보면서 집단문화와 발전문화가 기업성과에 정(+)의 영향을 준다는 가설 4-1을 검증해보도록 하겠다. 집단문화는 ROA에 유의한 정(+)의 영향을 주는 것으로 나타났고, 발전문화는 ROA에 부(-)의 영향을 주고 있지만 그 영향이 유의하지 않은 것으로 나타났다. 이에 비해 집단문화는 매출액증가율에 유의한 부(-)의 영향을 주고 있는 것으로 나타났지만, 발전문화는

<표 9> 경로분석 결과(계수추정치)

측정변수 간의 영향			계수추정치	표준오차	P-value
집단문화	→	직무만족도	-.118	.057	.170
발전문화	→	**직무만족도**	.273	.052	**
합리문화	→	직무만족도	.165	.083	.057
위계문화	→	**직무만족도**	.395	.076	**
집단문화	→	ROA	.306	.003	**
발전문화	→	ROA	-.095	.002	.266
합리문화	→	ROA	.181	.004	.091
위계문화	→	ROA	-.085	.007	.378
집단문화	→	**매출액증가율**	-.617	.005	**
발전문화	→	**매출액증가율**	.303	.005	**
합리문화	→	매출액증가율	.012	.007	.904
위계문화	→	매출액증가율	.179	.007	.053
직무만족도	→	ROA	-.197	.003	.014
직무만족도	→	매출액증가율	-.055	.006	.474

매출액증가율에 유의한 정(+)의 영향을 주는 것으로 나타났다. 본 연구는 <표 10>의 분석결과를 살펴보면서 <표 9>의 결과와 비교해보고자 한다. <표 8>의 분석결과에 따르면 집단문화가 ROA에 미치는 직접효과는 .329이며 유의한 영향을 주며 간접효과 역시 .023으로서 정(+)의 방향으로 나타났다.

<표 10> 경로분석 결과(표준화된 총효과, 직접효과 및 간접효과)

측정변수 간의 영향			총효과	직접효과	간접효과
집단문화	→	직무만족도	-.118**	-.118**	.000
발전문화	→	직무만족도	.273**	.273**	.000
합리문화	→	직무만족도	.165**	.165**	.000
위계문화	→	직무만족도	.395**	.395**	.000
집단문화	→	ROA	.329**	.306	.023
발전문화	→	ROA	-.149	-.095	-.054
합리문화	→	ROA	.149	.181	-.033
위계문화	→	ROA	-.163	-.085	-.078
집단문화	→	매출액증가율	-.610	-.617*	.007
발전문화	→	매출액증가율	.288	.303*	-.015**
합리문화	→	매출액증가율	.003	.012**	-.009*
위계문화	→	매출액증가율	.158	.179*	-.022**
직무만족도	→	ROA	-.197**	-.197**	.000
직무만족도	→	매출액증가율	-.055**	-.055**	.000

발전문화가 ROA에 미치는 직접효과는 -.095이며 간접효과 역시 부(-)의 방향인 -.054인 것으로 나타났다. 이에 비해 집단문화가 매출액증가율에 미치는 직접효과는 -.617로서 간접효과인 .007보다 큰 것으로 나타났고, 발전문화가 매출액증가율에 미치는 직접효과는 .303으로서 간접효과인 -.015보다 큰 것으로 나타났다. 이러한 분석

결과에 근거하여 가설 4-1은 부분적으로 채택된다. 이러한 결과에 대하여 결론부분에서 다시 고찰하여 보고 분석결과가 보여주는 의미에 대하여 살펴보기로 하겠다.

<표 7>과 <표 9>의 분석결과를 살펴보면서 직무만족도가 기업성과에 정(+)의 영향을 준다는 가설 5를 검증해보도록 하겠다. <표 7>에서는 직무만족도가 ROA에 부(-)의 영향을 주지만 그 영향이 유의하지 않게 나타났으며, 직무만족도가 매출액증가율에 정(+)의 영향을 주지만 그 영향이 유의하지 않게 나타났다. 그러나 <표 9>에서는 직무만족도가 0.05 수준에서 ROA에 유의한 부(-)의 영향을 주는 것으로 나타났으며, 직무만족도가 매출액증가율에 부(-)의 영향을 주지만 그 영향이 유의하지 않게 나타났다. 이에 따라 가설 5는 채택되지 않는다.

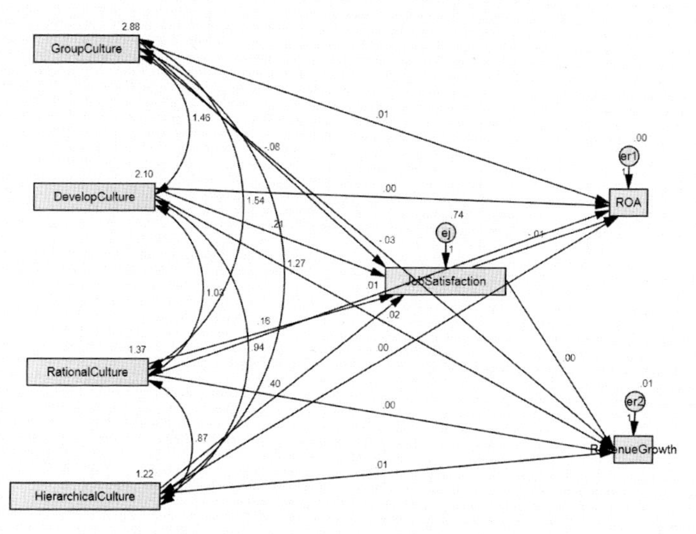

<그림 3> 경로분석 모형: 직무만족도 및 기업성과에 대한 기업문화의 영향

<표 8>에서는 직무만족도가 ROA에 미치는 직접효과는 -.101이며 0.01 수준에서 유의하며, 직무만족도가 매출액증가율에 미치는 직접효과는 .020이며 0.01 수준에서 유의한 것으로 나타났다. 이에 비해 <표 10>에서는 직무만족도가 ROA에 미치는 직접효과는 -.197이며 0.01 수준에서 유의하며, 직무만족도가 매출액증가율에 미치는 직접효과는 -.055이며 0.01 수준에서 유의한 것으로 나타났다. 직무만족도가 매출액증가율에 미치는 영향은 두 모형에서 경로계수의 방향이 다르게 나타났다. 이에 따라 본 연구는 직무만족도, ROA 및 매출액증가율만을 고려한 모형을 경로분석 모형을 이용하여 분석하였고, 이러한 모형의 분석결과 직무만족도가 ROA에 미치는 영향을 보여주는 경로계수는 -.003(p=.275)이며, 직무만족도가 매출액증가율에 미치는 영향을 보여주는 경로계수는 -.004(p=.415)로 나타났다. 이러한 분석결과를 종합하여 볼 경우에도 직무만족도가 기업성과에 정(+)의 영향을 준다는 가설 5는 채택되지 않는다.

5. 결론

1) 연구결과

본 연구는 중국기업의 가부장적 리더십과 기업문화가 직무만족도에 미치는 영향, 중국기업의 가부장적 리더십과 기업문화가 기업성과에 미치는 영향 및 직무만족도가 기업성과에 미치는 영향을 구체적이고 상세하게 고찰해보고자 하였다. 본 연구는 가부장적 리더십·기업문화·직무만족도와 기업성과 변수를 포함한 모형에 대하여 경로분석과 부트스트래핑 방법을 적용하여 실증분석을 수행하였다.

첫째로 가부장적 리더십 중 인자형 리더십, 도덕적 리더십과 권위적 리더십은 직무만족도에 모두 유의한 정(+)의 영향을 주는 것으로 나타났다. 이러한 결과는 본 연구가 예상했던 대로 인자형 리더십과 도덕적 리더십이 직무만족도에 정(+)의 영향을 준다는 결과 이외에 권위적 리더십이 직무만족도에 정(+)의 영향을 준 것이며, 권위적 리더십이 보여주는 이러한 결과는 梁雄军(2011) 등의 연구에서 권위적 또는 집권적인 리더십이 직원의 충성도에 유의한 정(+)의 영향을 준 결과와 일치한다고 볼 수 있으며, 현재까지 중국기업 조직의 구성원들은 일정부분 권위적인 리더십을 인정하고 이를 필요로 한다고 할 수 있다. 또한 인자형 리더십, 도덕적 리더십 및 권위적 리더십이 직무만족도에 미치는 영향과 이러한 영향을 보여주는 직접효과 모두에서 인자형 리더십과 도덕적 리더십이 권위적 리더십보다 더 큰 경로계수와 직접효과를 보여주는 것으로 나타났다.

둘째로 인자형 리더십은 ROA에 부(-)의 영향을 주지만 그 영향이 유의하지 않은 것으로 나타났으며, 도덕적 리더십은 ROA에 유의한 정(+)의 영향을 주는 것으로 나타났다. 인자형 리더십은 매출액증가율에 유의한 정(+)의 영향을 주는 것으로 나타났지만, 도덕적 리더십은 매출액증가율에 유의한 부(-)의 영향을 보여주는 것으로 나타났다. 직원에 대한 배려와 장기적인 관계성을 중시하는 인자형 리더십은 수익성 자체보다는 규모를 보여주는 매출액증가율에 유의한 정(+)의 영향을 주는 것으로 나타났다. 리더의 도덕성을 중요시하고 이를 통해 높은 도덕 기준을 제시하는 리더십인 도덕적 리더십은 수익성 자체를 보여주는 ROA에는 유의한 정(+)의 영향을 주지만 매출액 규모에는 유의한 부(-)의 영향을 보여주었다. 이러한 결과는 관계 구축을 중시하는 인자형 리더십은 외부로 확산되어 영향을 줄 경우 질적인 측면인 수익성보다는 양적인 규모를 보여주는 매출액 증가에 영향을 주는 것으로 보인다. 이에 비해 도덕적 리더십은 양적인 성장을 보여주는 매출액증가율에는 유의한 부(-)의 영향을 주었으며, 질적인 측면을 보여주는 ROA에 유의한 정(+)의 영향을 보여주었다. 권위적 리더십은 조직 관련 변수인 직무만족도에는 유의한 정(+)의 영향을 주었으나, ROA에는 정(+)의 영향을 주지만 그 영향이 유의하지 않은 것으로 나타났고, 매출액증가율에는 유의한 부(-)의 영향을 주는 것으로 나타났다. 이에 따라 권위적 리더십이 조직 관련 변수에 미치는 영향과 기업성과에 미치는 영향은 서로 다르게 나타났다.

셋째로 집단문화는 직무만족도에 부(-)의 영향을 주지만 그 영향이 유의하지 않은 것으로 나타났고, 발전문화는 직무만족도에 유의한 정(+)의 영향을 주는 결과를 보여주었다. 본 연구가 예상했던 것과는 달리 집단문화가 직무만족도에 미치는 영향을 보여주는 계수의 부호는 부(-)로 나타났다. 본 연구는 기업문화 변수 중에서 내부적인 관계성을 중시하는 집단문화와 리더십 변수 중에서 개인에 대한 배려를 보여주는 인자형 리더십이 개념상의 차이를 보여준 것이라고 생각하며, 이에 따라 관계성을 중요시하는 기업문화인 집단문화가 기업성과 수준에서는 수익성을 보여주는 ROA에도 영향을 주는 것으로 판단한다. 반면 외부에 대한 적응성과 발전을 추구하는 발전문화는 매출액증가율에도 정(+)의 영향을 보여주었다. 집단문화는 ROA에 유의한 정(+)의 영향을 주는 것으로 나타났고, 발전문화는 ROA에 부(-)의 영향을 주고 있지만 그 영향이 유의하지 않은 것으로 나타났다. 집단문화는 매출액증가율에 유의한 부(-)의 영향을 주고 있는 것으로 나타났지만, 발전문화는 매출액증가율에 유의한 정(+)의 영향을 주는 것으로 나타났다. 내부적인 관계와 유연성을 중시하는 집단문화는 수익성을 보여주는 지표인 ROA에 유의한 정(+)의 영향을 주는 것으로 나타났으며, 외부적인 적응성과 유연성을 중시하는 발전문화는 양적인 성장을 보여주는 매출액증가율에는 유의한 정(+)의 영향을 보여주었다. 이와 같이 집단문화는 조직 관련 변수인 직무만족도에는 유의한 영향을 보여주지 못하지만, 질적인 측면의 수익성을 보여주는 ROA에는 유의한 정(+)의 영향을 보여주었으며, 이와 같이 집단문화가 조직 관련 변수와 기업성과에 미치는 영향이 서로 다른 것으로 나타났다.

위계문화는 직무만족도에 유의한 정(+)의 영향을 주는 것으로 나타났고, ROA에는 부(-)의 영향을 주지만 그 영향이 유의하지 않은 것으로 나타났으며 매출액증가율에는 정(+)의 영향을 주지만 그 영향이 유의하지 않은 것으로 나타났다. 이에 따라 위계문화가 조직 관련 변수인 직무만족도에 미치는 영향과 기업성과에 미치는 영향이 다르게 나타났다.

넷째로 <표 7>에서 직무만족도는 ROA에 부(-)의 영향을 주고 매출액증가율에는 정(+)의 영향을 주지만 이들 영향은 유의하지 않은 것으로 나타났고, <표 9>에서 직무만족도는 ROA에 유의한 부(-)의 영향을 주는 것으로 나타났으며, 직무만족도가 매출액증가율에 부(-)의 영향을 주지만 그 영향이 유의하지 않게 나타났다. 특히 직무만족도·ROA 및 매출액증가율만을 고려한 경로분석 모형에서 직무만족도는 ROA에 부(-)의 영향을 주지만 그 영향이 유의하지 않고, 직무만족도는 매출액증가율에 미치는 부(-)의 영향을 주지만 그 영향이 역시 유의하지 않게 나타났다. 이는 기존의 조직이론에서 생각하는 조직 관련 변수가 기업성과에 영향을 줄 것이라는 견해와는 다른 것으로 리더십과 기업문화 변수는 조직 관련 변수를 통해서보다는 직접적으로 기업성과에 영향을 주고 있음을 보여준다고 할 수 있다.

2) 시사점 및 한계점

본 연구는 중국 서비스산업 종사기업을 대상으로 한 실증연구를 통해 다음과 같은 이론적 시사점과 실무적 시사점을 보여준다고 할 수 있다.

첫째로, 중국 서비스산업 종사기업에서 중국기업의 리더가 인자형 리더십, 도덕적 리더십 및 권위적 리더십 등 리더십을 구사할 경우 직무만족도를 높일 수 있음을 인식하고 이를 중국기업과 전략적 제휴를 추진하거나 잠재적 경쟁업체로서 벤치마킹하기 위해 활용할 수 있을 것이다. 다만 권위적 리더십은 직무만족도에는 정(+)의 영향을 주지만 ROA에는 유의한 영향을 주지 못하는 것으로 나타났으며, 매출액증가율에는 유의한 부(-)의 영향을 주는 것으로 나타났다.

둘째로, 본 연구의 실증연구 결과는 인자형 리더십은 매출액증가율에 유의한 정(+)의 영향을 주며, 도덕적 리더십은 ROA에 유의한 정(+)의 영향을 주는 것으로 나타나, 한국기업 또는 투자자가 서비스산업 종사기업과 협력을 추구하거나 서비스산업 기업에 투자를 고려하는 경우 양적인 성장을 위해서는 인자형 리더십을 추구하고 수익성 등 질적인 성장을 위해서는 도덕적 리더십을 추구해야 함을 보여주었다.

셋째로, 중국 서비스산업 종사기업에서 발전문화와 위계문화는 직무만족도에 유의한 정(+)의 영향을 보여주었다. 다만 위계문화가 기업성과에 미치는 영향은 모두 유의하지 않게 나타나, 위계문화가 조직 관련 변수인 직무만족도에 미치는 영향과 기업성과에 미치는 영향이 다르게 나타났다. 이와 같이 중국 서비스산업 종사기업과 협력을 추진하거나 이들 기업에 대한 투자를 진행하고자 하는 경우 발전문화와 위계문화가 직무만족도를 높이는 데 기여할 수 있음을 고려해야 할 것이다. 다만 위계문화는 기업성과에 부(-)의 영향을 주는 결과를 보여주었으므로 이러한 부정적인 측면에 유의해야 할 것이다.

넷째로, 본 연구의 실증연구 결과에 따르면 집단문화는 ROA에 정(+)의 영향을 주며, 발전문화는 매출액증가율에 유의한 정(+)의 영향을 주는 것으로 나타나, 중국기업과의 전략적 제휴를 추구하거나 중국기업에 대한 투자를 고려할 경우, 양적인 성장을 위해서는 외부환경의 변화에 대한 적응성과 발전을 중시하는 발전문화를 추구하고 수익성을 의미하는 질적 성장을 위해서는 내부적인 관계성과 응집력을 추구하는 집단문화를 추구해야 함을 보여주었다.

본 연구는 중국 서비스산업 종사기업의 가부장적 리더십 및 기업문화 변수의 직무만족도에 대한 영향, 그리고 가부장적 리더십과 기업문화가 ROA 및 매출액증가율 등 기업성과에 미치는 영향, 직무만족도가 기업성과에 미치는 영향을 체계적이고 분석하여, 본 연구의 실증연구 결과를 통하여 이론계 연구자와 실무분야 관리자에게 중국기업의 리더십과 기업문화가 직무만족도 및 기업성과와 어떠한 관계를 가지고 있는지를 보여주며 이들에게 이론적 시사점과 함께 실무적 시사점을 제시하였다는 측면에서 가치가 있다고 할 수 있다.

이 연구의 한계점과 향후의 연구방향은 다음과 같다. 첫째, 중국기업의 가부장적 리더십 및 기업문화가 직무만족도와 기업성과에 영향을 주는 가운데, 그리고 조직 관련 변수인 직무만족도가 기업성과에 미치는 과정 중에 조직 구성원이 인식하는 모티베이션(motivation), 조직지원인식(Perceived Organization Support), 리더지원인식(Perceived Leader Support), 조직의 다양성 및 조직몰입(Organizational Commitment) 등 다른 변수가 매개변수 또는 조절변수로 작용할 수 있으므로 이러한 변수를 매개변수 또는 조절변수로서 연구할 필요가 있다. 둘째, 본 연구에서는 중국 산동성 소재 서비스산업 종사기업을 위주로 실증연구를 진행하였는데 향후에 다양한 산업과 다른 지역의 기업을 고찰하여 리더십 및 기업문화가 직무만족도와 기업성과에 영향을 주는 과정 중 어떠한 차이가 존재하는지 분석해보고자 한다. 셋째, 본 연구는 설문조사를 실시하면서 설문대상자들의 주관적 이해와 판단에 근거하여 설문지를 작성하였으므로 연구결과를 객관화하기 위해서는 신중한 태도가 필요하다고 생각한다. 넷째, 향후에는 본 연구에서 고찰한 중국 서비스산업 종사기업의 대부분인 대기업 및 국유기업 이외에 중소기업과 민영기업을 고찰하여 리더십 및 기업문화가 직무만족도와 기업성과에 영향을 주는 과정 중 어떠한 차이를 보이는지를 분석해보고자 한다. 다섯째, 가부장적 리더십 모델은 중국적인 조직관리와 중국 기업조직 리더의 특성을 보여주고 있다고 볼 수 있으나, 중국 기업조직이 사회주의 계획경제 기간을 거쳐 시장경제 체제에 근거하여 기업운영을 하고 있음을 고려하여, 향후에는 특히 중국 국유기업을 대상으로 한 실증연구를 진행하면서 가부장적 리더십이 중국 국유기업에서 어떠한 영향을 보여주었는지에 대하여 더욱 깊이 있게 고찰해보고자 한다.

6. 참고문헌

구동모, 『연구방법론』, 학연사, 2013.

김계수, 『조사연구방법론』, 한나래출판사, 2011.

김기태 · 조정정 · 이용진, 「리더십, 조직몰입, 이직의도의 관계에 관한 연구-중국 산동성 상업은행 근로자를 중심으로-」, 『한중사회과학연구』 제26권, 2013.

김봉진, 「CEO Duality 리더십과 기업성과와의 관계」, 『중소기업연구』, 제34권 제2호, 2012.

김상덕, 「공급체인 리더의 관계적 행동이 리더의 리더십과 팔로워의 재무성과에 미치는 영향: 리더 윤리성의 역할」, 『한국마케팅저널』 제13권 제3호, 2011.

김영수 · 윤재홍, 「리더십과 기업문화 유형, ISO 9001: 2000 시스템, 품질문화 형성이 기업성과에 미치는 영향」, 『품질경영학회지』 제32권 제2호, 2004.

박상수 · 왕뢰, 「중국 근로자의 기업문화에 대한 인식 및 직무만족도 분석-Haier을 중심으로-」, 『동북아경제연구』 제22권 제2호, 2010.

박정수 · 이홍식 · 고준성 · 김홍석 · 박문수 · 김천곤 · 고대영 · 구진경 · 박지혜, 『한중 FTA 서비스협상의 업종별 대응방향』, 산업연구원 ISSUE PAPER 2014-347, 2014.

박종돈, 「중국인 근로자의 직무성과 향상을 위한 기업문화 적응에 관한 연구」, 『통상정보연구』 제12권 제3호, 2010.

백권호 · 장수현, 「중국 기업문화의 특성과 경영 현지화-정, 리, 법 패러다임과 '관시'의 비판적 재고찰」, 『중국학연구』 제47권, 2009.

서문교 · 최명철, 「중국 리더십의 새로운 패러다임: 슈퍼리더십이 종업원의 임파워먼트와 조직몰입에 미치는 영향」, 『현대중국연구』 제14권 제1호, 2012.
신구범, 「한국인의 리더십 개념에 대한 연구」, 『대한경영학회지』 제30권, 2001.
신유근, 『조직행위론』, 다산출판사, 1987.
원태연·정성원, 『통계조사분석 SPSS PASW Statistics 18.0』, 한나래출판사, 2010.
이도화·위효외·이종법·박은철, 「지시적 리더십과 결과변수 사이의 관계에 있어서 권력격차의 조절효과-한국과 중국 근로자의 비교 연구-」, 『인적자원관리연구』 제18권 제4호, 2011.
임현철·서광열, 「호텔직원의 조직후원인식, 임파워먼트, 직무만족에 관한 연구」, 『관광연구저널』 제25권 제2호, 2011.
정동근, 『관료주의행태와 행정통제』, 정훈출판사, 1992.
최희원·문철우, 「CEO 변혁적 리더십 특질과 기업의 재무성과가 CSR에 미치는 영향」, 『인적자원관리연구』 제18권 제2호, 2011.
Forsyth, D. R. 저, 남기석·안미영·이종택·이진환·최훈석·홍기원 역, 『집단역학』, 시그마프레스, 2006.

黄容生, 「企业文化与企业绩效相关性实证分析」, 『科技资讯』, 2010年 第4期, 2010.
翟學偉, 『中國人行動的邏輯』, 中國, 社會科學文獻出版社, pp.28-50, 267-274, 2001.
蔣岡霖, 「企業文化影響招募與甄選對人材需要之差異分析－以臺灣食品業爲研究對象」, 『臺灣: 中華管理學報』, 第2卷 第2號, 2001.
李昌南·彭西伟, 「企业文化对企业绩效影响研究」, 『延边大学学报(社会科学版)』, 第44卷 第5號, 2011.
李明·凌文辁·柳士順, 「CPM 领导行为模式对和谐組織的影响作用研究」, 『中國, 暨南学报(哲学社会科学版)』, 第157期, 2012.
廖述賢·吳啓絹·胡大謙·樂薏崗, 「組織文化、知識取得、組織學習與組織創新關聯性之研究」,『臺灣: 人力資源管理學報』, 第8卷 第4號, 2008.
梁雄军・刘平青・林云,「转型中的民营企业领导方式对员工绩效影响的实证分析 - 基于中国8省市866个个体样本的问卷调查」,『产经评论』, 2011年 第6期, 2011.
凌文辁・陈龙・王登,「CPM 领导行为评价量表的构造」,『中國, 心理学报』, 第2期, 1987.
刘明明・肖洪钧・张健东,「企业文化要素如何影响绩效? - 来自国内建筑企业的实证分析」,『组织与战略管理』, 第24卷 第11號, 2012.
卢美月,「企业文化、企业培训对组织绩效的影响研究」,『上海管理科学』, 2007年 第1期, 2007.
彭红霞・达庆利,「跨国公司人力资源系统、企业文化与创新绩效关系的实证研究」,『国际贸易问题』, 2007年 第4期, 2007.
王启亮・虞红霞,「利益相关者导向、企业文化与企业绩效的关系研究 - 以福建省内企业为例」,『商业经济与管理』, 总第219期, 2010.
魏立群・刘军・陈苑仪,「战略人力资源管理、企业文化与绩效: 理论及实证检验」,『中大管理研究』, 第3卷 第3號, 2008.
楊君茹・費明勝,「企業文化緯度構建及其對員工滿意度影響的實證分析」,『中國: 財經論叢』, 第4期, 2011.
张仁江・李海月,「企业文化与组织绩效关系研究」,『现代管理科学』, 2010年 第4期, 2010.
張翼,『國有企業的家族化』, 社會科學文獻出版社, 2002.
鄭伯壎・姜定宇,『華人本土心理學』, 桂冠出版社, 2005.
朱瑜・王雁飞・蓝海林,「企业文化、智力资本与组织绩效关系研究」,『科学学研究』, 第25卷 第5號, 2008.

Afsaneh, N.,『The Art and Science of Leadership』, 6th ed., New Jersey: Pearson Education Inc., pp.180-195, 2012.

Avolio, B. J. and B. M. Bass, 「Re-examining the components of transformational and transactional leadership using the multifactor leadership questionnaire」, 『Journal of Occupational & Organizational Psychology』, Vol. 72 No. 4, pp.441-462, 1999.

Balazs, E., 『Chinese Civilization and Bureaucracy: Variations on a Theme』, trans. by Wright, H. M., MA: Yale University, pp.15-17, 1964.

Bass, B. M., 「Leadership: good, better, best」, 『Leadership dynamics』, Vol. 13, No. 3, pp.26-40, 1985.

Bass, B. M., B. J. Avolio and L. Atwater, 「The transformational and transactional leadership of men and women」, 『Applied Psychology: An International Review』, Vol. 45, pp.5-34, 1996.

Bass, B. M., 「Two Decades of Research and Development in Transformational Leadership」, 『European Journal of Work and Organizational Psychology』, Vol. 8, No. 1, pp.9-32, 1999.

Burns, J. M., 『Leadership』, New York: Harper & Row, 1978.

Cameron, K. S., R. E. Quinn, J. DeGraff and A. V. Thakor, 『Competing Values Leadership: Creating Value in Organizations』, Cheltenham, UK: Edward Elgar Publishing, pp.14-40, 2006.

Cheng, B. S., L. F. Chou, T. Y. Wu, M. P. Huang and J. L. Farh, 「Paternalistic leadership and subordinate responses: Establishing a leadership model in Chinese organizations」, 『Asian Journal of Social Psychology』, Vol. 7, Issue 1, pp.89-117, 2004.

Cheng B. S., D. Y., Jiang and H. R. Jean, 「Organizational commitment, supervisory commitment, and employee outcomes in the Chinese context: proximal hypothesis or global hypothesis」, 『Journal of Organizational Behavior』, Vol. 24, Issue 3, pp.313-334, 2003.

Deal, T. E. and A. A. Kennedy, 『Corporate cultures: The rites and rituals of corporate life』, Massachusetts: Addison-Welsey, 1982.

Daily, C. M., P. P. McDougall, J. G. Covin and D. R. Dalton, 「Governance and Strategic Leadership in Entrepreneurial Firms」, 『Journal of Management』, Vol. 28, No. 3, pp.387-412, 2002.

Findler, L., L. H. Wind and M. E. Mor Barak, 「The Challenge of Workforce Management in a Global Society: Modeling the Relationship Between Diversity, Inclusion, Organizational Culture, and Employee Well-Being, Job Satisfaction and Organizational Commitment」, 『Administration in Social Work』, Vol. 31 Issue 3, pp.63-94, 2007.

Gold, A. H., A. Malhotra and A. H. Segars, 「Knowledge management: An organizational capabilities perspective」, 『Journal of Management Information Systems』, Vol. 18 No. 1, pp.185-214, 2001.

Kaiser, R. B. and D. V. Overfield, 「The Leadership Value Chain」, 『The Psychologist-Manager Journal』, Vol. 13, pp.164-183, 2010.

Karakitapoglu-Aygün, Z. and L. Gumusluoglu, 「The bright and dark sides of leadership: Transformational vs. non-transformational leadership in a non-Western context」, 『*Leadership*』, Vol.9 No.1, pp.107-133, 2013.

Kellis, D. S. and B. Ran, 「Modern leadership principles for public administration: time to move forward」, 『Journal of Public Affairs』, Vol. 13 No. 1, pp.130-141, 2013.

Lin, Y. F., 「Corporate Governance, Leadership Structure and CEO Compensation: evidence from Taiwan」, 『Corporate Governance』, Vol. 13, No. 6, pp.824-835, 2005.

Montgomery, D. C., 『Design And Analysis Of Experiments』, 3rd ed., New Jersey: John Wiley & Sons Inc., pp.38-39, 1991.

Niu, C. P., A. C. Wang, and B. S. Cheng, 「Effectiveness of a moral and benevolent leader: Probing the interactions of the dimensions of paternalistic leadership」, 『Asian Journal of Social Psychology』, Vol. 12, pp.32-39, 2009.

Quinn, R. E. and G. M. Spreitzer, 「The psychometrics of the competing values culture instrument and an analysis of the impact of organizational culture on quality of life」, 『Research in organizational change and development』, Vol. 5, pp.115-142, 1999.

Schein, E. H., 『Organizational culture and leadership』, San Francisco: Jossey Bass, 1985.

Sridharan, U. V. and C. H. St. John, 「The Effects Of Organizational Stability And Leadership Structure On Firm Performance」, 『Journal of Management Issues』, Vol. 10, No. 4, pp.469-484, 1998.

Suryani, A. O., F. J. R. Van de Vijver, Y. H. Poortinga and B. N. Setiadi, 「Indonesian leadership styles: A mixed-methods approach」, 『Asian Journal of Social Psychology』, Vol. 15, pp.290-303, 2012.

Tian, J. Y. and C. M. Lau, 「Board Composition, Leadership Structure and Performance in Chinese Shareholding Companies」, 『Asia Pacific Journal of Management』, Vol. 18, 245-263, 2001.

Tsai, Y., 「Relationship between Organizational Culture, Leadership Behavior and Job Satisfaction」, 『Health Services Research』, Vol. 11 Issue 1, pp.98-106, 2011.

Tsui, A. S., H. Wang and K. R. Xin, 「Organizational culture in China: An analysis of culture dimensions and culture types」, 『Management and Organization Review』, Vol. 2, No. 3, pp.345-376, 2006.

Vroom, V. H. and A. G. Jago, 「The Role of the situation in leadership」, 『American Psychologist』, Vol. 62, No. 1, pp.17-24, 2007.

Waldman, D., A,, M. Javidan and P. Varella, 「Charismatic leadership at the strategic level: A new application of upper echelons theory」, 『The Leadership Quarterly』, Vol. 15, 355-380, 2004.

Wu, Min, H. Xu, and C. H. Chan, Simon, 「The influencing mechanisms of paternalistic leadership in Mainland China」, 『Asia Pacific Business Review』, Vol. 18, No. 4, pp.631-648, 2012.

ABSTRACT

The Effects of Chinese Corporation Leadership and Corporate Culture on Job Satisfaction and Corporate Performance

Lee, Sang Youn · Seo, Young In · Lee, Jeoung Yul

An empirical study on the Chinese corporations of service industry was performed. The results of statistical analyses show as follows: First, benevolent leadership, virtuous leadership and authoritative leadership were found to influence a positive and significant impact on job satisfaction. Second, benevolent leadership was found to influence a positive and significant impact on the increase of revenue, and virtuous leadership was found to influence a positive and significant impact on ROA. Third, development culture was found to influence a positive and significant impact on job satisfaction. Fourth, group culture as a type of corporate culture was positively and significantly related to ROA. while development culture was positively and significantly related to the increase of revenue.

Keywords: Chinese firms, paternalistic leadership, corporate culture, job satisfaction, corporate performance

중국 대형상업은행 사회적 책임의 법률적 측면 및 기대효과에 관한 연구*

노은영 · 김주원 · 김용준

1. 서론

기업의 사회적 책임(Corporate Social Responsibility, 이하 CSR)에 대한 논의는 매우 활발하지만 그 개념은 한마디로 정의내리기 쉽지 않다. 은행도 기업의 한 형태로 그 사회적 책임 역시 일반기업의 사회적 책임 이론과 같은 맥락에서 이해되고 있다. 하지만 몇 차례의 글로벌 금융위기를 거치며 은행의 외부성, 높은 부채비율 등의 산업적 특수성으로 인하여 은행의 사회적 책임은 일반기업의 사회적 책임보다 더욱 중요하게 부각되기 시작하였다. 특히 은행은 금융중개라는 공공적 특성이 강하므로 대부분의 국가에서 일반기업보다 많은 규제를 두어 관리하고 있다. 그리고 이러한 은행의 공공성으로 인하여 사회적 책임에 있어서도 일반기업보다 더 구체적이고 강제적인 규정을 마련해야 하는 것이다. 특히 국제사회에서 기업의 사회

* 본 논문은 『국제지역연구』 제18권 제3호에 게재된 논문이다.

적 책임 강화 움직임과 금융권의 역할이 중요한 문제로 대두되면서 기업의 사회적 책임 이행 여부가 앞으로 기업의 지속가능한 성장에 중요할 것으로 예상되므로 금융회사는 이를 리스크 요소로 편입하여 관리할 필요가 있는 것이다.

CSR에 관한 내용을 처음으로 입법화한 국가는 미국이다. 미국에는 채권자, 종업원, 고객, 지역사회 등의 이해관계자(stakeholder)의 이익을 고려하여 기업 활동을 행하여야 한다는 CSR에 대한 인식이 광범위하게 확산되어 있으며, 그와 같은 취지의 입법이 이루어져 있다(송호신 2010). 이는 기업경영의 초점이 종래의 주주 중심에서 이해관계자 중심으로 재편된 것으로 볼 수 있다. 최근에는 2008년 미국발 금융위기의 영향으로 인하여 제정된 「도드-프랭크 월스트리트 개혁 및 소비자보호법」에서 금융소비자 보호에 대한 금융기관의 사회적 책임 규정을 마련하였다. 미국에서 CSR을 제도적으로 규정하면서 독일, 영국, 프랑스 등 유럽 등에서도 노동환경, 임금 등과 관련한 기업의 책임을 명문화하기 시작하였다. 영국은 2001년 7월, 수정연금법을 통해 사회적 책임투자(SRI)를 연금펀드 투자기준으로 의무화하였으며, 독일도 2001년 연·기금 운용회사에 대해 윤리, 환경, 사회보고서 제출을 의무화하였다(정운용 2011). 일본의 경우, 기업 내부의 도덕적 해이현상이 사회적 문제로 제기되면서 내부통제시스템이 기업으로 하여금 사회적 책임을 부담하도록 하는 중요한 요소로 되었고, 이에 따라 내부통제시스템을 2005년 개정 회사법상 제도로 도입하면서 CSR의 입법화가 이루어지게 되었다(곽관훈 2011). 그렇지만 한국의 경우는 CSR 관련 내용의 입법화 및 사회적 책임에 관한 정보공개가 아직 초기 단계라고 할 수 있다. 아직 '사회적 책임'이라는 용어가 명문화되어 있지 않으며, 시중은행의 사회적 책임 보고서에 대한 강제적 규정도 마련되어 있지 않고 있어 법제 미비의 현실을 보여주고 있다고 볼 수 있다.

이와 비교해 중국은 후진타오(胡锦涛) 지도부가 등장하면서 기업의 지속가능한 발전을 위해 CSR에 대한 제도적인 규정이 필수적인 사항임을 인식하기 시작하였다. 이는 후진타오 정부가 주창하였던 지속가능한 사회인 '화해사회(和谐社会)' 형성을 위한 근거로써 CSR이 필요했기 때문이다. 특히 2006년 3월 14일 제10차 전국인민대표대회를 통과한 11·5규획에서는 중국이 WTO에 가입한 이후, 국제경쟁력 강화를 위하여 CSR에 대한 기준 마련이 필요함을 지적하였다. 이에 따라 2005년「회사법」개정을 통하여 CSR이론을 처음으로 명문화하였다. 회사법 개정 전에는 채권자와 근로자의 이익 보호 등을 통하여 간접적으로 CSR에 대한 내용을 반영하였지만, 2005년 제4차 개정「회사법」제5조에서는 "회사의 경영활동은 반드시 법률, 행정법규, 사회공중도덕, 상업도덕을 준수하여야 하고, 신용성실 원칙에 따르며, 정부와 사회의 감독하에서 사회적 책임을 부담하여야 한다"고 규정하며 사회적 책임이라는 단어를 직접적으로 언급하고 있다. 이러한 내용은 중국이 글로벌스탠더드가 된 CSR이 국제경쟁력에 필요한 요인임을 인식하여「회사법」으로 CSR의 활동을 강조했다고 볼 수 있다. 따라서 본 연구에서는 법적인 측면에서 중국 상업은행의 사회적 책임에 대하여 살펴보고 전략적 시사점을 도출하는 것이 의미가 있다고 본다.

특히 이제는 현실적으로 CSR에 대한 논의가 일부 선진 국가에서만 수행해야 할 문제가 아닌 국제적 기준으로 자리 잡게 됨에 따라

이를 수행하지 않는 국가와 기업은 법적으로 또한 경영상의 불이익을 감수해야 하는 시대가 도래되어 CSR에 대한 법적 구현의 필요성과 중요성이 증가되는 상황(이동원 2007; 송호신 2010; 곽관훈 2011) 가운데, 한국의 글로벌 기업들이 국제경영 활동을 수행하면서 불이익을 당하지 않기 위해서 CSR에 대한 법적인 측면을 알고 대비하는 것이 필요하다고 본다.

이와 관련하여 국내의 기존연구 가운데서 중국 상업은행의 CSR과 관련한 선행 연구는 많지 않다. 중국 상업은행 유형 중 하나인 중국 민생은행의 사회적 책임활동 사례연구(김용준 · 최준환 2011)가 있으며, 제도적인 측면에서는 중국 내 사회책임위원회제도의 도입에 대한 고찰(이홍욱 · 손영기 2010), 그리고 회사법상 중국의 CSR과 지배구조에 관한 연구(김성은 2009) 등이 있는 정도이다. 그러나 이러한 연구들은 공통적으로 CSR에 대한 필요성과 중요성은 언급하고 있으나 법률적인 측면에서 조명한 것은 아니다.

또한 중국 내 기업의 사회적 책임과 관련하여 최근 2년간 중국에서 발표된 학술지 논문의 경우,[1] 총 45개의 논문이 검색되었다. 그 중 대표적으로 曹国俊(2013)은 2012년도 상장은행의 사회적 책임 보고서를 중심으로 은행의 사회적 책임 정보공시에 대하여 연구하였으며, 乔海曙, 王惟希, 莫莎(2013)은 사회적 책임과 상업은행의 브랜드 경쟁력에 관한 실증연구를 진행하였다. 况昕(2012)는 중국 상업은행의 사회적 책임 현황에 대한 분석을 하였고, 陈向阳, 林良旭(2012)은 향후 중국 상업은행 사회적 책임의 발전 방향에 대한 연구

1) 상업은행의 사회적 책임 관련 중국 논문 검색은 중국 학술정보원(CNKI)의 데이터베이스를 활용하였으며 검색어는 '商业银行社会责任'으로 하였다.

를 수행하였다. 그렇지만 국내외 선행 연구 자료는 대부분 일반 기업을 대상으로 연구가 되었으며, 금융기관의 사회적 책임에 대한 연구, 특히 법적인 관점에서 진행된 연구는 아직 부족한 상태이다.

현재 외자은행의 중국시장 점유율(자산기준)은 2%에 불과하며 그 중에서 우리나라 은행의 비율은 2%밖에 되지 않는다. 우리나라 은행이 중국시장에 성공적으로 진출하고 안정화하기 위해서는 중국정부의 거시정책을 반영하고 적절한 대응방안을 마련하는 것이 중요할 것이다. 이에 본 논문에서는 우선 간접금융 의존도가 높은 중국에서 50%에 가까운 시장점유율을 차지하고 있는 대형상업은행의 사회적 책임 현황을 살펴보고자 한다. 그리고 CSR 관련법 제정에 있어 우리나라보다 빠른 행보를 보이고 있는 중국의 입법현황과 주요내용을 고찰한 후, 중국에 진출한 우리나라 은행의 경영활동과 경쟁력 제고를 위한 전략적 시사점을 도출하고 향후 연구방향을 제시하고자 한다.

2. CSR과 중국의 은행법 체계 고찰

1) CSR과 경영성과

CSR이 본격적으로 논의된 곳은 1950년대 초 미국이다. 당시 대공황과 자유방임주의를 연구하였던 경제학자 Howard Bowen은 그의 대표저서인 『기업가의 사회적 책임(Social Responsibilities of the

Businessman, SRB)』에서 사회적 책임에 대하여 언급한 바 있다.[2] 즉, SBR이란 '우리 사회의 목적과 가치에 따라 바람직한 정책을 따르고 의사결정을 내리며, 또 그것을 행동으로 실천하는 의무'[3]라고 정의하였다. 이것이 CSR에 대한 학술적 논의의 현대적 사회적 책임 이론의 생성이라고 할 수 있다(김성수 2009). Bowen 이후 CSR에 대한 개념 정립은 Carroll(1979)부터 본격화되었다. Carroll(1979)에 의하면 CSR은 경제적 테두리 안에서 경제활동을 수행하는 경제적 책임, 사회 통념상 형성된 윤리적 기준을 따르는 윤리적 책임, 법률을 준수하는 법적 책임, 기업의 자발적 사회 공헌을 요구하는 자선적 책임 등 네 가지 책임이 포함된다고 하였다. 이를 통해 볼 때 CSR에는 법률적 측면의 책임이 뒤따르고 있는 것을 알 수 있다.

최근 글로벌 기업들은 산업화와 정보화가 발전됨에 따라 기업의 사회적 책임이 전략적으로 중요하다(Fry et al. 1982; Bhattacharyya 2008; Carroll 2001; Lantos 2001; Porter and Kramer 2006; 김주원·김용준 2008; 변선영·김진욱 2011)는 인식을 갖게 되었으며 그 개념도 다양한 관점에서 정의되었다. 이미 최근에는 CSR의 개념이 기업과 사회 내부에서 공공의 관심영역으로 보다 확대되었다. 이는 기업의 사회적 영향력이 확대됨에 따라 환경, 노동, 소비자, 지역사회 등 다양한 측면에서 이해관계자의 이익을 반영하며(김성수 2009;

---

2) 보웬이 사회적 책임에 대한 정의를 내리며 CSR에 대한 논의는 본격화되었지만, 정작 보웬 자신은 SBR 이후 사회적 책임에 대한 후속 연구를 진행하지 않았다(Aurélien Acquier · Jean-Pascal Gond · Jean Pasquero 2011, p.612).

3) "the obligations of businessmen to pursue those policies, to make those decisions or to follow those lines of action which are desirable in terms of the objective and values of our society"(Howard Bowen 1953, p.6).

Maignan and Ferrell 2004) 환경적 건전성과 사회적 책임성을 다하는 기업이 장기적 생존을 위한 필수적 요건이 되었기 때문이다. 이를 인식한 다국적 기업들은 부패방지, 인권보호, 환경, 노동 분야 등에서 윤리경영을 통한 사회적 책임을 강화하고 있는 실정이다. 선행연구를 보면 다국적기업 최고경영자의 윤리적 가치관이 기업의 경제적 성과에 유의한 영향을 미친다는 것을 보여주고 있다(이인석・홍관헌・황국재 2006). 일반적으로 CSR활동이 경영성과에 미치는 영향을 살펴보면 다음과 같다.

첫 번째로, CSR활동은 마케팅성과 및 소비자행동에 영향을 미치는 효과가 있다. CSR활동이 마케팅 성과에 효과적이라는 연구들은 CSR활동이 소비자들의 신념, 태도, 기업과의 일체감 등의 인지적 측면과 브랜드 구매의도, 충성도와 같은 행동적 측면에 긍정적 영향을 미친다(Baron et al. 2000; Bhattacharya and Sen 2004; Brown and Dacin 1997). 그런데 최근에는 CSR활동의 효과가 마케팅 성과에만 한정하는 것이 근시안적이라는 비판을 제기하고 있다(Sen, Bhattacharya and Korschun 2006; Maigna and Ferrell 2004). 예컨대 Maigna and Ferrell(2004)은 성공적인 CSR활동을 위한 개념적 모형을 구축하면서 CSR활동의 성과를 소비자에만 한정하는 근시안적 관점보다 다원적 이해관계자와의 관계를 강조하는 관점을 제안했다.

두 번째로, CSR수행이 기업의 재무성과와 생산성에 영향을 미친다고 보고하고 있다(Cochrane and Wood 1984; McGure et al. 1988; Stanwick and Stanwick 1998). 이런 연구들은 CSR행동으로 직간접적인 기업의 재무성과의 개선측면에 관심이 많았다(Brammer and Millington 2004; Burke and Logsdon 1996; Cochran and Wood 1984;

Hosmer 1994; McGuire et al. 1988; Russo and Fouts 1997; Waddock and Graves 1997). 또한 이해관계자에 대한 전략적 접근이 재무성과에 긍정적 영향을 미친다는 연구결과들이 있다(Berman et al. 1999; Jones 1995; Ogden and Watson 1999).

세 번째로, CSR이 기업명성에 긍정적 영향을 미친다. 일반적으로 기업명성이란 장기간에 걸친 한 기업에 대한 이해관계자의 전반적인 평가(Gotsi and Wilson 2001)로서 기업이미지 및 기업연상과 관련이 있다. 특히 현대 시장문화는 기술의 급격한 발달로 인해 제품 차별화가 더욱 어려워짐에 따라 소비자의 구매는 기업에 대한 명성 또는 존경에 의존하는 경향이 나타나는데, 이러한 명성이나 존경에 대한 기업이미지는 CSR활동과 관련이 높을 뿐만 아니라 사회적 공헌도가 기업의 이미지를 평가하는 중요한 요인으로 작용한다(Robin and Reidenbach 1987; Fombrun and Shanley 1990; Barich and Kotler 1991). 그리고 전략적으로 우수한 CSR활동이 명성방어 기능을 수행한다는 연구(Dawar and Pillutla 2000; Klein and Dwar 2004) 등이 있다.

마지막으로, 중국 내 CSR활동과 관련하여 특별히 중국 현대기업의 사회적 책임 환경 및 인식의 변화를 살펴보면, 중국정부와 중국 소비자는 기업의 CSR활동에 대해서 자국기업보다는 다국적 기업에 대해서 보다 엄격하고 기대하는 수준도 더 높은 것으로 보고하고 있다(정상은 2007; 김용준·홍성화·김주원 2011). 이러한 상황하에서 다국적 기업들은 중국 자국기업보다도 더 많은 CSR활동을 수행하지 않으면 안 되는 것이다. 이러한 특징은 전통 중국의 현실에서도 상당히 유사한 형태로 나타난 바 있다. 즉, 지역사회 내에서 현지 상인보다는 외래에서 온 객상(客商)들이 사회적 책임을 이행하는 바가 훨씬 더 컸던 것이다. 이는 외부에서 와서 상거래를 한다는 불리한 점을 극복하기 위하여 지역사회 내에서 적극적으로 사회적 책임을 수행하였던 것이다(김용준 · 홍성화 · 김주원 2011). 또한 한충민 · 박잔디(2011)는 외국기업의 사회적 책임활동에 대한 소비자의 기대에 관한 실증적 연구에서 소비자들이 국내기업보다 외국기업에 대해 더 높은 수준의 CSR를 기대하는 경향이 있다는 것을 규명하였다.

실제로 기존의 선행연구들을 보면 글로벌기업들은 해외시장에서 내국기업보다 높은 수준의 CSR활동을 수행하는 것으로 보고되고 있다(Chambers et al. 2003). 이는 국제기구나 국제 NGO의 지속적인 감시가 이루어지고 있기 때문이며, 특히 CSR에 소홀한 글로벌기업에 대해서 국제적인 제재 및 불매운동이 나타나기 때문이다. Kolk, Hong and Van Dolen(2008)은 중국에 진출한 외국계 대형할인점의 CSR활동을 조사한 결과, 중국에서의 CSR활동은 본국에서의 활동과 상당히 유사하고 현지기업보다 높은 수준인 경향이 있는 것으로 보고하고 있다.

또한 글로벌기업들은 글로벌 CSR활동을 전 세계적으로 행동규범 등으로 통합하여 동등하게 적용한다고 한다(Daniels, Radebaugh and Sullivan 2009). 그리고 소비자들은 높은 수준의 CSR활동이 글로벌기업의 의무라고 인식한다(Holt et al. 2004; Auger 2004). 그러므로 기업의 사회적 책임과 관련하여 계약상 의무이행, 관리자의 법 준수 노력, 고용 · 복지 규제법 준수, 연령 · 성별의 비차별, 그리고 고용 · 승진의 비차별에 대해 법적으로 책임지는 활동이 필요할 것이다(Carroll 1991; Maignan 2001; 박종철 · 홍성준 2009). 따라서 이하에서는 중국 은행의 사회적 책임에 대한 국제기준, 은행법 체계, 그리고 중국 대형상업은행의 사회적 책임에 관한 주요 내용을 법적인 측면에서 고찰함으로 전략적 시사점을 제시하고자 한다.

2) 은행의 사회적 책임에 대한 국제기준과 중국의 은행법 체계

(1) 은행의 사회적 책임에 대한 국제기준

각 국가의 역사적 배경과 문화 및 경제 구조 등이 모두 상이하기 때문에 모든 국가가 공통적으로 채택할 수 있는 CSR 기준을 마련할 수 있는지는 회의적이다. 하지만 CSR에 대한 필요성이 강조되면서 많은 국제기구에서 CSR 관련 기준을 발표하였는데, 경제협력개발기구(OECD)가 제정한 다국적기업 가이드라인(2011)과 EU가 발표한「EU기업의 사회적 책임 전략 2011-14보고서(A renewed EU strategy 2011-14 for Corporate Social Responsibility)」, GRI(Global Reporting Initiative)의 지속가능 보고서 가이드라인 등이 있다.

하지만 국제적으로 가장 통용되고 있는 것은 바로 국제표준화기구(International Organization for Standardization, ISO)가 제정한 국제기준이다. ISO는 2010년 사회적 책임의 개념, 기본원칙, 발전방향 등의 내용을 포함하는 CSR에 대한 국제표준(ISO 26000: 2010)을 제정하였다. ISO 26000은 세계 인권선언, 세계노동기구, 기후변화협약, UN Global Compact 등의 사회적 책임 내용을 포함하고 있으며 기업뿐만 아니라 정부나 모든 사회단체 등이 자발적으로 이행하도록 권고하는 가이드라인이다. 세부적으로 살펴보면, ISO 26000은 지배구조, 인권, 노동관행, 환경, 공정거래 관행, 소비자 이슈, 지역

사회 참여 등 총 7가지 핵심내용을 포함하고 있으며, 2012년 말 기준으로, 163개 회원국 중에서 44개 국가가 ISO 26000을 채택하고 있다(<표 1> 참조).

<**표** 1> ISO 26000 7Core Subjects

항목	주요내용
지배구조 Organizational	조직 의사결정과정의 투명성, 윤리성
인권 Human Rights	정치, 경제, 사회, 문화적 권리와 표현의 자유 등 기본권
노동관행 Labour Practices	불법 노동관행, 고용관계 등에 관한 지표
환경 Environment	지속가능한 자원사용과 기후변화 대책 등
공정거래 관행 Fair Operating Practices	부패, 뇌물, 보복 없는 고발제도, 투명한 로비
소비자 이슈 Consumer Issues	지속가능한 소비 지향, 소비자 보호정책 등
지역사회 참여 Community Involvement and Development	교육, 문화, 고용창출, 책임 투자에 대한 참여도

(자료출처: ISO홈페이지 참조하여 필자 정리)

은행의 사회적 책임에 대한 국제기준과 관련하여 많은 글로벌 은행들은 자신들의 경쟁력 강화를 위하여 자발적으로 사회적 책임에 관한 내용을 포함하는 보고서를 매년 발표하고 있다. 특히 세계은행 산하의 국제금융공사에서 발표한 '적도원칙(The Equator Principles, EP)'은 은행의 사회적 책임에 대한 주요 기준으로, 모호하였던 금융기관의 사회적 책임을 처음으로 명확히 하였다는 데 큰 의미가 있다. 적도원칙의 제정은 금융기관 내부적으로 사회적 책임 이행에 대한 필요성의 반증이라고도 할 수 있다(朱慈蕴 2010, p.12). 해당 원칙은 프로젝트 파이낸싱(project financing)에 있어서의 원칙으로 환경 파괴 산업이나 인권을 침해하는 기업에 대하여 자금지원을 하지 않는다는 것을 주요 내용으로 하고 있다. 2012년에는 적도원칙의 세 번째 버전인 EP III이 발표되며 적용범위가 확대되었다. 이후 영국의 금융전문지 『The Banker』가 매년 발표하는 글로벌은행 순위평가에서 '사회적 책임'을 주요 평가항목으로 삽입하며 적도원칙 적용 국가가 늘어나게 되었다. 현재 35개 국가의 79개 금융기관이 적도원칙 활용에 대하여 서명하였으며, 중국에서는 공상은행이 유일하게 적도원칙에 서명하였다.

(2) 중국의 은행법 체계

가) 중국 상업은행의 구분

중국의 금융산업은 전형적인 은행 중심제도를 기반으로 하고 있다. 중국 금융제도의 특징은 국가가 완전히 소유한 4대 국유상업은행이 예금금융기관에서 거의 독점적인 위치를 구축하고 있다는 점이다. 그리고 중국 금융개혁은 금융시장개방의 위기감 아래 빠른 속도로 진행되어 왔다(오대원 2007). 특히 중국은 2001년 WTO가입 이후 중국상업은행에 대한 외국자본의 참여가 본격적으로 허용되어, 현재 외국은행은 중국 내에 지점 또는 현지법인을 설립할 수 있을 뿐 아니라 중국상업은행의 지분을 취득함으로써 은행경영에 간접적으로 참여할 수 있다(강신애·설원식 2011).

현재 중국의 상업은행은 대형상업은행, 주식제 상업은행, 도시상업은행, 농촌상업은행 등 크게 네 가지 형태로 구분된다. 대형상업은행은 국제화 정도, 업무범위 및 시장가치 등에 따라 공상은행(工商银行), 농업은행(农业银行), 건설은행(建设银行), 중국은행(中国银行), 교통은행(交通银行) 등 5개 은행이 있으며, 전국적 영업망을 갖춘 중신은행(中信银行), 광대은행(光大银行), 화하은행(华夏银行), 평안은행(平安银行, 구 심천발전은행), 초상은행(招商银行), 민생은행(民生银行), 흥업은행(兴业银行) 등 12개의 주식제 상업은행(股份制商业银行)이 있다. 그리고 중국수출입은행(中国进出口银行), 중국농업발전은행(中国农业发展银行) 등 2개의 정책성 은행이 있으며, 기존 정책성 은행이던 국가개발은행(国家开发银行)은 2008년 10월 정책성 은행에서 국가개발은행주식회사로 전환하며 6번째 대형상업은행으로의 변화를 모색하고 있다. 은행업감독관리위원회(银行业监督管理委员会, 이하 은감회)의 2012년 사업보고서에 의하면, 5개의 대형상업은행, 12개 주식제 상업은행 및 144개 도시상업은행과 337개 농촌상업은행이 지역 금융을 담당하고 있으며 그 외에 3,246개의 은행업 금융기관이 경영활동을 전개하고 있다.

그러나 본 논문에서는 중국의 은행업 금융기관 중 약 50%의 시장점유율(자산기준)을 나타내는 5개 대형상업은행에 한정하여 연구를 진행하고자 한다.

나) 중국의 은행법 체계

중국의 법률 체계는 제정기관에 따라서 기본법률, 기타법률, 행정법규, 부문규정, 지방성 법규, 지방성 규정 등으로 구분된다. 기본법률이란 전국인민대표대회(이하 전인대)에서 제·개정 되는 법으로 형사, 민사, 국가기관과 관련된 규범성 문건이다. 기타법률이란 전인대

상무위원회에서 제・개정되는 법률을 가리키며 전인대에서 제・개정되어야 하는 기본법률 이외의 규범성 문건이다. 입법기관의 의결을 거치지 않고 헌법에 근거하여 중앙행정기관에 의하여 제정된 성문법을 한국에서는 명령이라 하고 중국에서는 행정법규(국무원 제정), 부문규정(국무원 산하의 각 부서 제정)이라고 한다(강효백 2010). 「중화인민공화국입법법(中华人民共和国立法法)」 제63조와 64조에 의하면, 지방성 법규는 성, 자치구, 직할시의 인민대표대회 및 그 상무위원회가 해딩 지역의 상황과 요구를 바탕으로 헌법, 법률, 행정법규에 위배되지 않는 범위 내에서 제정하는 법률을 가리키며 그 법적 효력은 해당 지역에서만 발생한다. 지방정부 규정은 지방인민 정부가 제정한 규범성 문건을 가리킨다. 중국 법률의 효력 순위를 살펴보면 제일 상위에 있는 것이 헌법이며 그다음으로 기본법률, 기타법률, 행정법규, 지방성 법규, 부문규정, 지방성 규정의 순이라고 할 수 있다.

앞서 서술한 중국의 법률체계를 토대로 중국의 상업은행 관련 법제를 살펴보면 기타법률과 부문규정, 지방성 법규 및 지방성 규정으로 구분할 수 있다. 그 이유는 은행과 관련한 법률 중 기본 법률에 해당하는 법은 중국의 중앙은행인 「중국인민은행법(中国人民银行法)」이 유일하며, 현재까지 국무원이 제정한 상업은행 관련 행정법규는 없는 상태이기 때문이다.

기타법률에 해당하는 것은 「상업은행법(商业银行法)」과 「회사법」이다. 1992년 중국은 사회주의 시장경제체제를 공식적으로 확정한 이후, 현대기업제도의 도입을 위하여 1993년 제8차 전인대 상무위원회 제5차 회의를 통과하여 「회사법」을 제정하였다. 제정 이후 현재까지 네 차례 개정된 바 있다. 「상업은행법」의 제정은 1995년 제8

차 전인대 상무위원회 제13차 회의를 통과한 이후 2003년 한 차례 개정되었다. 이는 2003년 은감회가 설립되면서 그동안 인민은행이 담당하던 은행업 금융기관의 감독업무를 은감회에 이관하도록 하고, 인민은행에도 여전히 일부 감독기능을 부여하기 위하여 개정된 것이다. 현재 대형상업은행과 주식제 상업은행은 모두 주식회사 형태이며, 주식회사는 일률적으로 「회사법」의 적용을 받게 된다. 이를 뒷받침하는 근거 조항으로는 「상업은행법」 제17조 조항이 있다. 즉, "상업은행의 조직형식, 조직기관에 대한 내용은 「회사법」의 규정을 적용한다"고 하였다. 따라서 「회사법」과 「상업은행법」은 중국 상업은행 법률의 두 축이라고 할 수 있다.

부문규정에서는 대표적으로는 은감회가 발표한 「주식제 상업은행 지배구조 지침(股份制商业银行公司治理指引)」, 「주식제 상업은행 사외이사 및 외부감사 지침(股份制商业银行独立董事和外部监事制度指引)」, 「국유상업은행 지배구조 및 감독 지침(国有商业银行公司治理及相关监管指引)」, 「상업은행 내부통제평가시행방법(商业银行内部控制评价试行办法)」 등이 있다.

3. 중국 대형상업은행의 사회적 책임에 관한 주요 내용

1) 중국 기업의 사회적 책임 현황

중국정부가 11·5규획에서 CSR을 공식적으로 처음 언급하며 사회적 관심을 불러일으켰다면, 2011년 시작된 12・5규획에서는 '지속가능한 발전(可持续发展)'을 핵심목표로 설정하고 본격적으로 CSR에 대한 구체적인 방안을 기업정책에 반영하고 있다. 이러한 중앙정부의 5개년 규획에 부합하고자, 상하이 정부는 2011년 12월 중국 내 처음으로 「상하이시 푸동 지역 사회적 책임 경쟁력지수 보고서(上海市浦东新区区域责任竞争力指数报告)」를 발표하며 푸동 지역의 지속가능 지수를 숫자화 하여 발표하기도 하였다. <그림 1>을 보면 11・5규획부터 중국 내 CSR 관련 보고서가 조금씩 증가하다 12・5규획을 준비할 즈음하여 급증한 것을 알 수 있다.

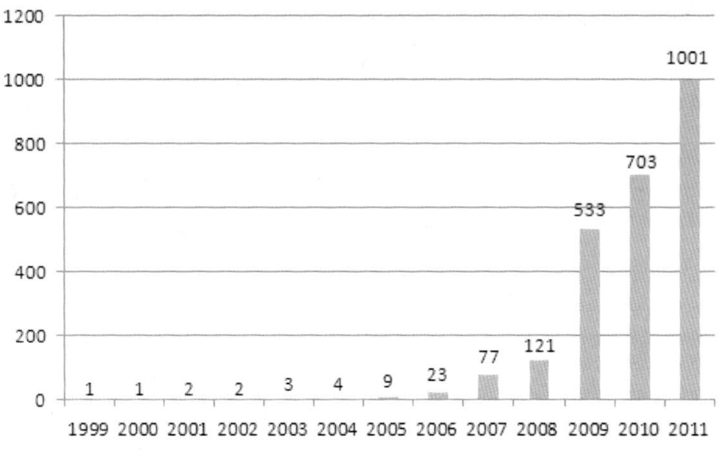

(단위: 개)

(자료출처: 赵杨・张晓・王再文 2013, p.20)

<그림 1> 중국 CSR 보고서 발표 수량 변화

중국 상업은행의 경우, 중앙정부의 '지속가능한 발전' 전략에 따라, 매년 전년도 사업보고서를 공시함과 동시에 사회적 책임 보고서도 함께 발표하고 있다. 그리고 남방주말(南方周末)[4]은 2009년부터 매년 '중국기업의 사회적 책임 연회'를 개최하고 있으며, 민영기업, 국유상장기업과 글로벌기업의 사회적 책임 순위를 발표하고 있다. 2012년도 중국 국유상장기업의 사회적 책임 순위를 보면, 중국의 5개 대형상업은행 중 4개 은행이 모두 10위 안에 랭크되어 있는 것을 알 수 있으며(<표 2> 참조), 나머지 하나인 교통은행은 11위에 랭크되어 있다.

<표 2> 2012년 중국 국유상장기업의 사회적 책임 순위

기업명(영문명)	2012	2011	2010
중국석화(Sinopec)	1	2	6
공상은행(ICBC)	**2**	**3**	**2**
중국석유(PetroChina)	3	1	1
건설은행(CCB)	**4**	**4**	**3**
중국은행(BOC)	**5**	**5**	**5**
중국이동(ChinaMobile)	6	6	4
농업은행(ABC)	**7**	**7**	-
중국전신(ChinaTelecom)	8	11	42
중국신화(ChinaShenhua)	9	10	7
남방항공(CSair)	10	32	80

(자료출처: 「2013 중국기업의 사회적 책임 청서」 참고하여 필자정리)

4) 남방주말은 '2013년 중국의 5대 신문' 중 하나로 선정되었으며 남방신문미디어그룹이 발행하는 주간지이다. 1위 참고소식(参考消息), 2위 인민일보(人民日报), 3위 환구시보(环球时报), 4위 남방주말, 5위 남방도시보(南方都市报). 참고: http://www.bosidata.com

2) 중국의 사회적 책임 관련 일반 규정[5)]

상술한 바와 같이, 중국에서는 12・5규획의 핵심목표인 '지속가능한 발전(可持续发展)'이라는 큰 틀에서 CSR에 대한 구체적인 방안을 기업정책에 반영하고 있다. 2010년 10월 18일, 중국 공산당 제17차 중앙위원회 제5차 전체회의를 통과한 「국민경제와 사회발전의 12・5규획 제정에 관한 건의(中共中央关于制定国民经济和社会发展第十二个五年规划的建议)」에서는 "기업의 사회적 책임을 강화하여 경제발전에 내실을 다지도록 하며, 국가의 거시경제 발전 정책과 부합하여 환경오염을 줄이고 자원 낭비를 감소시켜 국민의 기본적인 권익 향상에 힘쓰도록 한다"는 내용이 담겨 있다. 이러한 이유로 12・5규획을 전후하여, CSR과 관련한 많은 규범성 문건들이 발표된다. 대표적으로 2008년 국유자산감독관리위원회(国有资产监督管理委员会, 이하 국자위)는 「중앙기업의 사회적 책임 이행에 관한 지도 의견(关于中央企业履行社会责任的指导意见)」을 발표하였고, 2010년 환경보호부(环境保护部)는 「상장회사 환경 정보 공개 지침(上市公司环境信息披露指南)」에 관한 의견수렴을 실시한 바 있다. 2011년 9월, 국자위는 「중앙기업의 12・5규획의 화해발전 전략 실시 요강(中央企业"十二五"和谐发展战略实施纲要)」에서 지속가능한 발전의 핵심은 기업의 사회적 책임임을 명시하였다. 그리고 이듬해인 2012년 5월, 국자위는 「국자위의 중앙기업 사회적 책임 지도위원회 설립에 관한 통

---

5) 「중앙기업의 경제운영 보고(中央企业经济运行报告)」, 「중앙기업의 기업문화건설보고(中央企业企业文化建设报告)」 등 중앙기업의 발전 관련 보고를 매년 출판하고 있는 중국경제출판사가 2010년부터 출판하고 있는 「중앙기업 사회적 책임 이행에 관한 보고 2012(中央企业履行社会责任报)」의 3-10면을 참고하였음.

지(关于成立国资委中央企业社会责任指导委员会的通知)」에서 국자위 산하에 중앙기업 사회적 책임 지도위원회 설립을 결정하였다. 지방 기업의 경우, 상하이시는 가장 처음으로 CSR에 관한 지침을 발표하였으며, 구이저우성(贵州省)은 중국 내 처음으로 구이저우의 국유기업 사회적 책임 현황 및 평가를 주요내용으로 하는 CSR 관련 청서(Blue Book)를 공개하였다.

3) 중국 대형상업은행의 사회적 책임 관련 법제

상기한 내용을 통해 볼 때 국자위는 2008년부터 꾸준히 중앙기업의 사회적 책임에 관한 부문규정을 발표하여 왔음을 알 수 있다. 중앙기업이란 광의로는 국자위가 관리하는 국유기업과 은감회 등이 관리하는 금융회사, 그리고 국무원 산하의 기타기관이 관리하는 국유기업을 포함하지만, 협의의 중앙기업은 국자위가 관리하는 일반 국유기업만을 지칭한다. 중국 내에서는 통상적으로 중앙기업이라 함은 국자위가 관리하는 기업인 협의의 개념을 채택하고 있다. 그리고 일반적으로, 국자위에서는 일반 국유자산을 관리하고 국유금융자산의 관리는 중앙회금투자유한회사(中央汇金投资有限责任公司, 회금회사)가 맡고 있다. 따라서 중국의 대형상업은행과 주식제 상업은행 등의 금융기관은 국자위가 아닌 회금회사에서 관리하고 있다고 볼 수 있다. 회금회사는 2003년 12월 인민은행이 출자하여 설립되었으며 중국의 중점금융기관에 국유금융자산을 투자하고 국가를 대신하여 주주역할을 담당하고 있다. 2012년 12월 현재 회금회사가 대주주로 있는 금융기관은 중국의 주요 상업은행, 증권회사, 보험회사

등 19곳에 이른다. 이러한 이유로 국자위가 제정한 일련의 중앙기업의 사회적 책임 관련 규정은 상업은행에 대해서는 적용할 수 없다고 봐야 할 것이다. 또한 중국의 「회사법」 제64조 규정에 따라 회금회사는 국유독자회사의 성격을 가지므로 국무원 직속의 특설기관인 국자위와 달리 법적 효력이 있는 규범성 문건을 제정할 수가 없다. 이러한 이유로, 현재 중국 상업은행의 사회적 책임에 관한 법규는 크게 네 가지 형태로 존재하고 있다.

첫 번째는 「상업은행법」에서 규정하고 있는 사회적 책임 관련 조항이 있다. 두 번째는 은감회가 제정한 상업은행의 사회적 책임에 관한 종합적 부문규정이며, 세 번째는 상업은행 사회적 책임의 주요 내용이라고 할 수 있는 녹색금융, 지배구조와 정보공개 관련법이며, 마지막으로 중국은행업협회가 제정한 규범 등에서 CSR 관련 내용을 찾을 수 있다.

(1) 전인대 상무위원회의 기타법률

먼저 1995년 제8차 전인대 상무위원회를 통과한 중국의 「상업은행법(商业银行法)」은 2003년 한 차례 개정된 바 있으며 총 9장 95조로 구성되어 있다. 「상업은행법」에 규정된 사회적 책임 관련 조항은 크게 고객 및 예금주에 대한 책임과 사회에 대한 책임으로 구분된다. 총칙(1-10조)에서는 입법목적과 함께 상업은행이 준수해야 하는 평등, 신의성실원칙에 대한 내용이 마련되어 있으며, 3장(29-33조)에서는 예금주에 대한 보호를, 4장(34-58조)에서는 기타고객에 대한 내용을 다소 추상적으로 규정하고 있다. 중국법률의 특징을 보면 상위법은 추상적인 내용이 많으며 행정법규, 부문규정, 지방성 법률법규를 통하여 관련 내용을 구체적으로 규정하고 있다.

(2) 국무원 산하기관의 부문규정

두 번째는 은감회가 제정한 부문규정이다. 2007년 12월 은감회는 「은행업 금융기관의 사회적 책임 강화에 대한 의견(关于加强银行业金融机构社会责任的意见)」(이하 사회적 책임 의견)에서 처음으로 은행에 대한 사회적 책임을 명문화하였다. 그 적용대상으로는 각 지방정부의 은행감독국, 정책성 은행, 대형상업은행, 주식제 상업은행, 우체국 은행 및 각 성급 농촌 신용사와 재무·신탁회사에 이르기까지 광범위하다.

「사회적 책임 의견」은 크게 세 가지 내용을 포함하고 있다. 첫째, 은행업 금융기관의 사회적 책임 이행의 필요성에 관한 것이다. 지속가능한 발전을 위하여 주주, 직원, 금융소비자, 지역, 사회 및 환경에 대한 책임을 강조하고 있다. 둘째, 사회적 책임 이행은 은행업 금융기관의 경쟁력 확보에 중요한 수단임을 강조하고 있다. 세 번째는 사회적 책임 이행을 촉구하는 내용을 포함하고 있다. 특히 주주의 이익보호와 주주평등원칙, 직원과 소비자의 권익 보호, 공정한 경쟁, 환경보호 및 지역사회 발전 참여에 관한 내용을 반드시 포함하도록 하여 이해관계자, 환경, 공공이익 보호를 주된 내용이 되도록 규정하고 있다. 그리고 국외기업 우수사례를 참고하여 각 은행업 금융기관 내부적으로 사회적 책임 담당기관을 설치하고 주요 은행업 금융기관에 대해서는 정기적으로 사회적 책임 보고서를 발표하도록 하고 있다. 그 외에 2007년 상하이시 은행감독국이 발표한 「상하이 은행업 금융기관 사회적 책임에 관한 지침(上海银行业金融机构企业社

会责任指引)」(이하 상하이지침)이 있다. 「상하이지침」에는 상하이시에 위치한 은행업 금융기관들이 과학발전관에 근거하여, 경제, 사회 및 환경의 3가지 방면에서 지속가능한 발전을 추진하여야 한다고 규정하고 있으며, 이를 위하여 자원절약 및 환경보호, 대중의 사회적 책임의식 제고 등을 강조하고 있다. 그리고 상하이와 선전의 증권거래소에서도 해당 거래소에 상장한 회사에 대한 사회적 책임 규정을 마련하고 있다. 상하이거래소는 2008년에 「상장회사 사회적 책임 이행에 대한 동시(关于加强上市公司社会责任承担工作的通知)」를 발표하였으며 선전거래소는 그보다 앞선 2006년에 「상장회사 사회적 책임 지침(上市企业设会责任指引)」을 제정하였다. 이는 「상하이지침」과 마찬가지로 은감위의 「사회적 책임 의견」과 유사한 내용으로 구성되어 있다.

(3) CSR과 관련된 중국 법규

세 번째는 CSR과 관련이 깊은 녹색금융, 지배구조 및 정보공개 관련 법규이다. 2007년 7월, 중국의 환경보호총국과 인민은행, 은감회는 연합하여 「대출리스크 예방을 위한 환경보호 정책법규 마련에 관한 의견(关于落实环境保护政策法规防范信贷风险的意见)」을 발표하였으며, 이는 적도원칙과 같이 FP에 대한 대출 제한을 주요 내용으로 하고 있다(张长弓 2010). 그리고 2012년 2월, 은감회는 이를 더욱 구체화하여 7장 30조로 구성된 「녹색신용대출 지침(绿色信贷指引)」(이하 녹색지침)을 발표하였다. 「녹색지침」의 주요내용을 살펴보면, 은행업 금융기관 내부적으로 지속가능한 발전을 위한 목표를 수립하고 내부통제기관을 설치하도록 하고 있으며, 대출기업에 대한 리스크관리와 평가를 실시하도록 하고 있다. 또한 환경오염 기업에 대한 대출 제한 등의 내용도 함께 규정하고 있다. 상업은행의 지배구조와 관련하여서는 2003년 공산당 16기 3중 전회를 통과한 「사회주의 시장경제 체제 개선에 관한 결정(中共中央关于完善社会主义市场经济体制若干问题的决定)」에서 은행의 지배구조 개선을 강조하였다. 중국정부의 은행지배구조 개선 노력은 먼저 주식제 상업은행의 지배구조에서부터 출발하였다. 은감회는 2002년 「주식제 상업은행 지배구조 지침(股份制商业银行公司治理指引)」(이하 주식제 상업은행 지침)을 제정하였다. 「주식제 상업은행 지침」은 일반기업에 비하여 은행의 사외이사 비중을 높이도록 규정하고 있으며, 은행의 이사회 산하에 특수관계인 거래제재위원회(关联交易控制委员会), 리스크관리위원회(风险管理委员会), 보수위원회(薪酬委员会), 인사위원회(提名委员会)를 반드시 설치하도록 하고 있다. 국유상업은행의 경우에는, 2006년 은감회가 「회사법」, 「상업은행법」을 토대로 발표한 「국유상업은행 지배구조 및 감독 지침(国有商业银行公司治理及相关监管指引)」(이하 국유상업은행 지침)이 지배구조 관련 대표적인 부문 규정이다. 「국유상업은행 지침」이 「주식제 상업은행 지침」과 가장 다른 점은, 이사회 산하 소위원회의 구성을 추가적으로 전략기획위원회(战略规划委员会)와 감사위원회(审计委员会)를 설치하도록 규정한 것이다. 정보공개 관련법으로는 「증권법」 제63조부터 제72조까지 상장회사의 정보공개에 관한 내용을 규정하고 있으며, 세부적으로는 2007년 증권감독관리위원회가 제정한 「상장회사 정보공시 관리방법(上市公司信息披露管理办法)」이 적용되고 있다.

(4) 중국은행업협회의 자율규범

마지막으로는 상업은행 사회적 책임 이행의 자율규범이라고 할 수 있는 중국은행업협회가 2009년 발표한 「중국은행업 금융기관의 CSR 지침(中国银行业金融机构企业社会责任指引)」(이하 CSR 지침)이 있다. 「CSR 지침」은 2008년 미국에서 시작된 글로벌 금융위기로 인하여 금융기관에 대한 신뢰도 하락에 대응하기 위하여 제정된 것으로, 법적효력은 없지만 중국 상업은행의 자율규제기관인 은행연합회에서 제정한 것이기에 충분한 규범력을 갖고 있으며 향후 중국 상업은행 사회적 책임 법제 제정에 가이드라인을 제공하는 역할을 할 수 있다. 「CSR 지침」에서는 은행업 금융기관의 사회적 책임을 크게 경제적 책임, 사회적 책임, 환경적 책임으로 구분하고 있다. 경제적 책임이란, 법의 테두리 안에서 공정한 경쟁을 통하여 국가, 주주, 직원, 고객과 사회구성원에 경제적 가치를 창출해주는 것이며, 사회적 책임이란 소비자, 직원 및 사회구성원의 공공이익을 보호하고 적극적인 자선활동을 하는 것을 뜻한다.

<표 3> 중국 상업은행의 사회적 책임 관련 주요 규정

제정기관	명칭	제정일자
전인대 상무위원회	상업은행법	1995.05.10
은행감독관리위원회	은행업 금융기관의 사회적 책임 강화에 대한 의견 녹색신용대출 지침 주식제 상업은행 지배구조 지침 국유상업은행 지배구조 및 감독 지침	2007.12.05. 2012.02.24. 2002.06.04. 2006.04.18
상하이시 은행감독국	상하이 은행업 금융기관 사회적 책임에 관한 지침	2007.04.09
선전거래소 상하이거래소	상장회사 사회적 책임 지침 상장회사 사회적 책임 이행에 대한 통지	2006.09.25. 2008.05.14
중국은행업협회	중국은행업 금융기관의 CSR 지침	2009.01.12

(자료: 중국 상업은행의 사회적 책임 관련 법제 검색하여 필자 정리)

4) 중국 대형상업은행의 사회적 책임 보고서

앞에서 언급했듯이 글로벌 은행들은 자신들의 경쟁력 강화를 위하여 자발적으로 사회적 책임에 관한 내용을 포함하는 보고서를 매년 발표하고 있다. 또한 이미 수많은 다국적기업들은 자발적으로 사회 및 환경보고서를 발간하고 있으며 유럽의 다수 국가와 미국은 법으로 유사한 의무를 부과하고 있다.

은행의 사회적 책임활동과 관련하여 중국에서 사회적 책임 보고서를 가장 먼저 작성하고 발표한 것은 12개 주식제 상업은행 중 하나인 상하이푸동발전은행(이하 상하이푸동은행)이다. 상하이푸동은행은 보고서에서 자사의 사회적 책임관을 주주, 고객, 직원, 거래처, 사회와 지역, 자연자원, 환경에 대한 책임과 의무이며, 이를 통하여 사회와 기업이 함께 발전하는 것이라고 하였다(王卉彤, 高岩, p.152). 대형상업은행의 경우, 건설은행과 교통은행은 2005년 홍콩 증시에 상장하며 다른 대형상업은행보다 먼저 「2006년 사회적 책임 보고서」를 발표하였다. 이는 2007년 은감회의 「사회적 책임 의견」이 제정되기도 전의 행보이다. 이후 공상은행과 농업은행이 2007년부터, 중국은행은 2008년부터 시작하여 매년 「사회적 책임 보고서」를 발표해오고 있다.

공상은행의 경우를 살펴보면, 5개 대형상업은행 중 유일하게 「사회적 책임 보고서」를 중국어와 영어로 동시에 발표하고 있으며 ISO 26000이 요구하는 사항들을 내용적인 측면과 형식적인 측면에서 가장 많이 포함하고 있다. 「2012년 사회적 책임 보고서」에는 사회적 책임 전략과 관리(社会责任战略与管理), 가치은행(价值银行), 브랜드

은행(品牌银行), 녹색은행(绿色银行), 신용은행(诚信银行), 화해은행(和谐银行), 애심은행(爱心银行) 등으로 구분하여 관련 내용을 비교적 상세히 공시하고 있다. 공상은행을 제외한 건설은행, 중국은행, 농업은행과 교통은행의 사회적 책임 보고서는 비록 ISO 26000의 내용을 담고 있기는 하지만 형식적으로는 은감회의 「사회적 책임 의견」에서 규정한 기술방식을 따르고 있다. 그중에서 건설은행, 중국은행, 교통은행은 주주, 직원, 소비자, 환경, 지역사회에 대한 책임으로 세분화하였으며, 농업은행은 크게 이해관계자, 환경, 공공이익 등 세 가지 분야로 나누어 사회적 책임 보고서를 기술하고 있는 것을 알 수 있다(<표 4> 참조). 이는 중국의 대형상업은행들이 ISO 26000이라는 주요 이슈 및 국제적 기준에 따라 CSR활동을 수행함으로 은행의 이미지를 제고시키는 것으로 풀이할 수 있다. 그 외에 주식제 상업은행의 사회적 책임 행보는 대형상업은행보다 조금 앞선다고 할 수 있다. 2008년 9월, 13개 주식제 상업은행은 「전국 주식제 상업은행의 사회적 책임 선언(全国股份制商业银行社会责任宣言)」(이하 선언)에 동의함으로써, 중국정부의 거시정책인 경제와 환경의 '지속가능한 발전'에 합류였다. 해당 「선언」의 주요내용을 살펴보면, 환경과 자원을 보호함을 원칙으로 하고, 국내외의 사회적 책임 우수사례를 참고하여, 투명한 정보공개와 효율적인 지배구조를 구축하여 은행 이해관계자의 합법적 이익을 보장하는 등의 내용을 포함하고 있다.

<표 4> 중국 대형상업은행 사회적 책임 보고서와 ISO 26000

항목	공상은행 (총147p)	건설은행 (총52p)	중국은행 (총74p)	농업은행 (총118p)	교통은행 (총38p)
지배구조 Organizational Governance	사회적 책임 전략과 관리 pp.15-26	사회적 책임 전략과 관리 pp.9-12	주주에 대한 책임 pp.27-33	이념과 관리 pp.16-25	책임관리 pp.14-19
인권 Human Rights	애심은행 pp.109-126	사회민생 pp.24-33	사회에 대한 책임 pp.50-59	민생복지 개선 pp.60-67	민생발전 촉진 pp.31-33
노동관행 Labour Practices	화해은행 pp.99-106	직원 pp.21-23	직원에 대한 책임 pp.40-49	화해와 안정의 사회공헌 pp.76-97	직원 사랑 pp.54-57
환경 Environment	녹색은행 pp.65-80	환경 pp.34-37	생태환경보호 추진 pp.60-63	생태환경보호 pp.68-75	녹색지구 pp.36-45
공정거래 관행 Fair Operating Practices	브랜드은행 pp.49-62	공급업자 p.21	글로벌 금융 서비스 제공 pp.22-27	화해와 안정의 사회공헌 pp.76-97	국제화, 통합화 pp.22-25
소비자 이슈 Consumer Issues	신용은행 pp.83-96	고객 pp.16-20	고객에 대한 책임 pp.33-40	화해와 안정의 사회공헌 pp.76-97	고객서비스 pp.48-53
지역사회 참여 Community Involvement and Development	가치은행 pp.29-46	사회민생 pp.24-33	실물경제 발전 지지 pp.17-21	도시와 농촌 협조 서비스 pp.28-41 실물경제 발전 pp.42-59	실물경제지원 pp.27-30 공익사업 pp.58-63

(자료: 5개 대형상업은행의 「2012년 사회적 책임 보고서」 참조하여 필자 정리)

4. 결론

1) 연구 결과의 논의 및 시사점

본 연구는 이미 국제표준화가 된 CSR활동이 중국 내에서 대단히 중요해지고, 특히 국제사회에서 CSR의 강화 움직임과 더불어 사회적 공공성의 특성을 가진 금융권의 역할이 중요한 문제로 대두됨에 따라 CSR이 경영성과에 미치는 영향, 은행의 사회적 책임에 대한 국제기준, 중국의 은행법 체계, 중국 대형상업은행의 사회적 책임현황 및 사회적 책임 관련 일반규정, 중국 대형상업은행의 사회적 책임 관련 법제와 사회적 책임 보고서 등에 대하여 살펴보았다.

앞서 살펴본 바와 같이 중국 대형상업은행의 사회적 책임 행보는 2005년 개정 「회사법」이 시행되고 건설은행과 교통은행이 사회적 책임 보고서를 발표하면서부터 시작되었다. 은감회가 2007년도에 제정한 「사회적 책임 의견」은 은행업 금융기관에 대한 사회적 책임을 촉구하는 법적 효력이 있는 규범성 문건이며, 이는 관련규정이 없는 우리나라보다 선제적이라 할 수 있다.

하지만 본 연구에서는 중국 대형상업은행의 사회적 책임 법제가 다음과 같은 문제점을 가지고 있다고 보며 이에 대한 발전 방향 및 시사점을 도출하였다.

첫 번째로, 중국의 은행법 체계에서 서술한 바와 같이, 상업은행에 적용되는 가장 상위법은 「상업은행법」이다. 그러나 현재 시행되고 있는 「사회적 책임 의견」은 부문규정에 해당하므로 실효성이 떨어진다고 할 수 있다. 「상업은행법」은 회사법의 특별법으로 은행업이 갖는 산업적 특수성을 반영하여 은행의 사회적 책임 조항을 마련해야 할 것이다. 그렇지만 「상업은행법」 제1조 규정에 의하면 "상업은행과 예금자 및 기타 고객의 권익을 보호하고 상업은행의 행위를 규범하며 대출자산의 질을 제고시키고 감독·관리를 강화하며 상업은행의 원활한 운영과 금융질서를 보장하고 사회주의 시장경제의 발전을 위하여 이 법을 제정한다"로 되어 있다. 비록 은행, 예금자,

기타고객에 대한 보호를 강조하고 있지만 입법목적에서 주주, 직원, 환경, 사회 등 이해관계자에 대한 내용은 전무하다. 세부조항에 있어서도 추상적이고 모호하게 규정되어 있어 법규 해석을 두고 논란의 여지가 많다고 할 수 있다. 고객 보호와 관련한 조항에 있어서도 미비한 점이 많다. 「상업은행법」 제29조와 제30조에서는 고객 정보에 대한 비밀보장에 관하여 규정하고 있지만 "법률 및 행정법규 등 별도의 규정이 있는 경우에는 이를 제외한다"라고 별도 조항을 마련하고 있어 불안요소가 많다. 이는 중국에서 고객 정보 유출 사고가 빈번하게 발생되는 원인 중 하나이기도 하다(刘志云 2011).

두 번째로, 대부분의 상업은행 사회적 책임 관련 내용은 다양한 법규 속에 산발적이며 부분적으로 규정되어 있다. 비록 은감회에서 은행의 사회적 책임에 관한 부문규정을 제정하고 있지만 은행이 기본적으로 추구해야 하는 사회적 책임에 대한 내용만 있을 뿐 구체적인 내용은 지배구조, 녹색대출 및 정보공개 관련법에서 부분적으로 규정되어 있다. 특히 관련 조항이 모호한 것이 많으며 추상적으로 규정되어 있다. 대표적인 조항으로, 「사회적 책임 의견」 제1조에는 "사람을 근본으로 하여 직원의 합법적 권익을 중시하도록 한다"고 규정하였지만, 사람을 근본으로 하는 것이 구체적으로 무엇인지, 합법적 권익의 범위와 내용은 무엇인지 전혀 명시되어 있지 않다.

세 번째로, 적도원칙에 서명한 은행은 공상은행이 유일하다는 것이다. 2013년 포브스가 선정한 글로벌 2000대 기업에서 중국의 5개 대형상업은행 중 4개 은행이 20위 안에 랭크되었다. 은행의 매출, 이익, 자산 및 시장가치 등에서 세계적인 은행으로서의 위상을 선보이는 데 반하여 사회적 책임 이행은 그에 걸맞지 않은 것이 사실이다.

네 번째로, 은감회의 규정과 지방성 규정 어디에도 사회적 책임의 평가기준과 관련 규정 위반 시 처벌 조항이 마련되어 있지 않다. 평가기준이 없다는 것은 상업은행의 사회적 책임 현황을 판단하는 근거가 없음을 의미하여 사회적 책임에 대한 자의적 해석을 가능하게 한다. 5개 대형상업은행의 사회적 책임 보고서가 내용이나 형식이 모두 다르다는 것은 이러한 자의적 해석의 대표적인 예이다. 그리고 처벌 조항이 없는 것은, 법 집행의 강제성이 결여된 것으로 상업은행으로 하여금 사회적 책임을 은행 경영의 핵심역량이 아닌 '보여주기'식의 경영으로 전락할 빌미를 제공할 수 있을 것이다.

다섯 번째로, 일반적으로 논의되는 CSR은 기본적으로 기업이 영리성을 추구한다는 데서 출발한다(史际春、肖竹、冯辉 2008). 기업이 영리성을 추구하기 때문에 소비자와 사회 및 정부는 기업에게 그에 대한 상응한 보상, 즉 사회적 책임을 이행할 것을 요구하게 되는 것이다.[6] 은행의 경우는 영리성을 추구하는 것 외에 공공성이 더욱 강조되기 때문에 사회적 책임에 대한 요구가 더욱 높을 수밖에 없다. 이러한 이유로 상업은행에 대한 사회적 책임은 도덕적 책임을 요구하는 것에서 그치는 것이 아니라 법률적 의무 규정을 마련해야 할 것이다. 중국은 은행 중심의 간접금융 국가로써 은행이 기업자금 조달의 약 80%를 담당하고 있다. 이렇듯 상업은행이 전체 사회의 자원배분에 있어서 매우 중요한 역할을 함에 따라 그에 대한 책임도

---

6) 영리성에 대해서는 별도의 논의가 필요하겠지만, 본고에서는 기업이 창출하는 이윤에 한정하여 이해하기로 한다. 영리성에 대한 자세한 내용은 史际春, "论营利性", 法学家 2013年第3期, 中国人民大学 참조.

뒤따르는 것이다. 중국에서 CSR 관련 규정은 후진타오 정권이 주장하였던 화해사회 및 과학발전관과 맞물려 급속하게 발전하였다. 특히 2005년 제4차 개정 「회사법」에서 사회적 책임이라는 단어를 직접적으로 조항에 삽입하였고 관련 내용을 신속하게 금융기관에서 적용하려는 노력을 기울여왔다. 하지만 행위 규범에 대한 강제성 측면, 글로벌 은행이라는 국제적 위상에 부합하는 사회적 책임 이행은 아직 미흡한 상태이다. 따라서 중국의 대형상업은행의 사회적 책임이 국제적 수준에 부합하기 위해서는 우선 여러 개의 분산된 사회적 책임 관련 법제를 하나로 통일하고 모든 조항을 구체적으로 세분화하는 작업이 필요할 것이다. 그리고 이를 법률 형태로 제정하여 규정 위반 시 처벌조항을 마련해야 할 것이다. 이러한 이유로, 현재 중국의 법학계에서는 금융기관 전체를 대상으로 하는 사회적 책임 준칙을 제정할 것을 촉구하고 있다.

중국 상업은행의 사회적 책임 관련 법제가 미비한 점이 많기는 하지만 이러한 문제점 또한 관련 규정이 있기 때문에 발생할 수 있는 것이다. 글로벌화를 지향하고 있는 중국의 대형상업은행은 규모 면에서는 이미 글로벌 은행의 면모를 보이고 있지만, 지배구조, 사회공헌, 환경보호 문제 등에서 많은 문제점을 내포하고 있는 것이 사실이다. 하지만 이를 극복하기 위하여 중국정부는 여러 가지 시범적인 규정들을 제정하여 시행하고 있으며, 은행 역시 이에 적극적으로 동참하는 모습을 보이고 있다.

여섯 번째로, 앞서 서술한 바와 같이 한국은 아직 '사회적 책임'이라는 용어가 명문화되어 있지 못하고 있으며, 시중은행의 사회적 책임 보고서에 대한 강제적 규정도 마련되어 있지 않다. 심지어 상업은행 사회적 책임의 국제적 기준인 적도원칙에 서명한 은행도 아직 없는 실정이다. 하지만 중국의 경우, 건설은행을 시작으로 5개 대형 상업은행이 매년 「사회적 책임 보고서」를 발표해오고 있다. 그중 공상은행은 2008년도에 중국 은행 중 최초로 적도원칙에 서명하였다. 이러한 것은 중국상업은행들이 기업을 평가하는 데 있어 CSR이 국제적 기준이 되었다는 것을 이미 인식한 것이며, 「사회적 책임 보고서」 발표를 통해 기업의 이미지 및 명성을 높이려는 의도가 있다고 볼 수 있다. 또한 세계적인 기업들도 여러 가지 CSR 국제기준을 바탕으로 기업의 비전과 미션, 기업경영활동시스템, 환경적 건전성, 사회적 책임의 실천성을 투명하게 정리하여 기업보고를 하고 있는데 이는 기업의 이미지를 제고시켜 브랜드 가치를 높이기 위한 수단이 되고 있다. 특히 기업들이 경제, 환경, 사회관점에서 이해관계자에게 혜택을 줄 수 있는 목적으로 다루기 때문에 지속가능성 보고라고도 한다. 이러한 것은 기업들이 CSR활동을 통해서 기업의 이미지와 명성을 획득하여 기업의 생존은 물론 지속가능한 경영을 가능하게 하는 중요한 요인이 되는 것이다(김주원・김용준 2008). 또한 기업들이 사회적 책임활동에 적극적인 것은 결국 장기적인 기업이미지와 기업명성을 긍정적으로 구축하여 기업의 이익을 극대화하기 위한 것(배현미・이준일・우소영 2007)이라고 볼 수 있다. 따라서 중국에 진출한 한국의 금융기업이 중국 금융시장에서 경쟁력 확보를 위한 핵심역량을 구축해나가기 위해서는 중국정부는 물론 금융소비자들에게 호의적이고 긍정적인 이미지와 명성을 구축하고 지속적으로 유지해나갈 필요가 있다. 이를 위해 중국에 진출해 있는 한국의 금융기업 및 기업들은 국제기준에 맞춘 전략적인 CSR활동을 수행하면서 정기적으로 사회적 책임활동 보고서를 발표할 필요가 있다.

일곱 번째로, 본 연구는 전 세계적으로 CSR에 대한 법적 구현의 필요성과 중요성이 증가되는 흐름 가운데서 중국 대형상업은행의 사회적 책임에 대한 법적인 측면을 알고 대비하는 것이 향후 한국 금융기업들이 중국 내에서 경영 활동을 수행하면서 불이익을 당하지 않을 것이라는 것을 시사하고 있다. 이와 관련하여 중국의 문화적 특성과 관련된 기존연구를 보면, 정종호(2003)는 정, 리, 법의 세 가지 문화영역이 중국기업문화로 존재하고 있음을 제시하며 기업의 대외관계 영역과 관련된 내용으로 외국인 투자, 노동, 사회보장, 환경보호, 안정 등과 관계된 법규 등이 존재한다고 제시하였다. 이러한 내용은 국제적 표준이 된 CSR에서 언급하는 내용과 일맥상통하는 것으로서 중국에서는 이미 CSR과 관련된 법적인 요인이 지배적인 문화구성의 한 요인으로 작용하고 있다고 볼 수 있겠다. 그리고 안종석·김윤태(2008)는 정, 리, 법의 세 가지 문화구성이 실제로 중국에서 지배적으로 작용하고 있는지를 실증적으로 분석하였다. 이들 연구결과에 의하면 중국인 근로자들은 기업의 공적인 대외관계영역에서 정과 법의 가치 성향이 강하게 나타났으며, 또한 합법적 경영관리방식이 직무성과에 유의적인 영향을 미치고 있음을 규명하였다. 이와 같은 연구결과들은 중국에 진출한 기업들이 CSR을 법적인 측면에서 적용하는 것이 필요성을 제시하는 것으로 볼 수 있다. 또한 권영철(2013)은 공정경쟁 촉진 관련 법적 및 규제적 체계가 잘 갖추어진 국가에서 일수록 더 높은 CSR 이행수준을 나타낸다고 하였다. 이는 기업의 사회적 책임 수준을 제고시키기 위해서는 법적 제도의 효율성과 투명성을 높여야 함을 시사한다. 그리고 사회적 책임의 법적인 뒷받침은 CSR을 원활하게 이행할 수 있도록 해주는 윤활유적 역할을 하기 때문에 반드시 이행되어야 할 것(이동원 2007)임을 시사한다.

지금까지의 내용들을 토대로 볼 때, 금융기업을 비롯한 한국기업들이 중국시장에 진출하여 국제경영 및 마케팅활동을 할 때에 CSR 활동을 법률적 측면에서 성실하게 준수해야 한다는 태도를 갖고 실제로 수준 높게 이행하는 것이 경쟁력을 제고시키며, 지속가능한 경영을 할 수 있세 하는 중요한 요인임을 시사한다. 따라서 금융 강국을 목표로 하는 한국의 시중은행들이 중국의 은행들과 경쟁하기 위해서는 다른 무엇보다 가장 먼저 사회적 책임에 관한 법제를 마련하고 실현하도록 해야 할 것이다. 문제점이 많은 중국의 사회적 책임 관련 법규가 법 자체가 없는 것보다는 발전의 여지가 큰 것은 분명하기 때문이다.

2) 연구의 한계 및 향후 연구방향

상기한 바와 같이 많은 중국의 기업들이 사회적 책임경영에 눈을 돌리고 있다. 이는 기업의 CSR활동이 기업의 생존은 물론 경쟁우위를 차지하고 지속가능한 경영을 할 수 있는 요인이 될 수 있기 때문이다. 이와 같이 중국 내에서 CSR이 매우 중요한 경영요인이 된다는 인식하에 본 논문은 특히 중국대형상업은행의 사회적 책임에 대한 관련 법규 현황 및 필요성을 알아보고 시사점에 대하여 살펴본 의미 있는 논문이라고 할 수 있다.

그러나 본 논문은 현실적으로 중국 금융기관의 사회적 책임에 대한 연구, 특히 법적인 관점에서 진행된 연구가 아직 부족한 상태에서 진행되었다. 그리고 금융기업의 사회적 책임에 대한 자율규제와 법적인 규제가 제대로 이루어지고 있지 않고, 게다가 사회적 책임의 법적인 효과에 대한 실증연구가 충분히 이루어지지 않은 상황에서 진행된 연구라 법률적 측면에서 금융기업의 사회적 책임에 대한 실효성 및 명확한 효과를 제시할 수 없는 한계점을 지니고 있다. 이는 비록 여러 국가에서 기업의 사회적 책임에 대한 의제들이 법에 의해 규율되고 있다고 할지라도 그 실효성에 대해서는 더 확인해볼 필요가 있고 사회적 책임에 대한 자발적 성격을 간과할 수 없기 때문이다. 따라서 기업의 사회적 책임에 대한 자발적 참여와 행위규제를 요구하느냐 혹은 법적인 측면의 강제적 수단과 규제를 가하느냐 하는 극단적인 선택보다는 서로의 상호보완적인 측면을 고려한 법과 정책 등의 제도를 마련할 필요성이 있다고 본다.

그러나 향후에는 다음과 같은 측면에서 연구를 발전시켜 진행할 필요가 있을 것이다. 먼저 중국 대형상업은행 사회적 책임의 효과 및 성과에 대한 델파이나 case, 그리고 실증분석을 통해 전략적 시사점을 도출하는 연구가 필요하다고 본다. 두 번째로 CSR보고서의 설명변수, 예컨대 지배구조, 인권, 노동관행, 환경, 공정거래관행, 소비자 이슈, 지역사회참여 등에 대한 재무자료 및 선진사례를 통하여 중국 대형상업은행의 사회적 책임을 분석할 필요가 있을 것이다. 아울러 중국의 대형상업은행과 일반상업은행, 그리고 증권회사 및 보험회사 등 금융기관의 CSR에 대한 비교연구를 통하여 구체적으로 어떠한 차이점이 있는지 법률적 측면과 함께 실제 CSR 운영상황을 분석하는 것도 필요하다고 판단된다. 또한 중국현지조사 및 in-depth interview를 통해서 중국 대형상업은행의 CSR 실태를 파악하여 사회적 책임보고서와 어떤 괴리가 있는지를 분석하는 것도 향후 연구되어야 할 과제라고 본다.

그리고 앞서 살펴보았듯이, 중국은 전통과 현대기업에서 공통적으로 중국 자국기업보다는 외국기업에게 사회적 책임활동 수준을 더 크게 요구하고 기대하고 있는 것을 알 수 있었다. 이는 향후 중국시장에서 중국 본토기업은 물론 다국적기업들과 경쟁할 때에 기업의 사회적 책임활동에 대한 적합한 성과를 나타내야 할 필요성이 있음을 시사하고 있으며 이에 대한 깊이 있는 연구를 필요로 한다.

5. 참고문헌

강신애, 설원식(2011), 「외국인투자자의 중국상업은행 투자결정요인에 관한 연구」, 『국제지역연구』, 제15권 제1호, pp.367-389.

강효백(2010), 『G2시대 중국법연구』, 한국학술정보(주).

곽관훈(2011), 「계속기업(Going Concern)의 관점에서 본 기업의 사회적 책임(CSR)과 회사법」, 『한양법학』, 제34집, pp.168-169.

권영철(2013), 「국가 간 문화적 차이와 기업가의 사회적 책임 및 신뢰도에 관한 연구: 제도적 관점」, 『전문경영인연구』, 제16권, 제4호, pp.1-24.

김성수(2009), 「기업의 사회적 책임의 이론적 변천사에 관한 연구」, 『기업경영연구』, 제16권 제1호, pp.1-25.

김성은(2009), 「중국기업의 사회적 책임과 지배구조에 관한 연구」, 『경영법률』, 제19권 제2호, pp.359-382.

김주원, 김용준(2008), 「중국진출기업의 CSR과 경영성과에 관한 사례연구」, 『고객만족경영연구』, 제10권 제2호, pp.85-106.

김용준, 홍성화, 김주원(2011), 「중국전통상인과 현대기업의 사회적 책임에 관한 연구」, 『경영사학』, 제26권 제3호, pp.361-394.

______, 최준환(2011), 「중국 상업은행의 CSR유형 분석-중국민생은행의 사회적 책임 활동 사례를 중심으로」, 『중소연구』, 제35권 제2호, pp.107-145.

노은영, 강효백(2012), 「중국 국유상업은행 지배구조에 관한 법적 연구」, 『경희법학』, 제47권 제2호, pp.241-261.

박종철, 홍성준(2009), 「기업의 사회적 책임 활동이 고객 충성도에 미치는 영향: 호혜성과 신뢰의 매개역할」, 『마케팅관리연구』, 제

14권 제4호, pp.19-35.
변선영, 김진욱(2011), 「한·일 기업의 전략적 CSR활동과 기업성과」, 『국제경영연구』, 제22권 제1호, pp.83-110.
배현미, 이준일, 우소영(2007), 「기업의 경제적 사회책임 활동과 기업 이미지에 관한 연구」, 『국제지역연구』, 제11권 제3호, pp.867-890.
송호신(2010), 「기업의 사회적 책임(CSR)에 대한 배경과 회사법적 구현」, 『한양법학』, 제29집, pp.154-156.
안종석, 김윤태(2008), 「정·리·법 패러다임을 활용한 중국 진출 한국기업의 경영현지화 실증 분석」, 『국제경영연구』, 제19권 제3호, pp.19-45.
이동원(2007), 「기업의 사회적 책임 구현을 위한 법적 과제」, 『안암법학』, 제25권, pp.971-995.
이상윤(2010), 「기업의 사회적 책임(CSR)의 공법적 과제」, 『아주법학』, 제4권 제1호, pp.288-290.
이인석, 홍광헌, 황국재(2006), 「다국적기업 최고경영자의 윤리적 가치관이 기업성과에 미치는 영향」, 『국제경영연구』, 제17권 제1호, pp.69-90.
이홍욱, 손영기(2010), 「중국 기업의 사회적 책임에 관한 사회책임위원회제도의 도입 검토」, 『중국법연구』, 제14집, pp.95-125.
오대원(2007), 「중국 상업은행 효율성 분석」, 『국제지역연구』, 제11권 제1호, pp.253-272.
정상은(2007), 「다국적기업의 중국 내 사회적 책임(CSR) 활동 분석」, 『국제지역연구』, 제11권 제1호, pp.221-251.
정종호(2003), 「재중 한국계 기업의 경영현지화에 대한 문화적 영향: 개혁·개방 중국의 정·리·법 문화구성을 중심으로」, 『비교문화연구』, 제9집 제2호, pp.83-123.
한충민, 박잔디(2011), 「외국기업의 사회적 책임에 대한 소비자 기대에 관한 실증 연구 -유럽 자동차 업체를 중심으로」, 『국제경영연구』, 제22권 제1호, pp.29-50.
蔡熙华(2013), 「基于社会责任理论的金融消费者权益保护工作研究」,

『河北金融』, 2期, 河北省金融学会.
陈胜, 李凤雨(2013), 「浅析实现我国银行业社会责任的法律机制」, 『新金融』, 8期, 交通银行股份有限公司.
陈向阳, 林良旭(2012), 「商业银行社会责任的现状与路径选择」, 『广州大学学报(社会科学版)』, 1期, 广州大学.
况昕(2012), 「现阶段我国商业银行的社会责任」, 财经科学 11期, 西南财经大学.
刘志云(2012), 「银行业践行社会责任的域外发展及借鉴」, 『甘肃政法学院学报』, 3期, 甘肃政法学院.
______等(2011), 『商业银行社会责任的法律问题研究』, 厦门大学出版社.
______(2010), 『商业银行社会责任的兴起及其督促机制的完善』, 法律科学.
乔海曙, 王惟希, 莫莎(2013), 「基于社会责任视角的商业银行品牌竞争研究」, 『金融论坛』, 1期, 城市金融研究所, 中国城市金融学会.
王利等(2011), 『(2010～2011)中国金融中心发展报告』, 社会科学文献出版社.
王卉彤, 高岩(2010), 『商业银行社会责任研究』, 知识产权出版社.
史际春、肖竹、冯辉(2008), 「论公司社会责任: 法律义务、道德责任及其他」, 『法学研究』, 2期, 首都师范大学学报, pp.39-40.
______(2013), 「论营利性」, 『法学家 第3期』, 中国人民大学.
朱慈蕴(2010), 「论金融中介机构的社会责任-从应对和防范危机的长效机制出发」, 『清华法学』, 第1期, 清华大学, p.12.
张长弓(2010), 「中国商业银行社会责任的理论基础-以利益平衡和发展权为视角」, 『法学杂志』, 第3期, 北京市法学会, p.120.
赵杨、张晓、王再文(2013), 『中央企业履行社会责任报告2012』, 中国经济出版社, pp.20-22.
曹国俊(2013), 「我国商业银行社会责任信息披露研究-2012年度上市银行社会责任报告评析」, 『海南金融』, 第8期, 海南省金融学会.

Auger. P., Devinney. T. M., and Louviere. J.J(2004), "Consumer Social Beliefs: An International Investigation Using Best-Worst Scaling Methodology", Working paper, University of Melbourne, Melbourne Business School, *Melbourne, Victoria, AV*.

Aurélien Acquier · Jean-Pascal Gond · Jean Pasquero(2011), "Rediscovering Howard R. Bowen's Legacy: The Unachieved Agenda and Continuing Relevance of Social Responsibilities of the Businessman", *Business & Society*, 50(4), p.612.

Barone, J., Miyazaki, and Taylor(2000), "The Influence of Cause-Related Marketing on Consumer Choice: Does One Good Turn Deserve Another?", *Journal of the Academy of Marketing Science*, 28(2), pp.248-262.

Bhattacharya, C. and Sen, S(2004), "Doing Better and Doing Good: When, Why, and How Consumers Respond to Corporate Social Initiatives", *California Management Review*, 47(1), pp.9-24.

Bhattacharyya, Som Sekha(2008), Development of a CSR-Strategy-Framework, Doctoral Thesis Title, Queen's University Belfast, September 2008, pp.1-33.

Brown, J. and Dacin, A.(1997), "The Company and the Product: Corporate Associations and Consumer Product Responses", *Journal of Marketing*, 61(Jan), pp.68-84.

Barich, H. and Kotler, P.(1991), "A Framework for Marketing Image Management", *Sloan Management Review*, 32(Winter), pp.94-144.

Bowen, H. R.(1953), Social responsibilities of the businessman, New York, Harper.

Brammer, S. and Millington, A.(2004), "The Development of Corporate Charitable Contribution in the UK: A Stakeholder Analysis", *Journal of Management Studies*, Vol. 41, pp.1411-1434.

Brown, J. and Dacin, A.(1997), "The Company and the Product: Corporate Associations and Consumer Product Responses", *Journal of Marketing*, 61(Jan), pp.68-84.

Burke, L. and Logsdon, J. M.(1996), "How Corporate Social Responsibility Paysoff", *Long Range Planning*, Vol. 29, pp.495-502.

Cochran, P. L. and Wood, R. A.(1984), "Corporate Social Responsibility and inancial Performance", *Academy of Management Journal*, Vol. 27, pp.42-56.

Carroll, A. B.(1979), "A Three-Dimensional Coneptual Modelof Corporate Performance", *Academy of Management Review*. 4, pp.497-505.

______________(2001), Ethical Challenges for Business in the New Millennium: Corporate Social Responsibility and Models of Management Morality, In J. E. Richardson(ed.). Business Ethics 01/0(Guilford, CT: Dushkin/McGraw-Hill,200-03).

Dawar, N. and Pillutla, M.(2000), "The Impact of Product-Harm Crisis on Brand Equity: The Moderating Role of Consumer Expectations", *Journal of Marketing*, 37(May), pp.215-226.

Chambers, E., Chapple, W., Moon, J., and Sullivan. M.(2003), CSR in Asia: A Seven Country Study of CSR Website Reporting, International Centre Corporate Social Responsibility.

Cochran, P. L. and Wood, R. A.(1984), "Corporate Social Responsibility and Financial Performance", *Academy of Management Journal,* Vol. 27, pp.42-56.

Daliels, J. D., Radebaugh, L. H., and Sullivan, D.P.(2009), International Business-Environments and Operations, 13th edition, New Jersey: Prentice Hall.

Fry. L.W. and G. D. Keim and R.E. Meiners(1982), "Corporate Contributions: Altruistic or for-Profit?", *Academy of Management Journal*, 25(1), pp.94-106.

Fombrun, C. and Shanley, M(1990), "What's in a Name? Reputation Building and Corporate Strategy", *Academy of Management Journal,* 33(2), pp.233-258.

Gotsi, M. and Wilson, M.(2001), "Corporate Reputation: Seeking a Definition, Corporate Communications", *An International Journal*, 6(1), pp.24-30.

Hansen.C(1991), "Other Constituency Statutes: A Search for Perspective", *The Business Lawyer*, vol. 46(4), pp.1355-1376.

Holt. D. B., Quelch. J. A., Taylor. E. L.(2004), "Managing the Global Brand: A Typology of Consumer Perceptions", *The Global Market*, pp.180-201.

Hosmer, L. T.(1994), "Strategic Planning as if Ethics Mattered", *Strategic Management Journal*, Vol. 15, pp.17-34.

Klein, J. and Dawar, N.(2004), "Corporate Social Responsibility and Consumers' Attributions and Brand Evaluations in a Product-Harm Crisis", *International Journal of Research Marketing*, 21, pp.203-217.

Kolk. A., Hong. D., and Dolen. W. V.(2008), "Corporate Social Responsibility in China: An Analysis of Domestic and Foreign Retailers' Sustainability Dimensions", *Business Strategy and the Environment*, 19(5), pp.289-303.

Lantos, Geoffrey P.(2001), "The Boundaries of Strategic Corporate Social Responsibility", *Journal of Consumer Marketing*, 18(7), pp.595-630.

Maignan, I.(2001), "Consumers' Perception of Corporate Social Responsibility: A Cross-Cultural Comparision", *Journal of Business Ethics*, 30, pp.57-72.

Maignan, I. and Ferrell, O. C(2004), "Corporate Social Responsibility and Marketing: An Integrative Framework", *Journal of the Academy of Marketing Science*, 32(1), pp.3-19.

McGuire, J., Sundgren, A. and Schneeweis, T(1988), "Corporate Social Responsibility and Firm Financial Performance", *Academy of Management Journal*, Vol. 31, pp.854-872.

Porter, Michael E. and Mark R. Kramer(2006), "Strategy & Society: The Link Between Competitive Advantage and Corporate Social Responsibility", *Harvard Business Review*, 84(12), pp.56-68.

Sen, S., Bhattacharya, C., and Korschun, D.(2006), "The Role of Corporate Social Responsibility in Strengthening Multiple Stakeholder Relationships: A Field Experiment", *Journal of the Academy of Marketing Science*, 34(2), pp.158-166.

Russo, M. and Fouts, P.(1997), "A Resource-Based Perspective on Corporate Environmental Performance and Profitability", *Academy of Management Journal*, 40, pp.534-559.

Smith, N.(2003), "Corporate Social Responsibility: Whether or How?", *California Management Review*, 45(1), pp.52-76.

Stanwick, P. A. and Stanwick, S. D.(1998), "The Relationship between Corporate Social Performance, and Organizational Size, Financial Performance, and Environmental Performance: An Empirical Examination", *Journal of Business Ethics,* 17, pp.195-204.

Waddock, S. and Graves, S.(1997), "The Corporate Social Performance-Financial Performance Link", *Strategic Management Journal*, 18, pp.303-319.

중국 재정분권개혁의 효과와 지방정부·국유기업 관계 변화에 관한 연구*

이상빈

1. 서론

과거 구소련과 동유럽 국가에서 추진된 급진적인 개혁(Big Bang)과는 달리, 1978년 이후 추진된 중국의 개혁개방정책은 중앙집권적 계획경제에서 시장경제체로의 점진적 개혁을 선택하였다. 당시 개혁개방정책의 추진배경에는 마오쩌둥(毛澤東)시기 문화대혁명(1966-1976)의 소용돌이 속에서 손상되었던 레닌주의적 당-정 국가기구(party-state system)의 합법성과 권위성을 회복하는 데 주요 목적이 있었다.[1] 그러나 실제로 개혁개방정책의 전체적인 진행과정에서는 주로 시장지향적인(market-oriented) 경제체제개혁에 초점을 맞추게 되었

* 본 논문은 『한국동북아논총』 제17집 제4호에 게재된 논문임.

1) 문화대혁명과 관련된 개혁개방의 초기 의도에 대해서는 William A. Joseph, Christine P. W. Wong and David Zweig(eds.), *New Perspectives on the Cultural Revolution*, (Cambridge: Harvard University Press, 1991)을 참조.

다. 그리고 이러한 경제개혁의 또 다른 중요한 특징 중의 하나는 중앙정부가 통제하고 있었던 경제자주권 혹은 경영자주권을 지방정부와 기업에게 위임해주고 또 이윤을 추구하는 경제적 주체로 삼음으로써(放權讓利) 중국의 경제성장 촉진을 위한 다양한 주체, 즉 지방정부와 기업의 적극성을 이끌어내고자 했던 점에 있다. 따라서 1980년대와 1990년대 초반까지 중국의 개혁은 실제로 중앙정부의 경제통제권을 지방정부에게 위임하는 경제적 분권화개혁이 주를 이루었고, 1990년대는 시장화개혁(marketization), 그리고 2000년대는 WTO 가입을 배경으로 글로벌화(globalization)개혁이 추진되어 왔다.

당시 중국은 경제적 업무에 관한 중앙과 지방 사이의 분권체제를 확립함으로써 중국의 성급(省) 지방정부에서 현급(縣) 정부에 이르기까지 상대적으로 독립적인 지방경제체제를 구축하게 되었다. 이제 지방정부는 개혁시기에 위임된 지역경제관할권뿐만 아니라 지방 국유기업 및 향진기업에 대한 실질적인 재산권(property rights)을 향유하는 명실상부한 지역경제 관리의 주체자로 등장하게 되었다. 즉, 1978년 이후 지방분권개혁으로 인해 현재 중국의 지방정부는 성급 지방정부를 중심으로 지방개혁을 주도해야 할 뿐만 아니라 지역경제 발전에 전적인 책임을 지고 관할 영역 안에서 지역경제와 관련된 입법 및 법집행의 책임을 지게 되었다.[2] 그러나 개혁초기에 진행되었던 분권화개혁에서는 중앙정부가 사실상 지방정부에게 지역경제

2) 2004년 수정헌법 제107조에서는 현급 이상 지방정부는 법률이 정하는 권한에 준거하여 행정관할 역내의 경제, 교육, 과학, 문화, 위생, 체육사업, 도시 및 농촌 건설사업과 재정, 민정, 공안, 민족사무, 사법집행, 감독, 위생교육 등의 행정업무를 관리하며, 결정과 명령을 공포하고, 행정업무인력에 대한 임면, 교육, 심사, 상벌을 행한다고 규정하고 있다.

관할에 관한 경제적 자주권을 제공하여 주었음에도 불구하고 지방정부는 과거의 중앙정부처럼 여전히 기업의 경영자주권을 제약하고 있었다.

그렇지만 중국의 경제적인 분권체제를 통해 볼 때 중국은 정치적으로는 중앙집권적인 단일제국가이나 경제적으로는 이미 고도로 분권화된 지방분권제를 실시하고 있다. 또한 중앙과 지방 간의 경제적 분권구조는 과거 중앙집권적인 계획경제체제와는 확실히 구별되며, 또 재정분권체계에서 나타나는 그 특징은 여타 연방제국가에서의 지방정부보다 그 권한과 책임이 크다는 점이 두드러지게 나타나는 현상이다(許成鋼 2008, 188). 재정분권체계의 개혁으로 말미암아 중국의 지방정부는 재정세수권과 지출책임에 관련된 재정자주권을 가지고 있을 뿐만 아니라 사실적으로 지방의 토지, 기업, 금융, 에너지 자원 및 원자재 등 대량의 자원을 통제하고 있다. 이는 중국 지방정부가 경제발전에 심각한 영향을 미치고 있다는 것을 의미한다. 그리고 중국의 대다수 경제활동 중에서 중앙정부는 관리감독을 실시하지만, 경제활동에서의 핵심역할은 지방정부로부터 시작되고 있고, 또 중국의 지방정부는 개혁개방정책은 물론 규정 및 법률에 대한 협상과 집행, 향후 발전방향과 선택에 있어 실질적인 영향력을 행사하고 있다.

지난 30여 년 동안 전체적인 개혁청사진도 없이 점진적이고 실험적 방안들을 선택(摸着石头过河: 돌다리 두드리며 강 건너기)하는 형태로 진행되었던 개혁개방정책은 사실상 지방분권체제로 인해 각개약진한 결과이며, 이러한 지방적인 각개의 경험들이 다시 중앙의 전체적인 정책형성 과정으로 환류되었다. 그러나 이러한 경제적 지방분권 구조는 중국의 경제성장에 크게 기여하였지만, 이와 동시에 지역보호주의 및 지역격차라는 부작용을 가져오기도 하였다. 중국의 지방정부는 일반적으로 논의되는 동아시아지역 국가들의 발전과정에 있어서의 정부의 경제적 역할과 유사한 성격을 가지고 있으면서, 다음과 같은 점에서는 독특한 행동양식을 보여왔다. 먼저 지방정부는 자기 지역 내에 경쟁적으로 정부 자신의 이익을 추구하는 기업가(entrepreneur)와 같은 경제행위자로서 활동해왔다는 점이다. 그리고 지방정부는 지역기업과의 관계를 조정할 수 있는 '지역재산권(localization of property rights)'과 지역관할권(事權)을 가졌다. 따라서 개혁개방 이후에는 지방정부가 단순히 중앙정부의 명령을 집행하는 행정적 대리인의 역할을 넘어서서 지방경제 발전을 위한 적극적인 주체자로서 기능하기 시작하였다. 또한 중국의 지방정부는 대체로 중앙정부가 설정하는 제도적 규칙에 영향을 받고 있기도 하지만,[3] 반면에 중앙정부의 구체적인 경제개혁 형성과 실시에 영향을 미치는 이익집단(interest group)으로서의 면모도 지니고 있다.

한편, Qian과 Weingast 등은(1998, 1999, 2005) 중국의 지방분권 개혁은 중앙과 지방관계에 관련된 경제제도 및 경제권한에 한정된 구조적 변화를 가져왔으며, 이 점은 러시아나 여타 국가와는 다른 중국식 연방주의(federalism in Chinese style)로 보인다고 설명하였다. 즉, 중국 중앙과 지방관계의 주요한 구조적 변화는 중앙과 지방의 재정 세수체계를 핵심적으로 구분함으로써 지방정부의 가용자원이

---

3) 이에 관한 설명은 林毅夫의 논문 "關于制度變遷的經濟學理論: 誘致性變遷與强制性變遷" 참조. R. 科斯, A. 阿尒欽, D. 諾斯(等著), 『財産權利與制度變遷: 産權學派與新制度學派譯文集』, (上海: 上海人民出版社, 1995).

늘어난 것과 지방정부에게 경제적 결정권(經濟決策權)이 주어짐으로 인해 지방정부가 자기 관할지역 내에 경제 업무에 대해 책임을 지게 되었다는 것이다. 그래서 지방정부는 확대된 재정자원을 바탕으로 지방경제 발전에 매진케 되었으며, 역으로 지방 재정 수입확대를 위해 지방 경제발전에 대한 지방간 과당 경쟁을 벌리게 되었다.

현재 중국 분권체제의 특징을 상징적으로 설명하기 위해서 혹자는 '정치적 집권하의 지방 경제적 분권제', 혹자는 '지방경제 분권적 권위주의체제', 또는 재정적 연방주의(fiscal federalism) 등으로 묘사하고 있다(Tsai 2004; Guo 2007; 許成鋼 2008). 그런데 중국 분권체제의 특징을 지방정부에 대한 중앙의 재정분권과 지방기업에 대한 중앙정부의 경제적 분권의 관점에서 본다면 중국의 중앙-지방 그리고 지방-지방 간의 관계를 '재정적 연방주의'로 묘사하는 것이 타당하게 보인다. 그러나 본 연구의 목적은 중국식 연방주의와 같은 논쟁적 성격의 규명에 초점을 두기보다는 재정분권체제에서 나타나는 중앙-지방관계의 사실적 변화의 특징과 재정체계변화에 따른 지방정부의 역할 변화에 대한 설명에 초점을 맞추고자 한다. 구체적으로 본 연구에서는 분권화의 정도가 확대됨에 따라 지방정부의 역할이 정부개입적 발전 모델로부터 점점 더 시장친화적인 형태로 변화하는 측면에 관심을 갖고자 한다. 이를 위해 재정분권체제의 개혁과정을 중심으로 지방정부의 행위패턴의 변화를 국유기업과의 관계 변화를 통해 추적하고자 한다. 따라서 본 연구의 목적을 위해 먼저 지방 분권개혁의 과정과 특징뿐만 아니라 지방간부의 정치경제적 동기구조를 종합적으로 설명하고, 다음으로 재정체계개혁에 따른 재정세수체계의 변화내용을 살펴본다. 마지막으로 쓰촨성 성도시 지방정부의 사례를 중심으로 재정세수체계와 관련된 지방정부와 관할 국유기업 간의 이해관계, 그리고 재정수입을 확대시키고자 하는 지방정부의 재정논리에 대해 살펴보고자 한다.

2. 중국경제성장의 제도적 기초: 지방 분권개혁의 특징

1) 개혁개방 이후 지방 분권개혁의 특징

중국의 재정분권개혁을 이해하기 위해서는, 우선 중국의 분권화 개혁 이후로 나타나고 있는 중앙과 지방정부 간의 관계변화에 대해 이해할 필요가 있다. 중국의 중앙과 지방관계는 주로 중앙과 성급 관할 정부와의 관계를 가리킨다. 중앙과 지방관계는 정부체계의 수직구조와 상하 간의 등급 관할관계를 의미하며, 정부 간의 수평적 관계를 포함하지 않는다. 또한 중앙정부와 지방정부의 관계는 일종의 이해관계에 의한 권력분배관계를 나타내기 때문에 그동안 중국의 중앙과 지방관계는 중앙집권과 지방분권, 그리고 중앙집권이라는 순환현상을 반복해왔다. 특히 1949년 신중국의 성립 이후 계획경제 체제에서는 정치와 경제의 통합이라는 배경하에 지방정부는 중앙정부의 통제를 받아왔고, 그렇기 때문에 실질적으로 지방자치라는 현상은 목격하기 어려웠다.

마오쩌둥(毛澤東)시기에도 지방분권화의 문제가 제기되었으나, 이 시기에 나타난 분권화의 성질은 개혁이후 시기와는 서로 다른 점이 있다. 원래 개혁이전의 중국의 경제체제는 명령성(指令性) 계획경제체제로서 생산품의 생산량과 구성, 그리고 이에 대한 생산과 분배는 모두 정부에서 결정하며, 자원 역시 중앙계획을 통하여 조정되고, 모든 생산수단은 국가소유로 귀결된다(葉孔嘉 1991, 2). 모든 경제계획과 결정은 중앙에서 이루어지기 때문에 중앙정부기관은 직접적으로 기업의 경영활동에 대한 조정뿐만 아니라, 지방정부의 경제활동까지도 참견한다. 또한 모든 경제조직과 그 기능 역시 행정적 위계조직(hierarchical organizations)으로 종속되어 수직적으로 분할된다(吳昻, 張建喜 1994, 259). 따라서 전통적 계획경제체제에서 몇 차례 지방분권화가 실시되었다 하더라도, 이 지방분권화의 추진은 단지 '행정적 분권(行政性分權)'[4]의 범위 내에 국한되었다. 또한 지방정부는 여전히 중앙의 통제대상이며 중앙의 명령을 기업에게 전달하는 하나의 중개기구였을 뿐이다. 행정적 분권은 정책결정권이 실제로 지방에 위임되는 것을 의미하지는 않는다. 단지 중앙의 정책이 최저단위에 침투되는 과정을 개선하기 위해서 고안된 것이며, 지방은 단지 중앙정책에 부합하는 자원의 분배만이 요구될 뿐이었다(Wong

4) 1978년 이전의 중국은 두 번의 중대한 행정적 분권을 실시하였다고 할 수 있다. 즉, 1953-1957년 사이 '1 · 5계획(一五計劃)' 시기에는 구 소련경제체제의 영향에 따라, 중국은 고도로 중앙집권화된 관리체제를 형성하였으나, 1958-1960년의 대약진 시기와 1966-1976년 문화대혁명 시기의 중국은 지방에 대한 분권을 실행하였다. 예를 들어 대약진 시기에 재정분권을 급진적으로 지방정부에게 이양하였는데, 이것은 지방정부의 자주성을 확대하는 듯 보여졌다. 그러나 실은 정책실행에 대한 지방정부의 자유는 극소한 것이었으며, 단지 이러한 분권은 중앙의 직접통제를 지방에 의한 직접통제로 전환되었음을 의미할 뿐이었고, 문화대혁명 시기에도 크게 다르지 않았다. 이에 대해서는 다음을 참조. Jae Ho Chung, "Studies of central-provincial relations in the People's Republic of China: a mid-term appraisal", *The China Quarterly*, 142, 1995, p.500; Jan S. Prybyla, "Who has the emperor's clothes?: economic relationship between the central and local governments in mainland China", *Issues & Studies*, 32(7), 1996, pp.20-23.

1991, 24).

그러나 1978년 중국의 개혁개방정책 실시 이후, 특히 1984년 제12차 중국 공산당 삼중전회(三中全會)와 1993년 제14차 중국 공산당 삼중전회(三中全會)에서 중앙은 '근본적 개혁의 추진과 그에 따른 시장으로의 경제체제 전환'을 결정하였다. 이러한 조치는 중앙과 지방 간의 근본적인 변화를 가져왔다. 즉, 이 시기의 개혁은 시장경제체제로의 전환뿐만 아니라 지방정부에게 지역경제의 정책결정에 대한 자유 결정권의 위임이 집중 논의되었으며, 이는 구체적으로 '경제적 분권(經濟性分權)'으로 나타났다. 이러한 결정은 1958년과 1970년 지방에 대하여 두 차례에 걸쳐 실시한 행정적 분권과는 완전히 다른 의미를 지니는 것이다. 개혁개방 이후 지방분권의 과정을 다음과 같이 세 가지 단계로 나누어 살펴볼 수 있다. 우선 1978년에서 1984년까지를 1단계로, 1984년에서 1991년까지를 2단계로, 그리고 1992년과 1994년에서 현재까지를 3단계로 나누어볼 수가 있다.

첫째, 1단계에서는 주로 농촌과 재정체제의 개혁을 진행시켰는데, 특히 1984년 농촌에서의 '생산청부책임제'의 실시는 농민의 생산의욕을 고취시키면서 향진기업(鄕鎮企業[5])과 같은 비국유부문의 대대적인 발전을 가져왔다. 우징롄(吳敬璉)은 1단계의 개혁을 가리켜 '체제 외 개혁'이라 칭하였는데, 즉 이 시기 개혁의 중점이 비국유경제부문과 농촌개혁에 있고 국유경제부문의 전면적 개혁 문제로 제시되지 않은 데 그 이유가 있다고 설명한다(吳敬璉 1996, 2-3). 그러나

5) 주로 중국 농촌에 기반을 두면서 노동 집약적인 2차 가공상품을 생산하는 기업을 지칭하며, 기업의 소유형태는 개인 혹은 집체소유인 개인기업과 집체기업의 형식을 띠고 있다.

이 시기 개혁의 또 다른 중요한 측면은 재정권을 지방정부와 기업에게 위임한 데에 있다. 지방정부는 재정수입을 분배하는 권한을, 기업은 일부분의 이윤을 스스로 사용할 수 있도록 허가된 것이다(葉孔嘉 1991, 9-10). 이 점은 지방경제의 성장을 촉진하도록 하는 동기(incentive)를 부여하는 동시에, 중앙과 지방 관계의 변화를 가져왔다. 지방정부는 더 많은 자원과 재정수입을 획득하기 위해서 중앙과 담판 혹은 협상하는 관계(bargaining relationship)로 발전하기 시작했다.

둘째, 2단계에서는 국유상공업을 중심으로 한 도시개혁을 실시하면서, 계획체제와 기업체제를 개혁하고자 하였다(薛暮橋 1996, 383). 이 기간 동안 중앙의 계획관리체계를 미시에서 거시수준으로 전환함에 따라, 지방정부는 주요 물자에 대해 상당한 비율의 분배권과 지방기업의 관리권을 획득한다. 그러나 1989-1991년 사이 지방정부의 과도투자에 의한 경제 과열과 경제파동현상으로 인해 중앙정부는 중앙 재집권화를 통한 경제활동의 감독과 관리기능의 회복을 시도하기도 하였다.

셋째, 그러나 다시 개혁의 제3단계인 1992년부터는 중국 공산당(中共) 14차에서 통과한 시장 메커니즘의 조정 역할을 더욱 강화하면서 분권화를 진행하는 현상이 나타났다. 이것은 분권과 시장화 개혁의 진전 성과에 따른 제도적 탄력성을 반영한 것이고, 또 한편으로 1994년 세제방면에서 분세제(分稅制)를 실시함으로 중앙과 지방 간의 경제관계의 제도화된 관계를 확립시키게 되었다. 중앙－지방관계의 진전은 중앙이 지방의 경제업무에 직접 간여하는 것이 불가능하고, 또 지방정부 역시 과도기적 경제제도의 틀 안에서 시장 메커니즘의 제약을 받기 시작하였다는 것을 의미한다. 이 점은 지방분권개혁 이후에 나타나기 시작한 경제적 성격의 새로운 경향이라 할 수 있다(Zheng 1995, 25). 이 개혁과정을 통해서 중국의 지방분권개혁은 중앙과 지방 간의 관계, 특히 경제관계에 있어 주요한 변화를 가져왔다. 그리고 2003년 중국의 국무원과 관련 각 부위원회에 의해 반포된 「기업국유자산감독관리 잠정 조례」와 「기업국유재산권 양도 관리 잠정 조치」 등의 문건에서는 지방정부가 지방국유기업에 대해 가지는 출자인(出資人) 자격으로서의 권리를 법률적으로 명확히 제시하였다(朱紅軍, 陳繼雲, 喻立勇 2006, 116).

일부 학자들은 지방분권이 지방정부의 자주적이면서 새로운 경제 영역을 증가시키는 동시에 중앙정부의 지방통제역량을 쇠퇴시킴으로 지방주의가 성행하는 결과를 가져왔다 주장한다(吳國光, 鄭永年 1995, 19-32). 그러나 중앙은 여전히 성, 자치구, 직할시의 1급 간부의 인사관리에 대한 권한을 갖고 있고, 따라서 지방정부의 자주권 확대는 지방분권과 시장경제체제로의 전환에 따른 중앙의 경제통제 방식의 필연적 구조변화를 나타낸다.

이와 같이 지방분권으로 향한 개혁은 두 가지 측면에서 중앙과 지방 간 경제권력관계의 주요 구조변화를 야기하였다. 첫째, 중앙의 직접적인 행정명령과 간여는 지도성(指導性) 명령과 거시 통제적 간여로 변화하였다는 것이다. 둘째, 중앙은 지역적 공공재의 제공과 지역 인프라 투자에서 중앙과 지방간의 경제 관리의 권한배분을 가져왔다. 그리고 기업에 대한 소유와 관리를 둘러싸고 중앙은 지방과의 분업적 관리체계를 강화하였는데, 이러한 변화 또한 지방정부와 지방 국유기업관계 변화의 시발점이 되었다. 따라서 개혁개방시기의 지방분권은 중앙과 지방 간 경제분권적 관계구조의 변화가 나타났으며, 이들의 관계구조는 과거의 위계적 명령구조에서 중앙–지방의 분업적 관리체계로 변화하게 되었다. 이 관리체계는 중앙의 거시적인 경제조정과 시장제도로의 전환과정에서 지방정부의 경제적 기능 변화와 경제적 역할을 조성하였다. 특히 재정권과 경제영역에서 정책결정권은 지방정부로 하여금 지역경제성장의 적극성과 지방기업 관리에 대한 강한 동기를 형성하였다.

2) 지방정부와 지방간부행위의 정치경제적 동인

중국 지방정부는 일정 수준의 경제정책결정권을 가지고 있기 때문에 중국 각급 지방정부로 하여금 경제활동의 적극성을 가지게 되었음은 주지의 사실이다. 이와 동시에 중국의 지방간부 역시 지역경제이익을 최대화하고자 하는 강한 동기와 그에 따른 정책적 조치를 취하는 경향이 있었다. 개혁개방 초기뿐만 아니라 현재에도 물론 중국의 지방간부는 지역경제발전을 위한 지역경제 발전전략을 수립하는 등 적극적인 행동전략을 취하는 동시에 자신의 정치경제적 이익을 추구하는 성격이 비교적 강하게 드러내고 있다. 지난 30여 년의 개혁개방의 여정 동안 중국의 지방간부는 여전히 개혁개방정책의 수혜자로 등장하고 있다. 그리고 자신의 경제적 이익의 추구뿐만 아니라 정치적 승진이라는 보상을 위해 변함없는 개혁개방정책의 지지자로 활동하고 있다.

먼저 새롭게 변화된 재정분권화체제에서 지방정부의 역할변화와 경제성장을 두고 혹자는 시장과 지방정부의 상호역할을 근거로 시장체제로의 전환이 경제성장에 결정적이었다고 주장하기도 하였다.

반면 동아시아적 국가역할에 주목하는 학자들은 개발국가적인 지방정부의 기업가적 역할이 결정적이었다고 논박하였다. 이들 논쟁에서 전자를 주장하는 논점은 시장전환론(market transition theory)[6]으로, 후자는 지방정부 조합주의(local state corporatism)로 대표되었으며, 이들 주장은 두 가지 점에서 서로 상이한 이론적 설명을 시도하였다.[7] 이들 논쟁은 먼저 중국에서 시장제도의 도입은 당 간부와 농민 사이의 경제적 불평등을 완화시키는 평등화효과를 가져온다는 입장과 이에 대한 반대 입장에서 출발한다. 그리고 시장전환론은 중국 농촌지역 경제성장과정에 대해서는 특히 향진지방정부와 기업(집체 향진기업과 개인기업)의 상호보완적 관계를 강조하였던 반면, 지방정부 조합주의는 지방 당·정 간부 행정 권력의 중요성과 지방간부의 기업가적 역할에 대한 주장에서 개혁개방 초기 중국의 경제성장에 대한 서로 다른 설명을 전개하였다.

그러나 이들 두 이론은 전체적으로는 신제도주의적(new institu-

6) 주지하다시피, 중국은 1978년 농촌을 시작으로 개혁을 추진하였다. 1978년에서 1984년 사이에 추진된 농촌에서의 家庭聯産承包制을 체제 외 개혁이라 부른다면, 1984년 제12기 3중전회의 결정을 중심으로 추진된 도시개혁은 체제 내 개혁으로 지적할 수 있다. 즉, 도시개혁의 추진을 계기로 中共中央은 지령성 계획경제체제에서 시장경제체제로의 전환을 결정하였으며, 이러한 결정으로 나타나기 시작한 체제의 근본적 변화의 과정을 일반적으로 전환경제 혹은 시장전환이라는 용어로 설명하고 있는 것이다. Victor Nee, “The emergence of a market society: changing mechanism of stratification in China”, *American Journal of Sociology*, 101(4), 1996, pp.935-942를 참조.

7) 간단히 지적하자면, 시장전환이론은 특히 중국의 계획경제체제에서 시장경제로의 전환은 당·정 간부의 행정 권력을 제한하며, 개혁개방의 새로운 수혜자 계층을 형성하였다는 지적을 하고 있다. 반면, 지방정부 조합주의(혹은 권력전환론)는 중국의 지방간부는 여전히 관료적 지위와 행정 권력을 기반으로 개혁개방의 수혜적 경제이익을 여전히 누리고 있다는 견해로 서로 대립되는 주장을 전개하고 있다. Jean Oi, “The evolution of local state corporatism”, in Andrew Walder(ed.), *Zouping in Transition: The Process of Reform in Rural North China*, Cambridge, (Mass: Harvard University Press, 1998)을 참조.

tionalism) 관점에서 정부와 시장제도와의 관계를 설명하고 있다는 공통된 측면을 지니고 있었다. 시장전환론은 기업과 지방정부의 연합을 설명하고 있는데, 즉 거래비용(transaction cost)을 줄이고 이윤을 창출하고자 하는 기업과 시장조절적 기능을 가지고 있는 중국 지방정부 사이의 연합을 상호행위 규칙의 변화와 새로운 제도적 변화(institutional arrangement)로 설명하였다. 이 제도적 변화는 정부와 기업의 상호 연합관계를 형성하는 조합주의적 배열(corporatist arrangement)을 의미한다는 것이다. 그러나 지방정부 조합주의는 지방정부의 기업가적 역할에 더 초점을 맞추면서, 조합주의(corporatism)를 시장전환과정에서 지역경제성장을 위한 지방정부의 조합주의적 발전전략(developmental corporatist strategy)으로 이해하였다.

이들의 상반된 논쟁이 시사하고 있는 핵심적인 의미는 중국에서 재정체제의 분권화개혁과 시장제도의 형성은 정치, 사회, 경제부문을 막론하고 각각의 교환·거래관계에 있어 지방정부를 포함한 경제행위 주체자의 인센티브구조를 확립하였다는 것이다. 즉, 기업은 이윤을 최대화하기 위해 투자하고 기술을 선택하는 반면, 지방정부는 자신의 이익을 최대화하기 위해 정책을 선택하는 제도-유인적 행위경향을 갖게 되었다(Li and Lian 1996, 161). 이러한 재정분권화체제에서 비롯된 지방정부와 시장제도의 관계는 지방정부의 자주적 행위영역과 시장의 경쟁적 메커니즘을 동시에 보장하는 특성을 가지게 된다. 즉, 중국의 지방정부는 과거 계획경제체제에서 가능하지 않았던 이익 추구의 동기가 시장체제로의 전환과정에서 발생하였으며, 더욱이 새로운 재정제도에 의한 세수체계는 지방정부의 역할을 규정하는 또 하나의 중요한 규칙으로 작용하였다는 점이다.

다음으로 Wong(1985)은 일반적으로 개혁시기 중국의 지방간부를 경제 대리인(economic agents)으로 분류하고 있는데, 즉 현재의 경제 분권화 개혁은 지방간부에게 경제적 자원을 자유롭게 사용할 권력을 부여하였으며, 따라서 지방간부는 재정수입의 확보를 위해 자기 지역 내에 일상 소비품에 대한 과도한 투자[8])를 실시한다고 하였다. 그러므로 Wong의 설명은 지방간부가 단순히 중앙정부의 행정 대리인이 아니라 경제제적 자율성을 지니고 있는 경제 대리인이라는 분석에 집중되어 있다. 또 한편으로, Shirk(1993)는 중국의 경제개혁은 경제행위 주체 간의 이익분배구조를 재조정하였으며, 지방간부는 이러한 변화하는 환경 속에 중앙정부와 정치적 연합과 협상을 꾀하는 정치 행위자로 묘사하고 있다. 그러나 여기서 지방간부는 중앙과 지방 간의 행정체계인 다층적 위계관료조직(multi-hierarchical organization 혹은 雙重領導體制)에 예속되어 있는 속성을 지니고 있는 동시에, 자기 역내에 역시 자율적인 경제행위 영역을 지니고 있는 사실에 주목할 필요가 있다.

각 지역의 자율적 경제행위 영역 내에서 지방간부는 기업의 감독, 생산 분배, 지역무역정책, 은행의 대출과 세수의 처리 문제에 대한 경제통제권을 지니고 있다. 그러나 이러한 자율적 경제영역은 또 한편으로 각 지역의 경제, 사회사업의 발전과 해당 지역의 복지와 실업문제의 해결에도 주요한 책임을 지니고 있다는 것을 의미한다. 그리고 더 나아가 지역의 경제발전과 그 지역의 복지, 실업문제의 해

8) 개혁시기 중국 각 지역의 중복투자현상과 경공업 위주의 지역 간 동일한 산업구조 현상을 가져왔는데, 이것은 자기 지역 내의 지방간부의 과도투자 현상을 잘 설명해 주고 있다.

결은 지방간부의 정치적 실적으로 쌓이게 되는 것이다. 개혁시기에 만약 지방간부가 지역경제 발전의 목표에 도달하면서, 또한 지역의 복지와 실업을 해결하게 되면, 이는 특히 지방간부에게 그에 대한 적절한 보상과 직위의 상승이 주워 진다. 그러므로 중국 개혁의 지속적인 심화과정 속에서 지방간부는 보상과 승진의 기회를 얻기 위하여 지역경제의 성장과 각 지방정부 재정이익의 확대에 중요한 행위동기를 갖게 되는 것이다. 그러나 단 기간 내에 재정이익을 최대화하기 위한 지방간부의 일상 소비품에 대한 과도한 투자는 지역 간의 중복투자 문제와 시장봉쇄, 그리고 지역 간 지방 보호주의의 문제를 낳기도 한다.

요컨대 중국에서 지방분권을 중심으로 한 재정체제개혁은 지방간부로 하여금 지역경제성장의 정치, 경제적 동인을 갖게 하였다. 지역경제의 발전을 위한 지방간부의 선택적이면서도 적극적인 행위전략은 전체적으로 볼 때 지방정부의 기업가적 역할을 구성한다. 특히 지방정부의 기업가적 역할은 중국 재정제도의 변천을 계기로 하여 지방정부의 재정자주권과 밀접한 관련을 맺고 있다. 다시 말하면, 지방간부의 정치적, 경제적 행위는 정부재정수입의 확대로 나타나게 되는 경제적 보상뿐만 아니라 정치적 승진을 통한 보상을 얻기 위함과 깊은 관련이 있다. 이러한 맥락에서 개혁개방 이후 지역경제성장을 위한 중국 지방정부의 경제적 역할 역시 재정제도의 변천과 깊은 관계성을 갖고 있다.

3. 개혁개방 이후 재정체제개혁과 지방정부

1) 1980년대 재정도급계약제(財政承包制)와 지방정부

개혁개방 이후 재정체제에 대한 개혁은 중앙과 지방의 재정관계, 그리고 정부와 기업 간의 재무관계를 변화시킨 핵심요인이다. 중국의 재정관리체제는 대체로 1949년부터 1979년까지 고도 계획경제시기, 1980년부터 1993년까지 재정도급제 개혁시기와 1994년 이후부터 분세제 개혁시기로 구분할 수 있다(<표 1> 참조). 따라서 중국의 재정분권개혁은 전반적으로 1980-1993년 사이의 재정도급계약제(財政承包制)와 1994 이후 현재까지 분세제(分稅制)의 실시를 그 특징으로 하고 있다. 개혁개방 이후 먼저 1980년대 진행했던 재정분권개혁은 중앙정부의 재정부담을 줄이고 더 이상 지방의 지출을 위한 예산의 할당을 보장하지 않으려는 시도에서 출발한다. 그러나 결과적으로는 중앙으로의 재정상납 후에 일정 재정수입에 대한 보유(讓利)를 허락했다는 점에서 지방정부의 경제활동에 상당한 인센티브를 부여하였다. 이 점에서 중국 내에서는 중앙과 지방정부의 사이의 재정적 인센티브 구조는 개혁개방 이후 지방정부의 역할변화와 행위패턴을 설명하는 중요한 요소로 받아들이고 있다. 단적으로 지방정부는 재정과 인적, 물적 자원에 대해 자주적인 배분을 행사할 수 있는 행정관리권(事權, 즉 직권으로서 정부가 공공사무와 서비스를 감당해야 하는 임무와 책임)을 가지게 되었으며, 또한 지방정부는 지역 생산요소 배치와 경제운영을 조절할 수 있게 되었다.

<표 1> 중국 재정관리체제의 변천(1959년부터 현재까지)

시기	연도	재정관리체제	재정분권
고도 계획경제체제 시기	1950년	고도 집중, 일괄수입 및 지출	/
	1951-1957년	수입과 지출 구분, 분할 관리	/
	1958년	수입에 따른 지출 결정, 5년 불변	제1차
	1959-1970년	총액구분(总额分成)①, 매년 변함	/
	1971-1973년	재정 수입 및 지출 도급	제2차
	1974-1975년	수입고정비율 유보, 지출에 대한 도급	/
	1976-1979년	총액구분(总额分成), 매년 변함	/
개혁초기 시기	1980-1984년	수입과 지출 구분, 분할 도급	제3차
	1985-1987년	세종 구분, 수입과 지출 상정, 분할 도급	/
	1988-1993년	재정도급 관리체제	/
분세제 개혁시기	1994년부터 현재	재정분세제 관리체제	제4차

주: ① 전(前) 2년 대비 재정수입과 지출 현황에 근거하여 수입과 지출 기준을 상정하고, 이를 다시 총 수입에서 지방의 지출비중을 정하여 지방의 수입유보와 중앙의 상납비율을 확정하는 것임
자료: 張璟, 沈坤營(2008), p.57

1980년대 재정도급계약제(fiscal contracting system)는 비교적 성공적으로 지방정부의 적극적인 역할을 촉진했으나, 또 한편으로는 지방정부의 지나친 행정 간섭, 그리고 기업과의 연합관계는 비규범적이고 비생산적인 재정수입과 지출을 가져오게 했다. 재정도급계약제는 중앙과 지방, 그리고 정부와 기업 사이의 계약을 기초로 한 세수지불관계를 형성하는데, 이는 지방정부와 기업 사이의 상호 거래관계에서 나타나며 중앙의 재정수입에 포함되지 않는 '예산외수입(豫算外收入)'[9]을 증가시키려 하였다. 이와 동시에, 기업에 대하여는 감

9) 행정수단을 통하여 수집한 각종 자금(基金)을 의미하며, 따라서 재정상납의 비율에

면혜택을 주면서 지방재정수입을 극대화하고자 하였다. 따라서 재정도급계약제하에서의 중국 지방정부는 지역경제성장에 대한 적극성을 띠게 되었으나, 다른 한편 지방정부와 기업 사이에 형성되기 시작한 경제적 이해관계는 이 재정체계 자체의 한계로 드러났다. 그리고 1980년대 주로 실시되었던 재정도급계약제의 또 다른 문제는 재정분권 형식을 통한 지출 부담과 재정적자를 해소하고자 하는 중앙의 의도와는 달리, 계속해서 중앙정부의 재정적자를 증가시켰다.

일반적으로 초기 재정제도에서, 예를 들어 도시지역의 재정수입의 원천은 (1) 관할 국유기업, 집체기업, 개입기업 이윤에 대한 세수와 판매이윤의 상납, (2) 도시 관리비와 건설세, (3) 지방세, 그리고 (4) 공공설비 사용세와 징수금에 의존하고 있었다. 그리고 점차 재정분권체제가 촉진되면서 지방정부의 재정수입의 주요 원천이 관할기업의 상공업세(工商稅)에 집중되어 있다. 하급(下級) 지방정부 역시 기업의 상공업세(工商稅)로 상급(上級) 지방정부와의 세제수입의 분배를 진행하게 된다. 특히 1984년 이후 중국은 이윤상납을 세금납부 형식으로 바꾸는 '이개세(利改稅: 이윤상납을 세금납부 형식으로 개혁)' 제도를 실시하면서, 중국의 기업은 간접세(생산세, 부가가치세, 영업세)와 기업소득세, 조절세(調節稅)[10]를 납부하게 되었다. 그리고 외국기업은 고정적인 상공업세(工商稅)만을 납부하도록 되었다. 그리고 1987년에는 도급계약책임제(承包責任制)가 기업소득세를 대체하였는데, 즉 도급계약에 따른 이윤상납이 세수교부를 대체하는

포함되지도 않는다.

10) 조절세란 소득세 징수 후 이윤액이 규정 한도를 초월한 기업으로부터 더 징수하는 세금을 말한다.

상황을 동반하였다. 따라서 국유기업은 정부와의 이윤상납에 대한 협상과정에 참여하기 시작하였으며, 정부와의 협상은 세수의 교부비율과 지불이윤의 총액을 결정하였다.

그러나 이러한 세수제도는 먼저 지방기업과 지방예산 사이의 직접적인 연계로 말미암아 지방정부는 지방산업기업의 보호를 통한 재정수입의 증가에 강한 동기를 가지게 되었다. 지방정부는 세수와 지출정책상 관할 기업에 대한 지역보호주의 조치를 종종 취하기도 하였다. 또한 지방정부는 '예산내수입(豫算內收入)'을 '예산외수입(豫算外收入)'[11]으로 전환시키고자 하면서 기업 감면세의 범위를 확대시키고자 하였다. 즉, 지방정부는 간접세에 대한 감면을 통하여 예산외수입과 정부징수 자금 등의 '비규범적인 수입'[12]을 증가시키려는 의도에서 예산내수입을 감소시키고자 하였던 것이다. 따라서 지방정부와 기업 간에 이루어진 도급계약책임제(承包責任制)는 특히 지방국유기업의 생산적인 투자결정을 게을리하고, 반면 지방정부와 국유기업, 그리고 지방은행 사이에는 바람직하지 못한 유착관계를 가져왔다.

예를 들어, 성도시(成都市) 정부의 재정수입의 원천 역시 기업 공상세와 관련된 예산내수입과 예산외수입, 그리고 각종 정부부문 기구의 징수와 기금 등의 비예산 정부자금으로 구성되어 있다. 성도시 정부 역시 재정수입의 확대를 위해서는 정부 예산외 자금과 재정징

11) 지방재정에 포함되는 예산외수입은 상공업부가세, 상공업소득세와 기타 세수의 부가수입, 지방에 집중되어 있는 갱신개조자금수입, 공공재산과 공공주택의 임대수입 등이다. 이에 대해서는 http://baike.baidu.com/view/442003.htm를 참조.

12) 지방정부의 '비규범적 수입'에 관한 설명은 다음을 참조, 樊鋼(主編), 『漸進改革的政治經濟學』, (上海: 上海遠東出版社, 1997).

수, 기금의 증가에 크게 의존할 수밖에 없었다. 예산외 자금은 지방세수와 공공사업 부가징수비(附加費), 그리고 지방국유기업의 예산외수입에 의존하게 되는데, 특히 재정징수와 기금조성은 정부부문이 각종 수단을 동원하여 모은 자금이라 할 수 있다. 이러한 자금은 모두 성도시 정부의 재정부문이 자유로이 이용할 수 있는 자금이므로 성도시 역시 동일하게 감면과 기업에 이익을 양보하는 방법으로 지방재정의 문제를 해결하는 동시에 지방재정의 예산외수입을 증가시키려는 동기를 가지고 있었다. 아래 <표 2>는 1980년대 중엽부터 시작해서 성도시의 재정수입의 증가가 비교적 빠르게 증가하고 있으며, 특히 1988년부터 1989년 시정부 재정수입이 신속히 증가하고 있음을 보여준다. 이 기간 동안 재정수입의 빠른 증가비율을 놓고 보면, 1988년 성도시 지방재정수입이 1987년에 비해 17.9% 증가하였고, 1989년에 지방재정수입이 다시 19.8%로 증가하였음을 보여준다.

<표 2> 성도시의 재정수입과 재정지출(1980-1990년대 초)

(단위: 万元)

연도	재정수입	재정지출	재정수치차액	연도	재정수입	재정지출	재정수치차액
1980	75,687	33,359	42,328	1987	138,508	72,036	66,472
1981	70,993	30,410	40,523	1988	163,280	81,306	81,974
1982	73,839	30,466	43,373	1989	195,905	105,061	90,844
1983	86,090	35,018	51,072	1990	203,981	119,179	84,802
1984	95,642	45,790	49,852	1991	224,354	144,965	79,389
1985	116,497	59,707	56,790	1992	249,041	167,587	81,452
1986	133,535	68,105	65,430	1993	337,751	244,909	92,842

자료: 成都市統計局, 『成都統計年鑒』1998, 成都: 中國統計出版社, 1998, p.268

결국 지방정부는 지역경제의 공공목표를 수행하기 위한 합리적인 세수행위를 진행시키는 동시에, 정부부문의 간부, 사회복지, 행정에 드는 비용을 충당하기 위해 행정 권력을 이용한 재정이익을 추구하는 행위를 하였던 것이다. 이에 상응하여, 특히 지방 국유기업에 대하여는 세무와 자금 분담 항목이 많을수록 기업의 이윤유보 수준을 상대적으로 감소시켰다. 기업이 기술혁신 투자자금이 필요할 경우에는 지방정부의 기술개발정책, 감면정책에 의존할 수밖에 없었고, 상대적으로 자금 적립의 기회가 적었다(揚守德 1992, 10). 이러한 재정정책은 기업에게 지대추구(rent-seeking)의 기회를 제공하였다. 그러나 기업의 입장에서 보면, 지방정부와의 관계가 개혁이전의 단순한 수직적 지배－복종관계[13]를 유지하고 있는 것은 아니었다. 기업 역시 이윤유보를 위한 지방정부의 내부적인 협상과정에 참여하기 시작한 것이다. 기업은 정부에 대해 상대적으로 기업자신의 이익을 관철시키고자 하는 목적에서 되도록이면 지방정부와 내부거래관계를 통한 협상을 적극적으로 전개하고자 하였다. 따라서 지방정부와 기업 사이에는 일종의 복잡한 교환관계가 형성되기 시작하였다.

정부예산과 지방기업 간의 불투명한 연계는 Kornai(1985)가 지적한 것처럼, 예산제약이 연성화(軟性化)되는 과정을 초래하였다. Kornai의 시각에서 보면, 재정분권화 개혁 이후에도 상대적으로 독립적인

13) Kornai는 헝가리의 개혁에 대한 경험적 연구를 통하여 국가사회주의체제에서 정부와 국유기업의 관계는 일반적으로 상호 수직의존적인 조직체계의 특징을 지니고 있고, 따라서 기업의 예산은 연성화된다고 지적하고 있다. 이 점은 전통적인 계획경제 체제하에서의 중국에서도 마찬가지로 기업은 자원의 투여에 따라 단순히 생산하는 행정적인 사업단위로서 정부와는 상하 예속적인 수직관계를 가지고 있었던 것이다. 다음 Janus Kornai, "The Hungarian reform process: visions, hopes, and reality", *Journal of Economic Literature*, 24(4), 1986, pp.1687-1737을 참조.

향진기업과는 달리 상급 지방정부와 지방국유기업 간의 관계는 계획경제체제에서 나타나는 이중적 조직의존체계의 기본 특징을 벗어나지 못하고, 반대로 재무관계상의 연계는 지방정부와 기업 간의 내부 거래적인 협상관계를 강화시킨 것이다(Kornai 1985, 13-14). 게다가 재정도급계약제는 재정이익을 목표로 한 지방정부에게 역시 지대추구 행위를 가져왔던 것이다. 특히 중국의 여러 지방정부에서 목격되고 있는 바와 같이 세수와 지출정책상 채택한 비경쟁적 기업보호주의 형식은 중국 개혁에 있어서 재정분권화의 효용을 감소시키는 부작용을 가져왔다.

2) 분세제(分稅制)의 실시와 지방정부 재정수입의 연원

중앙정부가 1990년대 결정적으로 이 재정도급계약제를 개혁하게 된 원인은 재정분권화 형식을 통해 중앙의 지출 부담과 재정적자를 해소하고자 하였으나, 오히려 중앙정부의 재정적자를 증가시켰다. 중국 중앙정부는 합리적인 세제기초를 구축하고, 중앙정부의 재정수입을 확대하기 위한 목적으로 다시 1994년부터 분세제(分稅制)를 실시하기 시작하였다. 또한 분세제는 사실상 중앙정부와 지방정부 사이의 행정관리권(事权, 즉 공공사무와 서비스에 대한 임무와 책임)과 재정권의 관계를 효과적으로 처리하기 위한 방침이기도 했다. 따라서 분세제로의 개혁의 주요 특징 중의 하나는 기업소득세와 유통세[14]에 대한 개혁에 있었다. 분세제 개혁은 중앙 지방 간의 재정책

14) 권리 또는 재화의 이전 사실에 조세를 부담하는 능력을 인정하여 부과하는 과세로서 부가가치세, 소비세, 영업세, 관세 등이 포함된다.

임관계를 명확히 구분하고 중앙과 지방 간의 세수행정체계를 분리하고자 하였다. 말 그대로 분세제는 행정관리권, 세금의 종류, 관할범위를 구분한다는 것으로 중앙과 지방 사이의 행정관리권과 재정권(財權, 즉 징수권과 지출권) 관계뿐만 아니라 각급 지방정부 사이의 재정배분관계의 등급을 나누어 재정 관리를 효과적으로 처리하기 위함이었다. 분세제는 세금의 종류에 따라 중앙세와 지방세, 그리고 중앙과 지방이 서로 공유하는 공통세로 구분하는 분세제를 실시하였던 것이다(<표 3> 참조).

이러한 분세제(tax-sharing system) 시행의 결과 중앙의 재정은 크게 개선된 반면, 지방정부의 재정지출 부담이 증가하면서 자신 스스로 재정을 조달해야 하는 자기－의존적 재정과정이 강화되었다(<표 3> 참조). 먼저 기업소득세에 대한 개혁은 국유, 집체, 개체기업의 소득세를 통일시키고 기업이윤에 대한 단일세율을 적용하게 하였다. 즉, 기업에 대해 최고 55%에 이르렀던 세수를 33%의 정상세율로 감소시켰던 것이다. 또한 유통세에 대한 개혁은 부가가치세를 주로 하고 소비세를 보충하여 조절하는 유통세 제도를 확립하였다(何振一 1994, 34-36). 나아가 중앙정부는 기업에 대한 지방정부의 감면세 비준을 취소하였으며, 감면세 정책을 실행할 경우 국무원의 비준을 얻도록 했다(王紹光 1997, 120). 즉, 1994년에 새로 도입된 분세제 체제하에서는 세금의 종류를 명확히 구분하여 재정세수체계를 확립하자는 데에 있었다.

이 분세제의 도입으로 중국의 재정세수체계는 비로소 세수정책의 투명성과 중앙·지방이 조세수입을 공동 배분하게 되는 규범화된 제도를 확립시켰다. 특히 중국의 분세제체제에서는 기본적으로 유동세(流转税)와 소득세를 중심으로 다양한 세금의 종류를 중앙과 지방의 여러 단계에서 징수하는 복합적인 세수체계를 구성하였다.[15)]

<표 3> 분세제 재정체제의 시범적 시행 방법*

1. 수입의 구분: 중앙재정고정수입, 지방재정고정수입, 중앙과 지방의 재정공동배분수입
(1) 중앙재정고정수입: 관세와 세관이 대신 징수하는 물품세, 부가가치세, 상공업통일세(工商统一税)를 포함하여 (휘발유, 경유 등의)연료특별세, 특별소비세, 전문항목조절세, 외자 및 합자해양석유기업의 상공업통일세와 소득세, 담배 및 주류 가격인상 전문항목수입, 중앙인프라 대출반환원리금수입, 중앙소속국영기업의 기업소득세 · 조절세 · 상납이윤 · 정책성 적자보조금, 중앙부서소속 중외합자기업 기업소득세, 철도부 · 각 은행본점 · 보험회사본사의 영업세, 채무수입과 기타 중앙정부 귀속수입
- 석유부 · (예전)수리전력부 · 석유화학기업본사 · 비철금속기업본사 소속 기업의 물품세, 부가가치세, 영업세의 70%를 중앙재정고정수입으로 잡는 방식을 고쳐 일반 물품세, 부가가치세, 영업세 중에 편입시키고, 새로운 중앙과 지방의 분할방법을 시행함

15) 분세제에 의해 확정된 **중앙세**는 관세, 세관이 대신 징수하는 소비세와 부가가치세, 소비세, 기업소득세: 철도운수, 국가우편, 중국공상은행, 중국농업은행, 중국은행, 중구건설은행, 국가개발은행, 중국농업발전은행, 중국수출입은행과 해양석유천연가스기업이 납부하는 소득세, 영업세: 철도부와 각 은행본점 및 보험회사본사가 납부한 영업세, 도시정비건설세: 철도부와 각 은행본점 및 보험회사본사가 납부한 도시정비건설세, 차량구매세, 개인소득세: 저축예금이자에 징수되는 개인소득세. **지방세**는 영업세(철도부와 각 은행본점 및 보험회사본사가 납부한 영업세는 포함하지 않음), 농촌소도시토지사용세, 도시정비건설세(철도부와 각 은행본점 및 보험회사본사가 납부한 부분은 포함하지 않음), 가옥세, 차량선박사용세, 인지세, 농업특산수입에 징수된 농업세, 경지점용세, 부동산취득세(契税), 토지부가가치세, 도시부동산세, 차량선박사용영업허가증세. **공통세**는 부가가치세: 중앙 75%, 지방 25%, 소득세: 철도운수, 국가우편, 중국공상은행, 중국농업은행, 중국은행, 중국건설은행, 국가개발은행, 중국농업발전은행, 중국수출입은행과 해양석유천연가스기업이 납부한 소득세의 중앙귀속분 이외에 기타 기업소득세, 개인소득세는 중앙과 지방이 비율에 공동 배분. 2002년 소득세는 중앙 50%, 지방 50%로 공동 배분; 2003년에는 중앙 60%, 지방 40%; 2003년 이후 배분 비율은 실제 수입상황에 근거하여 재확정. 또한 2001년를 기준 시로 지방에 배분되는 소득세수입이 실제소득세수입보다 적을 경우 차액분은 중앙이 기준치를 정해 지방에 반환하고, 실제소득수입이 클 경우 차액분은 지방이 기준치를 정해 중앙에 납입. 자원세: 육지자원세는 지방수입으로 귀속, 해양석유자원세는 중앙수입으로 귀속, 증권거래인지세: 2002년부터 중앙 97%, 지방 3%로 공동배분, 교육세부가수입: 철도, 은행본점, 보험회사본사가 납부세금은 중앙귀속, 기타수입은 지방귀속. http://blog.sina.com.cn/s/blog_67f88a7801015dz6.html(검색일: 2012.8.23).

(2) 지방재정고정수입: 도시정비건설세를 포함하여 차량선박사용세, 가옥세, 도축세, 가축거래세, 공정무역세, 계약세, 상금세, 인지세. 특수 농업 및 임업 제품세, 지방국영기업소득세, 조절세, 상납이윤과 정책성 적자보조금, 집체기업소득세, 외자기업과 지방부문 소속 중외합자기업소득세, 도농개체공상업자영업세와 소득세, 사영기업소득세, 개인소득세, 개인수입조절세, 국영기업임금조절세, 지방인프라 대출반환원리금수입, 염세, 공상세수세금체납금과 세금보충벌금수입 및 기타수입

(3) 중앙과 지방의 재정공동배분수입: 제품세를 포함하여 부가가치세, 영업세, 상공업통일세, 자원세, 배분비율은 소수민족지역에 대해서는 중앙과 지방이 2:8로 하며, 기타지역은 일률적으로 5:5로 배분함

2. 지출의 구분

(1) 중앙재정지출: 중앙이 전면 관리하는 인프라투자를 포함하여 발굴 및 개조와 신제품 시험제작비, 간이건축비, 지질탐사비, 농업지원지출, 국방비, 무장경찰부대경비, 민간방공경비, 대외원조지출, 외교지출, 그리고 중앙급 농림수리사업비, 공업과 교통운수업부문 사업비, 문화와 교육 및 과학 위생사업비, 행정관리비, 공안국 · 검찰원 · 법원지출, 국내외채무 원금과 이자상환 지출, 중앙이 부담하는 가격보조금지출, 기타지출

(2) 지방재정지출: 지방이 총괄하는 인프라투자를 포함하여 지방기업의 발굴 및 개조 외 신제품의 시험제작비, 간이건축비, 농업지원지출, 도시 정비 및 건설세, 지방 농림수리사업비, 공업과 교통운수업부문 사업비, 문화와 교육 및 과학 위생사업비, 행정관리비, 공안국 · 검찰원 · 법원지출, 민병사업비, 가격보조급지출, 기타지출 등

(3) 중앙이 주관하는 전문항목 지출: 특대형 자연재해구제비를 포함하여 가뭄 및 홍수예방 보조비, 경제낙후지역 발전지원자금, 변경지역건설 사업보조비, 식량 및 식용유 가격인상분 등. 이 지출항목에 대해서는 중앙재정이 통일적으로 관리하여 전문항목 지출을 실시하며, 지방재정지출 도급범위에 포함시키지 않음

(4) 시범지역은 상술한 수입 및 지출범위에 의거하여 상정함. 지방재정 고정수입과 공동배분수입이 지방재정지출 기준보다 큰 부분에 대해서는 5%의 점진적 증가비율에 의거한 도급으로 일률적으로 해결함. 지방재정고정수입과 공동배분수입이 지방재정지출 기준보다 작은 부분에 대해서는 중앙의 재정을 통해 정액보조하며, 소수민족지역에 대해서는 적절히 안배함

주: * 일부지역을 대상으로 테스트 방안으로 구성된 이 시행방법(안)은 중국 재정부가 1992년 6월 5일 반포하여 그 유효기간은 1997년 9월 8일까지임

자료: 财政部(1992), "关于实行'分税制'财政体制试点办法",
http://www.law-lib.com/law/law_view.asp?id=54734(검색일: 2012.8.23)

이러한 분세제는 중앙과 지방 사이의 재정적 권한관계를 제도적으로 규범화시키게 되었다는 데 큰 의미가 있다. 또한 지방정부에 대해서는 여전히 지방재정의 압력, 그리고 지방 간부에게는 정치적 승진의 동기로 인해 마치 여타 연방제 국가의 지역정부 간의 경쟁처럼 지역 간 경쟁(즉, 지역의 GDP증가와 재정수입의 증가를 위한 경

쟁)을 강화시키는 데에는 큰 변화가 없었다. 즉, 분세제는 부가가치세, 영업세, 기업소득세와 기타 상공업세를 위주로 하는 지방세수체계를 형성함으로써 지방정부의 재정수입과 지역 GDP와 직접적 연계를 더욱 강화하게 되었다.

그리고 2002년에 중앙정부는 다시 소득세를 50:50으로 서로 공동 배분하는 세수개혁을 추진하여 2003년에는 또다시 기업소득세와 개인소득세를 중앙이 60%, 지방이 40%로 나누어 갖는 공통세로 변화시켰다(陶勇 2011, 70). 이에 따라 지방정부는 소유주처럼 기업에 대한 적극적 관리를 통해 기업으로부터 얻을 수 있는 재정수입이 감소하고 있는 반면, 지방정부의 고정수입으로 분류된 세종(稅種)에 대해서는 징수를 강화하는 경향이 나타났다. 즉, 영업세는 지방정부의 주요 재정수입원이 될 수밖에 없었다. 또 지방정부는 재정수입 증가를 위해 토지사용권 임대수입과 같은 새로운 예산외수입원(土地財政)을 개발함으로써 지방정부 재정수입의 중요한 원천이 되었다.

심지어는 토지와 관련된 각종 요금과 토지사용권 양도수입, 즉 토지양도금이 완전히 지방정부에 귀속되기 때문에 지방정부의 비공식적 수입으로서 예산내수입과 예산외수입에도 포함시키지 않는 경우도 있다.[16] 예를 들어 <표 4>와 같이 성도시정부의 공공재정 및 정부기금 수입 결산표는 이를 잘 보여준다. 이로써 분세제는 중앙정부의 의도대로 중앙재정수입은 대폭 증가시켰지만, 지방정부는 재정수

16) 국무원발전연구센터는 2011년 중국 지방정부의 '토지사용권 양도금(土地出讓金)' 수입총액은 3.15조 위안으로 밝힌 바 있는데, 중국재정부가 공개한 2011년 공공재정수입지출 상황에 따르면 2011년 중국의 재정수입총액은 10조 3,740억 위안이며 이 중 지방정부의 재정수입총액은 5조 2,434조 위안이다. 이는 2011년 중국 지방정부의 토지사용권 양도수입총액이 당해 지방정부 재정수입의 60%를 차지했음을 의미한다. 农民日报, 2012.2.8.

입의 상당한 부족과 함께 재정수입 및 지출의 불균형을 확대시키는 결과를 초래하고 있다. 또한 영업세가 주요 재정수입원이 되는 상황에서 지방정부는 영업세의 주요 대상인 교통운수, 건축업, 금융보험업 등과 같은 제3차 산업에 대한 징수에 의존하게 되지만, 철도부, 각 은행본점과 보험회사본사가 납부하는 부분은 중앙정부에 귀속됨으로써 사실상 영업세는 하나의 공통세와 같이 되었다.

전체적으로 볼 때, 분세제 역시 재정도급계약제에서의 절대적 의존도의 감소에도 불구하고 지방정부가 기업에 대해 갖는 재정수입뿐만 아니라 예산외수입 증가에 대한 동기를 크게 변화시키지 못했다(張中華 1997, 173).

<표 4> 2011년 성도시정부의 공공재정 및 정부기금 수입 결산표

(단위: 万元)

수입항목	예산	집행	비중	증가율	정부기금 수입항목	예산	집행	비중	증가율
지방공공재정 수입 합계	1476000	1924304	130.4%	18.5%	**정부기금 수입 합계**	2571680	4195810	163.2%	5.2%
1. 세수수입	1157521	1252149	108.2%	23.3%	1. 산적 시멘트 자금수입	2600	2189	84.2%	3.1%
부가가치세	106669	122857	115.2%	24.5%	2. 신형 담장 재료기금수입	12300	11410	92.8%	-3.6%
영업세	279312	292996	104.9%	19.6%	3. 지방교육 부가수입	31500	72992	231.7%	163.8%
기업소득세	147141	174115	118.3%	42.2%	4. 육림기금 수입	60	25	41.7%	-59.0%
개인소득세	46516	51474	110.7%	25.2%	5. 산림식생 회복비				
자원세					6. 지방수리 건설기금수입	10000	7751	77.5%	8.6%
도시정비건설세	135158	179870	133.1%	51.7%	7. 장애인취업보장금수입	12000	11856	98.8%	19.9%
가옥세	24191	28003	115.8%	32.0%	8. 정부주택 기금수입	36000	21939	60.9%	-16.7%

인지세	21525	22126	102.8%	16.5%	9. 도시공용 사업부가수입	17200	19782	115.0%	-22.0%
도시토지사용세	19699	17447	88.6%	0.3%	10. 국유토지사용 권임대수입	2040000	3447709	169.0%	-0.6%
토지부가가치세	81098	94596	115.6%	33.2%	11. 국유토지 수익기금수입	56500	10000	17.7%	-50.0%
차량선박세	43026	44924	104.4%	20.2%	12. 농업토지 개발자금수입	3500	2252	64.3%	-57.4%
경지점용세					13. 도시인프라부 대비수입	240000	372144	155.1%	15.5%
부동산매매세	253186	223741	88.4%	0.1%	14. 자량통행비	65000	65063	100.1%	3.3%
2. 비세수수입	318479	672155	211.1%	10.5%	15. 무역촉진회 공공서비스비	20	30	150.0%	
전문항목 수입	62300	120207	192.9%	117.1%	16. 무선주파 점용비		164		
행정사업서비스 수입	170000	187870	110.5%	-24.3%	17. 기타정부 기금수입	45000	150504	334.5%	
금고 및 벌금수입	60000	73633	122.7%	31.0%	**이전성 수입 합계**		1175059		
국유자본경영수입					상급 보조 수입		176024		
국유자원(자산)유상사용수입	26179	144832	553.2%	-22.9%	구(시)현 납입수입		13792		
기타수입		145613		139.5%	조정자금		963602		
이전성 수입 합계		3562763			전년 이월금		21641		
상급 보조 수입		2126200			**정부기금수입 총계**		5370869		
반환성 수입		469531							
부가가치세와 소비세조세반환수입		331873							
소득세 기수 반환 수입		81691							
정제유가격 및 세비개혁 반환수입		55967							
일반성 이전지출 수입		669466							
체제보조 수입									
균형성 이전 지출보조수입		38190							
임금조정 이전지출보조수입		171240							

농촌세비개혁 보조수입		39772							
현급기초재원보장 메커니즘 장려 보조수입		2646							
일반 공공서비스 이전지출보조수입		123							
공공안전이전지출 수입		13717							
교육이전지출수입		61180							
사회보장 및 취업 이전지출수입		43116							
의료위생 이전 지출수입		110554							
농림수산업 이전지출수입		13290							
곡식(기름)생산 모범 현 장려자금 수입		6834							
기타 일반성 이전지출수입		168804							
전문항목 이전지출수입		958115							
지진후 복구 보조수입		29088							
구(시) 현 납입 수입		364415							
지방정부채권 전환대출수입		500000							
예산안정조절기금									
조정 자금									
전년도 이월분		672148							
공공재정수입 총계		5587067							

자료: 成都市財政局, http://www.cdcz.chengdu.gov.cn/index.lf?c=showIndex(검색일: 2012.10.5.)

또한 분세제는 중앙과 성급(省級)에 해당하는 정부와 세금의 종류를 명확하게 구분하였을 뿐, 성급(省級) 이하의 지방정부의 예산은 상급 정부의 결정에 의존할 수밖에 없는 상황을 가져왔다. 즉, 행정관리권과 재정권(재정권 내에 지출권)이 분명하게 규정되어 있지 않은 분세제체제에서는 현급(縣級)과 현급 이하 향급(鄕級) 지방정부의 재정 역시 불안정한 상태에 처할 수밖에 없는 상황이다. 다른 한편, 부가가치세의 75%와 소비세는 중앙으로, 그리고 영업세는 지방으로 귀속되는 분세제 체제하에서 자원이 비교적 풍부한 내륙지역에서는 자원산업과 같은 2차 산업의 발전은 억제시키고 3차 산업의 발전을 촉진시키는 변화도 있었다('區域稅收政策'課題組 1998, 42).

그런데 중앙재정의 재정이전지출제도[17] 역시 미흡하게 규정되어 있는 조건에서 비교적 경제수준이 발달된 동부 연해지역과 낙후지역의 중서부 내륙지역과의 지역격차는 재정의 공공서비스 측면에서 지역 간의 불균등한 재분배문제 등을 초래할 수밖에 없는 현실이다(Wong 2007, 6). 이러한 문제들은 현재의 재정분권체제에서 중국의 지방정부는 재정지출비중이 상승하는 추세에서 중앙정부의 재정이전지출에 의존하기보다 각 성 내부의 재정지출에 의존하게 된다는 것을 의미한다. 또한 정부성과의 평가기준이 GDP, 지방재정수입, 그리고 취업지표가 되는 상황에서 중국의 지방정부는 재정수입의 확대를 통한 재정지출을 보장하기 위해 지역 간의 치열한 경쟁을 펼치게 되어 있다(柳倍林 2005, 70).

이러한 재정분권개혁으로 인한 지역 간의 GDP 성장경쟁은 결국 지방정부의 기능과 역할에 긍정적, 부정적 영향을 지속적으로 미치게 된다(<그림 1> 참조). 따라서 중국의 재정분권 개혁이 지방정부

17) 중국의 재정이전지출제도는 일반적 재정이전지출, 전문항목이전지출, 기타 이전지출, 그리고 조세수입반환·체제보조 및 결산보조 네 가지로 구성되어 있다. 그런데 이 중 세수반환·체제보조 및 결산보조가 중국 재정이전지출제도의 주요 부분을 차지하고 있고, 특히 세수반환은 1993년을 기준으로 삼고 있어 이는 기존 성 정부들의 기득이익을 반영한 것이다. http://baike.baidu.com/view/1406747.htm(검색일: 2012.8.23).

에 미친 영향들을 살펴보면, 첫째, 재정수입의 확대를 위해 중국의 지방정부는 국유기업의 개혁과 인프라 건설을 촉진시키게 되었다. 경쟁력이 떨어지는 국유기업의 민영화(改制)는 물론 인프라 건설을 통한 유동성 자원을 끌어들이고자 하였다(Qian and Ronald 1998, 1145-1162). 둘째, 재정분권개혁으로 인한 지방정부의 경제적, 정치적 보상에 대한 동기는 지역경제성장을 위한 제도적 혁신 행위를 가능하게 하였다. 예를 들어, 국유기업의 민영화 개혁이라든가 비국유부문의 발전촉진은 지방정부의 최선의 선택으로 귀결되었다. 셋째, 그러나 재정분권개혁은 지방정부로 하여금 맹목적 투자 및 투자과열, 재정지출구조의 왜곡으로 나타나기도 했다. 특히 재정지출구조의 왜곡은 정부투자의 단기적 성과추구 경향으로 인한 것인데, 지방정부는 인프라투자를 중시하는 반면, 과학교육, 위생 등의 공공재에 대한 투자를 간과하는 경향이 있었다(傅勇・張晏 2007, 4-12). 넷째, 지방정부는 관할 지역의 경제적 이익을 위해 행정수단을 통한 시장봉쇄, 중복투자 및 지방보호주의 역시 변함이 없다는 점이다.

분세제를 통한 재정분권개혁은 중국이라는 국가의 성격에 따라 경제적으로 다소 연방제 특성을 지닌 중앙과 지방 간의 경제적 권한과 재정권의 배분을 제도적으로 규범화시켰다는 데 이견이 없다. 그러나 중국의 재정분권개혁은 비록 기업관리 역할과 기능 변화를 긍정적으로 불러왔음에도 불구하고 공공재(public goods)의 제공이라는 전형적인 서비스형 정부로의 전환에는 아직 부정적인 영향을 미치고 있다.

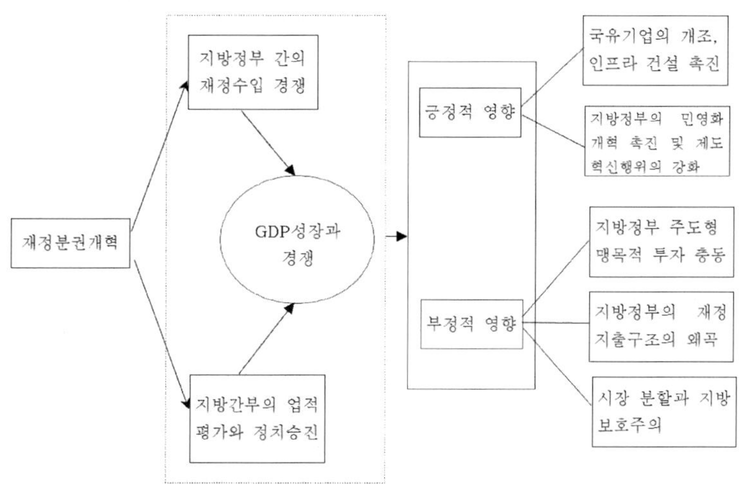

자료: 張璟·沈坤榮(2008), p.61

<그림 1> 중국 재정분권개혁이 지방정부에 미친 영향

3) 재정분권과 지방정부의 국유자산관리 역할의 변화: 四川省 成都市 사례

분세제의 몇 가지 심각한 미비점에도 불구하고, 예를 들어 쓰촨성(四川省) 성도시(成都市)와 같은 도시지방정부는 분세제의 실시로 지역경제발전의 문제를 고려하지 않을 수 없게 만들었다. 즉, 지역경제발전을 통한 자신의 재정력을 강화시키기 위해서는 지역자원구조상의 우위를 고려하지 않을 수 없게 되었다. 특히 지방정부의 재정수입은 지역경제발전의 정도에 제한을 받기 때문에 지방정부는 국유기업에 대한 정책성 대출도 일정 정도 제한을 받지 않을 수 없었다. 또한 1990년대에 이르러서는 현대기업제도의 실시와 지역 간 시장경쟁이 더욱 심화되면서, 재정수입의 확대를 위한 지방정부의 '약탈식' 행위방식으로는 지역경제의 발전을 가져올 수 없었다. 따라서 성도시정부와 같은 경우에는 지방정부의 경제관리 기능과 역할의 변화를 시도하지 않을 수 없었다. 이에 따라 성도시정부는 경제관리 주관부문기능의 효율성과 시장체계의 확대를 위해서 1990년대와 2000년대 지방정부의 기업관리 단계를 다시 변화시키기 시작했다.

먼저 시정부는 정부의 경제종합관리부문을 설립하였는데, 즉 시 국유자산관리위원회(國資委)와 사무기구인 시국유자산관리국(國資局)을, 그리고 시정부는 전문 관리부문을 정부기능을 갖지 않는 경제실체 혹은 국가가 권리를 부여한 국유자산경영단위와 자율성 산업관리조직으로 개조하였다. 국유자산의 경영과정에서 법인주체를 의미하는 국유자산경영기구와 자산경영권을 가지는 국유자산경영회사, 국유자산투자회사 혹은 지주회사를 설립하였다(<그림 2> 참조). 이상의 관리단계를 보면, 국유자산에 대한 관리를 둘러싸고 성도시정부는 정부의 행정관리 기능과 경영기능의 분리를 시도하고 있음을 볼 수 있다. 특히 시정부는 경제부문의 조정에 따라 역시 3단계의 감독기관을 구성하였는데, 즉 정부주체의 '정부국유자산 관리기구', 법인주체의 '국유자산 경영기구', 그리고 출자인주체의 '기업국유자산 감독기구'를 설립하였던 것이다. 이러한 변화는 시정부가 기업주에서 주주로서 그 역할을 담당하는 기능의 변화를 의미하며, 따라서 국유기업의 주식 기업제가 점차 진행되었다.

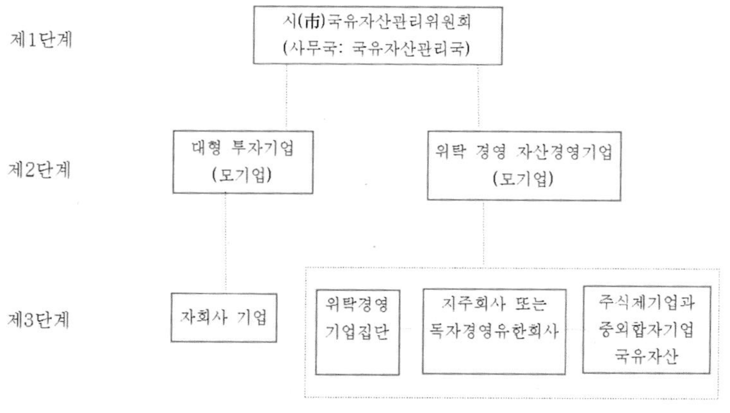

<그림 2> 성도시 국유자산관리와 운영체계

자료: 成都市政府财政局(2003), "中共成都市委、成都市人民政府关于加快国有企业改革的决定(成委发[2003]5号)", http://www.chengdu.gov.cn/GovInfoOpens2/detail_ruleOfLaw.jsp?id=SqVrwRGhDuv4scPU4S09(검색일: 2012.8.23.)

또한 성도시정부는 국유자산의 합리적 유동과 효율적인 결합을 위해 은행, 보험, 증권, 신탁을 분업하여 경영과 관리를 하는 금융조직체계와 개방형 재산권거래시장(產權交易市場) 등의 금융시장체계를 건립하였다. 바꾸어 말하면, 성도시정부는 금융시장조직체계의 건립을 통하여 지방경제를 조절하는 거시적인 통제수단을 가지게 되었음을 의미한다. 즉, 국유자산의 가치 증식을 위해 성도시정부는 시장기제와 보조를 맞출 수 있는 계획과 금융·재정정책을 시행할 수 있게 된 것이다(成都市政府 1995, 41-42). 그리고 성도시정부는 역시 중재기구(공증, 품질검사인증, 정보자문, 자산평가 등의 기구)와 산업협회, 산업노동조합, 상업회의소 등의 사회중개조직의 발전을 촉진함으로서 시정부, 기업과 중개조직 간의 일종의 연계망을 형성하였다. 이러한 점은 정부경제기능을 합리적으로 조정하고 시장기능을 강화시키기 위해 정부, 기업과 중개조직 간의 상호 협조관계를 형성하였다고 볼 수 있다.

정부기능 조정과 더불어 성도시정부(成都市政府)는 지역 간의 시장경쟁의 심화에 직면하여 다음과 같은 지방 산업기업 발전정책을 취하기 시작하였다. 먼저, 지역경제에서 중점 육성기업과 기업집단화 전략을 추진하기 위하여 정부의 기업에 대한 조정 및 협력관계를 발전시켰다. 즉, 이러한 정부와 기업관계의 형성은 경제성장을 위한 지역 간의 경쟁압력하에 이루어졌는데, 성도시정부는 판매수입이 2억 위안 이상이 되고 세금납부가 2,000만 위안 이상의 우수기업에 대해서는 중점적으로 육성하는 정책조치를 취하고, 또한 우수기업을 횡적으로 결합시키는 기업집단화를 추진하였다. 그리고 중점 기업에게는 금융기구의 유동자금을 우선적으로 배치시키면서, 기술개조와 기초건설 그리고 과학기술개발 등에 관한 대출을 제공하였다.

둘째, 기업의 그룹화 개조 이후에는 성도시정부가 기업에 대한 직접적 행정 간여를 간접적 개입으로 점차 전환하기 시작하였다. 즉, 국유재산권에 대한 적절한 중개조직(주식제 형식의 이사회와 감사회)의 대표를 통하여 성도시정부는 소유자로서의 권익을 보장하는 동시에 국유자산의 가치증식의 목표를 가지게 하였다. 이는 국유자산의 소유권은 국가에 속하지만, 그러나 국가를 대표하여 투자하는 부문 혹은 기구는 구체적으로 국유재산권을 행사하게 되었다는 것을 의미한다(成都市體改委 1994, 12).

셋째, 성도시정부는 거시적인 계획과 금융·재정정책을 통하여 국유기업의 채무가 심하고 기술개조자금이 필요한 상황에서 중점 육성기업에 대해서는 중장기 유동자금을 제공하였다. 또한 은행대출을 통하여서는 국유기업의 합병을 추진함으로 국유자산의 구조조정을 추진하였다. 그리고 1994년부터 성도시정부는 '기업상납수입' 중에서 예산초과 부분의 80%를 기업발전자금, 적자자금, 공장장(廠長) 장려자금으로 조성해 기업 인센티브제를 만들었던 것이다. 이와 더불어 국유자산 관리단계상의 경영성 기업에 대해서는 2년치 이윤을 기업에 유보함으로 적자를 메우거나 생산경영자금으로 활용토록 하는 동시에, 국유기업의 경영상의 적자에 대해서는 적자보조나 재정보조정책을 취소함으로 기업이 스스로 기술개조나 경제효율을 높이도록 하였다(成都市政府 1994, 36-38).

넷째, 성도시정부는 국유기업의 현대기업제도로의 개혁을 위해 2005년까지 시 누계 합병기업수는 301개, 파산기업은 172개, 주식제기업, 주식합작제기업 혹은 내외자기업(중외합작기업, 중외합자기업, 외국단독투자기업)으로의 개조기업은 1,303개에 이르러 성도시 소형 국유기업의 개조를 기본적으로 완결 지었다. 또한 성도시 산하 172개 대중형 국유기업 중에서 합병 및 파산기업은 84개이며 개조기업은 83개 기업에 이름으로서 국유기업의 재산권제도 개혁을 촉진하였다(中國經濟時報, 2006.8.29).

1990년대 현대기업제도의 추진과 더불어 분세제에 의한 세수체계 실시는 성도시정부로 하여금 재정이익을 도모하는 이윤분할 과정을 점차적으로 정상적인 기업세수체계과정으로 변모시키는 계기가 되었다. 성도시정부의 기구개혁과정을 살펴보면, 정부와 국유기업과의 관계에 있어 기업의 영리성 생산경영활동이 정부의 재정적 수요와 연계되어 있음을 볼 수 있다. 원래 성도시정부는 내륙의 공업기지로서 전통적인 계획체제의 영향이 지속되어 왔으나, 지역경제의 지속적인 성장을 위해서 점차 국유기업과 관련된 기술우위와 인프라환경의 발전 등을 통해 재정수입의 증가를 가져오고자 했다(<그림 3> 참조).

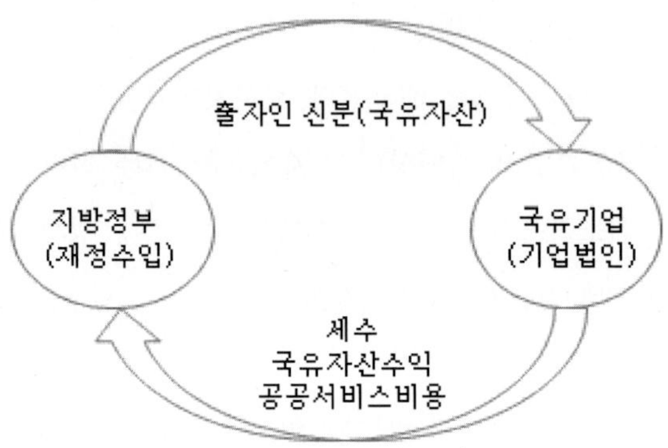

<그림 3> 재정분권체제에서의 지방정부와 국유기업 관계

다른 한편으로는 재정체계의 변화와 지역 간의 시장경쟁의 강화로 성도시정부는 정부의 사회경제적 관리기능과 국유자산의 소유자 기능을 분리함으로써 국유기업에 대해 자주적 경영을 제도적으로 보장할 뿐만 아니라 중소 국유기업에 대해서는 민영화를 추진하는 등의 국유기업개혁을 촉진시켰다. 따라서 성도시정부는 점진적으로 국유기업에 대한 정책성 대출과정을 줄이고, 중점 육성기업에 대한 자원배분을 시도하였다. 그리고 국유기업에 대해서는 거시통제적인 조절수단으로 기업관리 역할의 변화를 시도하면서, 성도시정부는 재정수입의 증가에 있어 도시경영에 집중하게 되었다. 이를 통해 관할 국유기업에 대해서 연성예산 제약적 요인은 점차 제거시키면서 기업발전과 지역경제성장과의 관계를 중시하게 되었다.

그러나 중국의 분세제 개혁은 전체적으로는 수입증가 및 지출절약에 대한 압박 또한 증가시켰다. 따라서 중국의 지방정부는 토지자원의 운영을 통한 도시경영 및 지방정부채권 전환대출이라는 새로운 수단과 새로운 재정수입원을 찾게 된 것이다. 즉, 중국의 초기 재정분권개혁의 추진이 지방정부로 하여금 기업경영활동에 간여하여 재정수입을 창출하고자 하는 '기업가적 행위'를 출발하게 하는 신호였다면, 이후 분세제의 도입 역시 또 다른 수단을 통해 '기업가적 행위'의 속성을 지속시키는 재정논리가 여전히 자리 잡고 있다.

4. 결론

재정분권개혁의 초기 지방정부의 경제적 이익과 재정수입은 많은 부분에서 지방기업에서부터 창출되기 때문에 지방정부는 각각의 기업에 대한 각종 세수제도를 통하여 재정수입을 확보하고자 하였다. 특히 동서(東西) 지역 간의 경제발전차이의 원인으로 인해 이익획득의 기회가 비교적 작은 지방정부, 즉 중서부 낙후지역(中西部落后地域)의 지방정부로서는 지역사회의 총 생산량을 지속적으로 증가시키면서 경제적 성과를 가지고 올 수 있는 정부의 경제행위가 경제발전의 중요한 요소로 인식된다. 그러나 서부내륙지역과 같은 낙후지역의 지방정부가 단순히 국유기업을 보호하고 재정수입을 극대화하는 단기적 행위에서는 지속적으로 지역 간의 경쟁과 지역발전 문제에 직면할 수밖에 없다. 이와는 상대적으로 부유한 동서 연해지역과 같은 경우는 공공기초건설의 증가뿐만 아니라 교육, 위생과 같은 사회 공공서비스의 제공에 한결 재정적 여유를 가질 수밖에 없다. Blecher (1991)의 지적과 같이 기업과의 수직적 관계를 통한 단기적 경제이익만을 추구한 지방정부의 기업가적 행위는 그 지역의 공공재의 제공이나 균형적 경제발전의 문제에 직면할 수밖에 없는 것이다.

더욱이 중앙정부에 의한 분세제(分稅制) 실시 이후로 훨씬 강화된 지방정부의 자기-의존적 세수체계는 이 지역의 지방정부의 기능과 기업의 경쟁력에 긍정적, 부정적 영향을 미칠 수밖에 없었다. Stiglitz (1998)나 그리고 최근 Acemoglu와 Robinson(2012)의 주장처럼 재산권의 사유화가 전제된 시장제도하에서만이 시장경쟁의 동기구조가 발생하는 것도 아니고, 다양한 정치제도 안에 포함되어 있는 재정체계를 통해서 공공서비스 제공과 관련된 각 지역정부의 행위뿐만 아니라 기업에 대한 준시장적인 인센티브(quasi-market incentive)를 창출할 수도 있다. 다시 말해, 중국과 같은 국가에서 합리적 지방분권체계를 통한 지역정부의 안정적인 재정수입원적 없이 단선적인 경제적 자유화 혹은 민영화의 촉진은 향후 성공적인 경제개혁을 지속적으로 이끌어내는 데 불충분하다는 것이다.

중국의 중앙정부 입장에서 중앙과 지방 성(省)정부를 중심으로 한 재정분권체계는 중앙정부의 통제능력에 대한 상실 없이 지방분권을 진행함으로써 각 지역경제 현황과 그 지역의 재정수입 및 지출을 서로 맞물리게 하였다는 점에서 재정분권개혁의 중요한 진전이라 할 수 있다. 확실히 중국의 재정분권체계는 중앙의 정치적 집권의 실패 없는 또 하나의 재정연방주의적 성격의 지방분권방식이라고 볼 수도 있겠다. 그리고 과거 지방정부가 국유기업에 대해 주도적으로 생산경영활동에 간여하는 연계고리를 개선하고 대다수 국유기업에 대한 재산소유권개혁이나 민영화를 통해 지방정부는 기업의 생산경영활동에 시장경쟁 메커니즘을 촉진시켰다고 볼 수 있다.

그러나 현 재정체계에서 나타나고 있는 문제들, 즉 상급 지방정부와 하급 지방정부 간의 불안정한 재정수입 관계, 그리고 아직까지 미흡하게 구축된 재정이전지출제도나 또는 토지재정과 같은 예산외 수입의 확대와 같은 문제 등은 여전히 지역 간의 악성경쟁을 유발하는 원인이 되고 있다. 또한 지방재정과 관련된 지방정부(지방간부)의 자유재량권의 팽창은 지방정부의 경제운용에 대한 기업가적 행위나 사회적 특권층을 확대시키는 결과를 초래하였다. 이러한 문제들은 지방재정개혁이 앞으로 부문별 예산개혁이나 비(非)세수입관리개혁, 지방채무 관리개혁, 각급 현에 대해 성정부가 직접 관할하는 재정제도에 대한 개혁 등이 시급하다는 것을 의미한다. 그러나 만약 중앙의 장래 정치집권체제에 지방과 연계된 이익집단의 활동이 강화된다면, 그리고 향후 최고의 정치리더들이 올바른 개혁방향을 촉진시킬 수 없을 만큼 유약하다면, 아직도 합리적인 분세제체제의 확립이 필요한 지속적인 지방재정개혁으로 바람직한 지역균형발전을 촉진할 수 있을 것인가 하는 점이 의문스럽다.

5. 참고문헌

財政部,“关于实行‘分税制’财政体制试点办法”, http://www.law-lib.com/law/law_view.asp?id=54734, 1992.

成都市政府, “成都市‘优化資本結構, 增强企業實力’試点實施意見”, 『城市改革与發展』, 12, 36-38, 1994.

__________, “建設大市場促進大發展: 成都市市場體系建設的實踐与思考”, 『城市改革与發展』, 5, 41-44, 1995.

成都市政府財政局, “中共成都市委, 成都市人民政府关于加快国有企业改革的决定(成委发[2003]5号)”, http://www.chengdu.gov.cn/GovInfoOpens2/detail_ruleOfLaw.jsp?id=SqVrwRGhDuv4scPU4S09, 2003.

成都市體改委, “成都市選擇50戶大中型企業進行建立現代企業制度試点”, 『城市改革与發展』, 11, 12-15, 1994.

樊鋼(主編), 『漸進改革的政治經濟學』, 上海: 上海遠東出版社, 1997.

葉孔嘉, 載沃니特・加勤森(主編), 『中國經濟改革』, 北京: 社會科學文獻出版社, 1992.

何振一, “1994年財稅改革擧措效果及問題剖析”, 『經濟研究』, 4, 34-36, 1994.

科斯, R., A. 阿尒欽, D. 諾斯(等著), 『財産權利與制度變遷: 産權學派與新制度學派譯文集』, 上海: 上海人民出版社, 1995.

Kornai, Janus, “經濟改革設想和現實的對照”, 『經濟社會體制比較』, 6, 13-14, 1985.

李捷, “論新形势下成都市財源建設”, 『財政研究』, 4, 79-81, 2012.

柳邦馳, “對成都市財政狀況分析”, 『財政科學』, 6, 47-49, 1990.

柳培林, “地方保護和市場分割的損失”, 『中國工業經濟』, 4, 69-76, 2005.
傅勇, 張晏, “中國式分權與財政支出構造偏向: 爲增長而經濟的代價”, 『管理世界』, 3, 4-12, 2007.
區域稅收政策課題組, “促進區域政策協調發展的稅收政策”, 『改革』, 4, 40-44. 1998.
盛洪, 『分工与交易: 一個一般理論及基對中國非專業化問題的應用分析』, 上海: 上海人民出版社, 1995.
Stiglitz, Joseph, 『政府爲什麼干與經濟: 政府在市場經濟中角色』, 鄭秉譯, 北京: 中國物資出版社, 1998.
世界銀行, 『中國經濟: 治理通脹, 深化改革』, 北京: 中國財政經濟出版社, 1996.
陶勇, “中國地方政府行爲企業化變遷的財政邏輯”, 『上海財政大學學報』, 13(1), 66-72, 2011.
王紹光, 『分權的底限』, 北京: 中國計劃出版社, 1997.
王政(1993), “成就, 差距与不足十五年改革驀回首: 對成都市經濟體制改革歷程的回顧”, 『城市改革与發展』, 6, 30-34, 1993.
吳昴, 張建喜, 『中國地方經濟分析』, 北京: 中國經濟出版社, 1994.
吳國光, 鄭永年, 『論中央－地方關係: 中國制度轉形中的一介軌心問題』, 牛津: 牛津出版社, 1995.
吳敬璉, “中國採取了‘漸進改革’戰略嗎”, 載吳敬璉等著, 『漸進与急進: 中國改革道路的選擇』, 北京: 經濟科學出版社, 1996.
楊瑞龍, “我國制度變遷方式轉換的三階段論: 兼論地方政府的制度創新行爲”, 『經濟研究』, 1, 3-10, 1998.
揚守德, “成都市全民, 城市集體, 鄕鎭企業發展比較分析”, 『工商管理』, 8, 10-14, 1992.
謝慶奎(主編), 『當代中國政府』, 大連: 遼寧出版社, 1996.
許成鋼, “政治集權下的地方經濟分權與中國改革”, 青木昌顔, 吳敬璉(編), 從權威到民主: 可持續發展的政治經濟學, 北京: 中信出版社, 2008.
辪暮橋, 『辪暮橋會議錄』, 天津: 天津人民出版社, 1996.

張中華, 『中國市場化過程的地方政府投資行爲研究』, 長沙: 湖南人民出版社, 1997.
张璟, 沈坤荣, “财政分权改革, 地方政府行为与经济增长”, 『江苏社会科学』, 3, 56-62, 2008.
中共成都市委政研究室調研組, “改革國有資産管理體系加快市經濟體制改革”, 『工廠管理』, 9, 4-7, 1993.
中共成都市委宣傳部, 工交部和成都市經濟委員會聯合調查組, “抓住機遇抓大放小扶强扶优解困: 成都市搞活國有工業企業的調查報告”, 『經濟體制改革』, 2, 32-35, 1984.
朱紅軍, 陳繼雲, 喻立勇, “中央政府, 地方政府和國有企業利益分岐下的多重博弈與管制失效”, 『管理世界』, 4, 115-172, 2006.
成都市統計局, 『成都統計年鑒 1998』, 成都: 中國統計出版社, 1998,
农民日报 2012.2.8.
人民日报 2004.1.16.
中國經濟時報 2006.8.29.
成都市財政局, http://www.cdcz.chengdu.gov.cn/index.lf?c=showIndex.
百度百科, http://baike.baidu.com/view/1406747.htm.

Acemoglu, Daron and James A. Robinson, *Why Nations Fail: the Origins of Power, Prosperity, and Poverty*, New York: Crown Publishers, 2012.
Blecher, Marc, “Development state, entrepreneurial state: the political economy of social reform in Xinji municipality and Guanghan county”, in Gordon White(eds.), *The Road to Crisis: The Chinese State in the Era of Economic Reform*, London: Macmillan, 1991.
Cao, Yuanzheng, Yingyi Qian and Barry R. Weingast, “From federalism, Chinese style to privatization, Chinese style”, *Economics of Transition*, 7(1), 103-131, 1999.
Chung, Jae Ho, “Studies of central-provincial relations in the People’s Republic of China: a mid-term appraisal”, *The China Quarterly*,

142, 487-507, 1995.

Granick, David, *Chinese State Enterprises: a Regional Property Rights Analysis*, Chicago: The University of Chicago Press, 1990.

Guo, Gang, "Retrospective economic accountability under authoritarianism: evidence from China", *Political Research Quarterly*, 60(3), 378-390, 2007.

Jin, Hehui, Yingyi Qian and Barry R. Weingast, "Regional decentralization and fiscal incentives: federalism, Chinese style", *Journal of Public Economics*, 89, 1719-1742, 2005.

Joseph, William A., Christine P. W. Wong and David Zweig(eds.), *New Perspectives on the Cultural Revolution*, Cambridge: Harvard University Press, 1991.

Li, Shunhe and Peng Lian, "Decentralization and coordination: China's credible commitment to preserve the market under authoritarianism", *China Economic Review*, 10(2), 161-190, 1999.

Nee, Victor(1996), "The emergence of a market society: changing mechanism of stratification in China", *American Journal of Sociology*, 101(4), 935-942, 1996.

Oi, Jean(1998), "The evolution of local state corporatism", in Andrew Walder(ed.), *Zouping in Transition: The Process of Reform in Rural North China*, Cambridge, Mass: Harvard University Press, 1998.

Parish, William L. and Ethan Michelson, "Politics and markets: dual transformation", *American Journal of Sociology*, 101(4), 1042-1059, 1996.

Prybyla, Jan S., "Who has the emperor's clothes?: economic relationship between the central and local governments in mainland China", *Issues & Studies*, 32(7), 19-41, 1996.

Shirk, Susan L., "The Chinese political system and the political of economic reforms", in Kenneth G. Lieberthal and David M. Lampton(eds.), *Bureaucracy, Politics and Decision Making in*

Post-Mao China, California: University of California Press, 1992.

Tao, Ran and Dali L. Yang, "The Revenue Imperative and the Role of Local Government in China's Transition and Growth", http://www.daliyang.com/files/Tao_and_Yao_revenue_imperative_and_local_government.pdf, 2008.

Tsai, Kellee S., "Off balance: the unintended consequences of fiscal federalism in China", *Journal of Chinese Political Science*, 9(2), 7-26, 2004.

Qian, Yingyi and Barry R, Weingast, "Federalism as a commitment to preserving market incentives", *Journal of Economic Perspectives*, 11, 83-92, 1997.

Qina, Yingyi and Gerard Roland, "Federalism and the soft budget constraint", *American Economic Review*, 88(5), 1145-1162, 1998.

Wong, Christine P., "Central planning and local participation under Mao: the development of county-run fertilizer plants", in Gordon White(ed.), *The Chinese State in the Era of Economic Reform: the Road to Crisis*, London: Macmillan, 1991.

______, "Can China change development paradigm for the 21st century?: fiscal policy options for Hu Jintao and Wen Jiabao after two decades of muddling through", *Working Paper*, Berlin: Stiftung Wissenschaft und Politik, 2005.

______, "Fiscal management for a harmonious society: assessing the central government's capacity to implement national policies", *BICC Working Paper Series*, 4, 1-20, 2007.

Zhan, Jing Vivian, "Decentralizing China: analysis of central strategies in China's fiscal reforms", *Journal of Contemporary China*, 18(60), 445-462, 2009.

Zheng, Yong Nian, "Institutional Change, Local Developmentalism, and Economic Growth: the Making of Semi-Federalism in Reform China", *Ph. D. diss.*, Princeton University, 1995.

ABSTRACT

A Study on the Effects of China's Fiscal Decentralization Reform and Changes of the Relations between Local Government-State Owned Enterprises

Lee, Sang-Bin

This study examined the effects of China's fiscal decentralization reform and changes of the relations between local government and local state owned enterprises(SOEs) in Chengdu Municipality in Sichuan Province. In the case of this study, local government during first phase of the reform era resorted to multiple instruments to support local state owned enterprises and thus strengthen their revenue base. These instruments included collusion with firms as well as the implementation of protectionist policies. By the mid-1990s, the tax-sharing reform had begun to drastically reshape the relations between local government and state owned enterprises. Broadly speaking, two major factors-growing competition, tax and fiscal reforms, combined to decrease the benefits of government ownership of enterprises. Local government had few incentives to predate because they were the shareholders of local enterprises. Whereas Chinese local governments had little formal budget autonomy, they have enjoyed much informal fiscal autonomy vis-á-vis the central government.

But Chinese local governments also continue to face pressure to generate extra-budgetary funds in spite of repeated central government efforts to include some extra-budget funds into the budget. This study has underscored how changes in fiscal incentives have had a profound impact on local government behavior, especially with the fiscal and tax reforms introduced in 1994. Through this analysis, if the local government does not grasp a reasonable source of revenue, recent fiscal decentralization system is not enough to change the unreasonable entrepreneurial behavior of local government.

Key Words: fiscal decentralization, fiscal contracting system, tax-sharing system, local government, state-owned enterprise, Chengdu Municipality Government case

'국진민퇴(國進民退)'는 역전되는 것인가? – 중국의 새로운 국유기업 개혁*

마루카와 토무

최근 많은 서양국가와 일본 학자들은 중국 경제의 특징을 '국가자본주의'로 요약한다(Bremmer 2010; Halper 2010; 加藤, 渡边, 大桥 2013; 大桥 2013; 中屋 2013). 동시에 중국 국내의 일부 학자들은 '국진민퇴' 현상을 비판하기도 한다. 하지만 이러한 주장은 어느 정도 정확한 것일까? 2013년 18기 3중 전회 결의에는 국유기업 개혁에 대한 새로운 내용이 다수 포함되어 있다. 3중 전회 이래 시작된 새로운 국유기업 개혁은 '국진민퇴' 현상을 변화시켰는가? 본 논문에서는 이러한 문제들을 분석해보고자 한다.

중국에서는 '국진민퇴' 현상에 대해 다른 의견이 존재한다. 邓伟(2010)와 吴敬琏(2010)은 국가산업정책과 국유상업은행 융자 등의 지원으로 일부 중요한 산업에 대해 독점적 지위를 확대시키고 있다고 주장하였다. 또한 국유기업의 독점은 산업체계의 왜곡, 수입격차 확대 및 지대추구행위(寻租行为) 등을 야기시킬 수 있다고 하였다.

---

* 이 논문은 2015년 성균관대학교 현대중국연구소 주최 국제학술대회에서 발표된 논문임.

하지만 胡鞍钢(2012)은 '국진민퇴'가 하나의 거짓명제라고 주장하였다. 왜냐하면 공업생산가치에서 국유경제가 차지하는 비율이 확대되지는 않았기 때문이다. 卫兴华와 张福军(2010)는 이른바 '국진민퇴' 논리는 근거가 없고, 성립할 수 없는 것이라고 하였다. 그 이유는 사회주의 국가에서 국유경제는 주도적 지위를 차지하는 것이 당연하기 때문이다.

1. 국민경제에서 국유부문의 비율변화

胡鞍钢(2012)、邓伟(2010)、加藤(2013) 등이 주장한 바와 같이, 국유기업과 국유지주기업을 포함한 국유부문은 공업생산가치 비율이 지난 1990년대 이래 점차 하락하였다. 국유부문의 전체 공업생산가치 비율은 1998년의 52%에서 2013년에는 25%까지 하락하였다. 국유부문이 차지하는 비율은 석유와 천연가스 채굴, 연초제품(烟草制品), 전력, 열에너지 생산과 보급 등 소수 업종에서 발생한다(邓伟, 2010). 그러나 국유부문의 공업에 대한 비율변화를 토대로 '국진민퇴'가 실제로 존재하는지에 대해 토론하는 것은 논거가 부족하다. 왜냐하면 이는 3차 산업을 고려하지 않았기 때문이다. 3차 산업의 일부 중요업종에서, 예를 들면 통신, 항공운송, 철도운송, 금융보험 등, 국유기업의 독점은 명확하게 드러난다. 하지만 3차 산업 관련 통계는 공업보다 매우 적고, '국진민퇴'가 3차 산업에서 이러한 문제가 나타나는지는 정확한 결론을 내기 힘들다.

아래의 분석 중에서, 필자는 주로 국가국유자산감독관리위원회(국자위)와 재정부의 수치로 3차 산업을 포함하는 전체 국민경제에서 국유부문의 비율이 확대되었는지 살펴보았다. 먼저 국유기업 총 수의 변화를 살펴보겠다(<표 1>). 재정부의 통계는 국유기업의 총 수가 2002년에서 2008년 사이에 49,000개 이상 감소하였음을 나타내고 있으며, 국자위의 통계 역시 같은 추세를 나타내고 있다. 하지만 재정부의 통계에는 대략 1,000에서 10,000개의 오차가 존재한다. 비록 두 기관의 통계에서 국유기업을 동일하게 정의하고 있지만, 국유독자기업과 국가지주기업으로 금융보험업의 기업은 포함하고 있지 않다.

〈표 1〉 国有企业总数的变化

	财政部数据				国资委数据			
	国有企业	中央管理企业	其他中央部属企业	地方企业	国有企业	中央管理企业	其他中央部属企业	地方企业
2002	158,712	11,598	5,909,	141,205	n.a	n.a	n.a	n.a
2003	145,696	13,357	5,708	126,631	n.a	n.a	n.a	n.a
2004	136,270	13,520	5,844	116,906	137,753	n.a	n.a	n.a
2005	125,638	13,856	6,115	105,667	127,067	16,290	5,949	104,828
2006	116,090	14,296	6,255	95,539	119,254	16,373	6,209	96,672
2007	111,937	15,395	6,167	90,375	115,087	16,870	6,019	92,198
2008	109,664	15,729	6,189	87,746	113,731	17,638	5,954	90,139
2009	110,799	18,181	6,614	86,004	115,115	19,204	6,204	89,707
2010	113,712	18,699	7,620	87,393	124,455	23,738	7,098	93,619
2011	135,682	29,520	11,737	94,425	144,715	33,037	11,195	100,483

출처: 财政部(2006*2012)*国资委

두 시스템의 통계를 보면, 중앙관리기업(국가국자위 관할하의 기업)의 수는 지속적으로 증가하고 있고, 지방기업의 수는 2009년까지 빠른 속도로 줄어들고 있다. 이것은 ‘抓大放小’ 정책(대규모의 중앙기업을 발전시키는 동시에 지방중소형국유기업을 통합하는 정책)의 결과라고 할 수 있다. 하지만 2010년 이후, 지방국유기업의 수는 증가하기 시작하였고, 이러한 이유로 전체 국유기업 수의 감소추세는 반전되기 시작하였다. 지방국유기업 수의 증가는 2008년 세계금융위기 발생 후 지방정부의 ‘지방융자플랫폼’(즉, 지방정부가 주택과 기초시설 등을 육성하기 위해 설립한 지방국유기업)의 증가와 관련이 있을 것이다.

국유기업이 점차 감소하다 급속하게 증가하는 변화는 자산총액에서도 증거를 찾을 수 있다. <그림 1>은 국유기업과 중앙기업(중앙관리기업과 중앙산하기업 포함)의 GDP지수에 대한 총자산의 변화를 나타내고 있다. 2005년 이전의 국유기업 총자산은 계속해서 감소

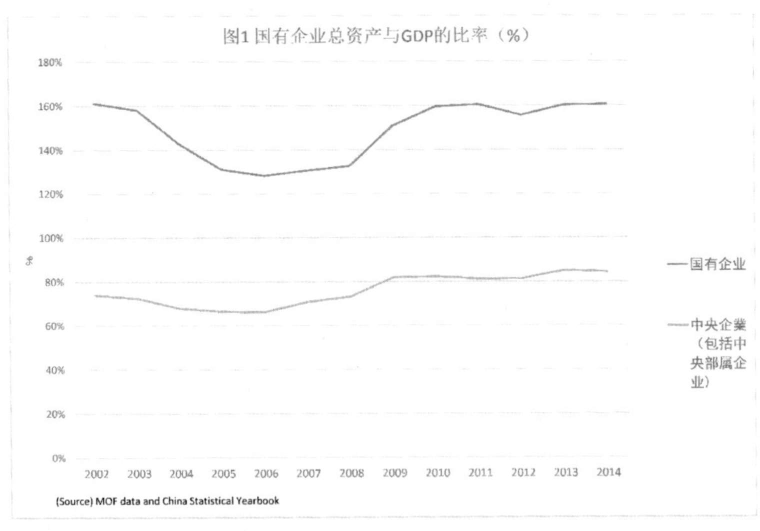

<그림 1> 국유기업 총자산의 GDP 비율

하고, 2005년 이후에는 같은 수준에서 머물다, 2009년 이후에는 뚜렷한 증가를 나타내었다. 하지만 중앙기업 자산은 2007년 이래에 계속해서 증가하였다. 국유기업의 기업수와 그 자산 총액은 모두 2009년 이래의 증가 추세를 나타낸다. 그렇다면 국유부문의 부가가치도 GDP 총액에서 상응하는 증가를 보일 것인가?

필자는 국자위의 자료에서 2006년의 전체 국유기업(3차 산업 포함)의 부가가치수와 2006년, 2010년의 중앙관리기업의 부가가치 수를 발견할 수 있었다(国资委, 2007: 33; 国资委, 2011: 66). 이러한 수치를 볼 때, 2006년 국유기업이 중국 GDP에서 차지하는 비율은 20.2%이고, 중앙관리기업의 GDP에 대한 공헌은 2006년에 10.7%, 2010년에는 10.3%인 것을 알 수 있다. Szamosszegi and Kyle(2011)가 도출한 중국 GDP에서 국유기업이 차지하는 추정치와 비교해볼 때, 이러한 수치는 낮은 편에 속한다고 볼 수 있다. 그들의 추정치를 통해보면, 국유부문은 2007년 중국 GDP에서 39.9%를 차지하였다. 그들은 상대적으로 높은 추정치를 도출하였는데 이는 3차 산업 기업을 비교적 높게 잡았기 때문이다. 그들은 도시고정자산에서 중국 국유기업의 점유율과 도시취업인구수 중의 국유기업직원의 비율에서 3차 산업 각 업종의 국유기업이 차지하는 비율을 추정하였다. 그들의 계산에 따르면, 2007년 국유기업은 3차 산업의 부가가치에 53.3% 공헌하였다. 하지만 장시간 중국에서의 관찰을 통해 필자는 대량의 운송업, 도매업 및 소매업활동이 농촌지역에서 전개되고 있으며, 그렇기 때문에 농촌지역의 이러한 활동을 간과한다면 전체 3차 산업의 규모를 과소평가할 수밖에 없다. 국자위 수치에서 추정한 결과와 Szamosszegi and Kyle(2011)가 추정한 결과가 불일치한 데에는 두 가지 중요한 원인이 있다. 첫째, 국자위의 부가가치는 금융보험업의 국유기업을 포함하고 있지 않는다. 둘째, 국자위의 수치는 중앙과 지방정부, 학교, 대학, 병원, 연구기관 등의 경제활동과 같은 비기업 경제활동이 생산한 부가가치를 포함하고 있지 않는다. 본 논문의 목적이 중국경제의 특색을 분석하는 것이기 때문에 필자는 이러한 비기업의 경제활동을 국유기업에 포함시키지 않았다.[1)] 시장지향적 국가에서 이러한 경제활동은 종종 공공부문에서 담당하기 때문이다. 필자는 금융보험업의 국유기업 부가가치만을 전체 국유부문의 부가가치에 포함시켰다. 금융보험업의 국유기업 부가가치의 추산 방법은 전체 금융보험업의 부가가치를 국유기업의 은행고정자산투자 비율로 나눈 것이다. 이에 따라 필자는 2006년 국유부문이 중국 GDP의 22.8% 공헌했다고 추정한다.

유감스러운 것은 국자위의 자료가 2006년과 2010년의 부가가치 지수만 제공하였다는 것이다. 하지만 국자위와 재정부의 통계는 기타연도의 국유기업 영업이익과 이윤, 세금의 총액도 제공하고 있다. 부가가치와 영업이익, 이윤과 세금총액 사이에는 상당히 높은 관련성이 있을 것이다. 그렇기 때문에 우리는 영업이익과 이윤과 세금의 총액의 수치에서 부가가치의 변화를 추산할 수 있을 것이다. <그림 2>에서는 이윤과 세금에서 추정한 국유기업의 부가가치가 GDP에서 차지하는 비율변화를 나타낸다. 이 그림의 추정 전제는 부가가치와

1) 필자의 추산에 따르면 중앙정부와 지방정부에서 2012년 중국 GDP에 대하여 철도, 우편, 과학연구, 기술서비스, 교육, 위생, 사회복지 등 부문의 비(非)기업조직이 기여하는 정도가 10.6%에 이른다. 만약 이들 정부와 비기업조직의 기여도를 국유부문에 포함시키면, 2012년 국유부문이 GDP에서 점하는 비중은 32-36%로 높아질 것이다.

이윤과 세금 총액 간에 고정적인 비율관계가 있다는 것이다. <그림 3>은 영업이익에서 추정한 국유기업의 부가가치가 GDP에서 차지하는 비율변화를 나타낸 것이다. 이 그림의 추정 전제는 부가가치와 영업이익 간에 일정한 비율관계가 있다는 것이다. 비록 두 그림의 추이가 완전히 일치하는 것은 아니지만, 약간의 공통적인 특징을 발견할 수 있다. 첫째, 국유부문이 GDP에서 차지하는 비율이 2011년에 2001의 수치보다 높다. 둘째, 국유부문의 비율이 2010년과 2011년에 빠른 속도로 증가하였다. 그러나 2012년 이후에 하강하기 시작했다. 셋째, 중앙관리기업이 GDP에서 차지하는 비율이 2011년이 2003년보다 약간 증가하였다.

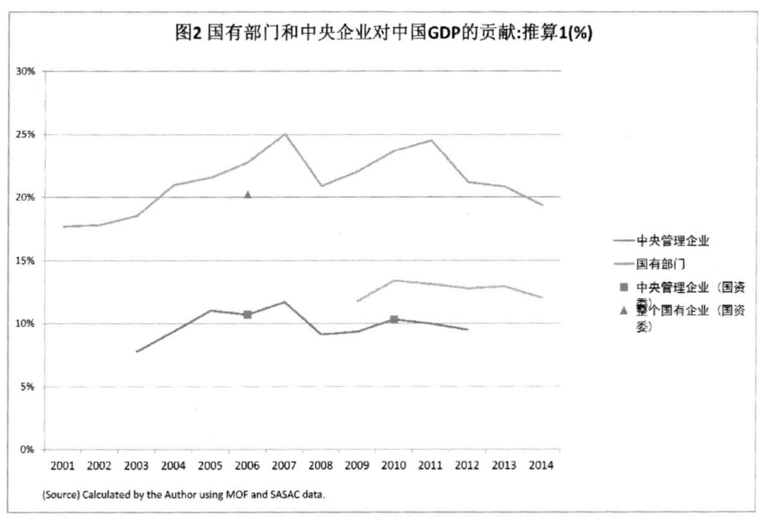

<그림 2> 국유부문과 중앙기업 간의 중국 GDP의 공헌: 추산(1%)

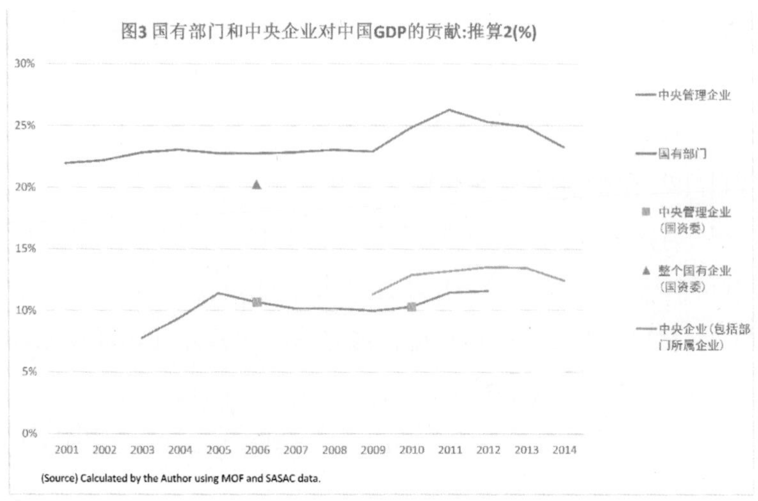

<**그림 3**> 국유부문과 중앙기업 간의 중국 GDP의 공헌: 추산(2%)

이러한 추정치는 '국진민퇴'에 관한 논쟁에 새로운 논거를 제시할 수 있다. 먼저 2001년 이후 국유부문이 중국 GDP에서 차지하는 비율이 증가하였으므로 우리의 추정치로부터 국유기업의 3차 산업 비율이 확대되었다고 추측할 수 있을 것이다. 두 번째는 2009년부터 2011년까지 국유기업 확장 추세는 비교적 명확하다. 이러한 확장추세는 당시 중국정부가 추진한 경제자극정책과 관련이 있을 것이다. 세 번째는 2009년 이후 몇 년간의 국유기업 확장 추세 중, 중앙관리기업의 호가장이 뚜렷하지 않다는 것이다. 일부 학자들은 '국진민퇴'는 중앙기업의 확장으로 인해 야기되었다고 주장하지만 실제로 2010년과 2011년, 중앙관리기업 이외의 국유기업의 확장속도는 중앙관리기업보다 빨랐다. 따라서 2010년과 2011년의 '국진민퇴'는 지방국유기업(지방융자플랫폼 포함)의 확장으로부터 발생한 것이라

고 볼 수 있을 것이다.

2. 새로운 국유기업의 개혁

<그림 2>, <그림 3>은 중국 GDP에서 점유하는 국유부분의 비율이 2013년부터 하락하고 있다는 것을 분명하게 보여주고 있다. 이런 추세는 2013년 11월 중공중앙18기 3중전회 "전면적 개혁심화에 관한 약간의 중대한 문제에 대한 결정"과 관계가 있다. 이 결정에 근거하면, 주요 산업과 중요한 분야에서 국가의 독점이 타파될 수도 있으며, 이전 국유경제관련 방침에 새로운 진전이 있을 수도 있음을 보여주고 있다. 예를 들어 1999년 열린 15기 4중전회에서 결정된 국유기업개혁은 "국민경제와 관련된 중요 산업과 중요한 영역에서 국유경제의 지배적 지위"를 명확하게 규정하고 있다. 그러나 이번 3중전회에서는 단지 국유자본이 앞으로 이러한 영역에 '투자할 것'이라고 제시하고 있다. 이는 이러한 산업에서 반드시 국유부분이 주도적 지위를 차지하지 않을 수도 있다는 점을 의미하는 것이다. 그 외 3중전회에는 "적극적으로 혼합소유제경제를 발전시키자"라는 논조도 나타났다.

2014년 상반기, 중석유(中石油), 중석화(中石化), 국가인터넷[國家電网], 중신집단(中信集團) 등 주요 중앙기업이 점점 '혼합소유제 개혁' 방안을 공포하였다. 비록 이러한 개혁방안과 '민영화'는 상당한 거리가 있지만, 이러한 개혁방안은 국가독점에서 주권다양화[股權多

樣化]로 나아감을 의미하며, 민영자본방향으로의 첫발을 이끌어내고 있다. 일본국유철도(國鐵)는 1987년 7개 주식회사를 분리 해체시키고, 아울러 '민영화'를 선포했다. 그러나 1993년에야 비로소 첫 번째 주식회사의 일부 주식을 개인에게 팔 수 있었으며, 2002년에야 첫 번째 주식회사(즉, JR동일본)의 비국유화를 실현시킬 수 있었다. 국철의 4개 주식회사는 현재(2015년)까지 아직도 '국유독자공사'의 상태로 남아 있다. 이미 비국유화된 3개 회사 또한 8-9년간의 '혼합소유제' 단계를 거쳐 완성된 것이었다. 대형국유기업의 개혁은 긴 시간이 필요하며 또한 반드시 '혼합소유제' 단계를 거쳐야만 한다는 것을 알 수 있다.

중국의 몇몇 지방정부 또한 혼합소유제 개혁방안을 발표했다. 예를 들어 상해시정부는 2014년 7월 3-5년 내 기본적으로 국유기업 공사제 개혁 완성을 결정하고, 국가정책상 반드시 국유독자를 유지해야 하는 것 이외, 나머지 기업은 주권다양화를 실현하고 있다.

몇몇 지급시(地級市)의 국유기업 개혁 속도는 상해시보다 더 빠르다. 예를 들어 소주시(蘇州市)는 1990년대 400여 개 시 소유의 국유기업을 보유하고 있었다. 2001년 본래 기계공업국과 전자공고공사(電子控股公司)에 소속된 기업을 소주창원(집단)유한공사(소주창원蘇州創元으로 약칭)로 편입시키고, 2002년 방직, 방사, 경공업, 공예, 화공, 의약, 야금, 건축자재 등 공업국 소속의 370개 기업을 소주시공업투자발전유한공사(소주공투蘇州工投로 약칭)로 편입시켰다. 이후 두 기업 간 통합이 진행되어, 2008년 소주창원과 소주공투가 합병, 소주창원투자발전유한공사(신창원新創元으로 약칭)가 성립되었다. 신창원 아래 현재 91개 지주회사와 주식투자회사가 있다. 10여 년간의 정리를 통해 현재 소주시 국자위(國資委) 관리하에 단지 10개 시 소속 국유기업이 존재하는데, 즉 신창원, 소주문화관광발전집단(본래 국내외무역기업으로 조직된 것으로 옛 성 보호와 여행업무를 하는 회사), 국제발전, 원림, 교통투자, 농업발전, 서민주택, 철도교통 등이 그러하다. 소주시정부의 시소속 국유기업에 관여하는 업무내용은 신창원 산하 영리목적의 사업 이외에는 이미 시장경제국가의 지방정부가 담당하고 있는 업무내용과 거의 일치하고 있다. 일본 도쿄시를 예로 들자면, 도쿄시의 철도교통과 버스, 상하수도, 도로 및 교량건설과 관리, 원림 조성과 관리, 서민주택건설과 관리, 도매시장의 건설과 관리, 의료, 항만 등의 업무를 담당하고 있다. 소주 신창원은 싱가포르의 국유자산투자회사인 테마섹홀딩스(Temasek Holdings)의 모델을 도입한 것이며, 자금을 향후 수익성이 높을 것으로 보이는 산업에 투자하고자 하며, 이는 국유자산 가치증대를 위한 것이다. 소주시는 신창원을 제외하고는 외국인투자와 민영기업의 활동이 활발한 상황에서 이미 기본적으로 국유부분의 경쟁영역이 퇴출되고 있다. 아마도 소주의 성공경험이 앞으로 기타 지방과 중앙의 혼합소유제 개혁의 모범적 선례가 될 것이다.

3. 결론

본문은 두 가지 의문에서 출발했다. 첫째, 진정한 '국진민퇴' 현상이 존재하는가? 둘째, 2013년 18기 3중전회 이후 '국진민퇴'가 이미

역전되고 있는가? 필자는 두 가지 문제의 해답에 대해 모두 긍정적이다. 2001년부터 2011년까지 국유부분이 전체 GDP에서 차지하는 비율은 확대되고 있는 추세였고, 특히 2010년과 2011년 그 확대속도가 굉장히 빨랐다. 그러나 2012년 이후 국유부분이 GDP에서 차지하는 비율이 하락하기 시작하여 3중전회 이후 2014년, 전체 국유기업과 중앙기업 모두 하락추세이다. '혼합소유제'로의 개혁방향이 이미 확정되었다는 전제하에, 국유부분 비율의 하락추세는 지속될 것이라 예상된다.

4. 참고문헌

英文

Bremmer, Ian(2010), The End of the Free Market: Who Wins the War Between States and Corporations? New York: Portfolio.

Halper, Stephan(2010), Beijing Consensus: How China's Authoritarian Model Will Dominate the 21st Century New York: Basic Books.

Szamosszegi, Andrew and Cole Kyle(2011), An Analysis of State-owned Enterprises and State Capitalism in China. Washington DC: U.S.-China Economic and Security Review Commission.

中文

财政部(2006),『中国财政年鉴』中国财政杂志社。

财政部(2012),『中国财政年鉴』中国财政杂志社。

邓伟 (2010), "'国进民退'的学术论争及其下一步",『改革』 第4期(总第194期), pp.39-46.

国家国有资产监督管理委员会(国资委)(每年),『中国国有资产监督管理年鉴』 中国经济出版社.

胡鞍钢(2012), "'国进民退'现象的证伪",『国家行政学院学报』 第1期, pp.9-14.

卫兴华, 张福军(2010), "当前'国进民退'之说不能成立"『马克思主义研究』 第3期, pp.5-11.

吴敬琏(2010), "中国改革进入深水区"『绿叶』 第Z1期, pp.90-95.

日文
加藤弘之(2013),『曖昧な制度としての中国資本主義』NTT出版。
加藤弘之・渡邉真理子・大橋英夫(2013), 『21世紀の中国経済編－国家資本主義の光と陰』朝日新聞出版。
中屋信彦 (2013),「体制移行の錯覚と中国の国家資本」『経済科学』第60巻第4号, pp.165-201.
大橋英夫編(2013),『ステートキャピタリズムとしての中国』勁草書房.

김용준

Northwestern University, 마케팅 박사
삼성오픈타이드 차이나 대표이사, 사장
중국 청화대학(MBA) 객좌교수
중국 상해교통대학 초빙교수
University of British Columbia, 조교수
The Chinese University of Hong Kong(MBA) 객좌교수
현) 성균관대학교 중국대학원 원장
성균관대학교 현대중국연구소 소장

김주원

성균관대학교 경영학 박사
현) 성균관대학교 현대중국연구소 연구교수

노은영

중국인민대학교 법학 박사
현) 성균관대학교 현대중국연구소 연구교수

오원석

성균관대학교 경영학 박사
현) 성균관대학교 경영학부 교수

이상빈

중국 북경대학교 정치학 박사
현) 창원대학교 신산업융합학과 교수

이상윤

중국 북경대학교 경영학 박사
현) 성균관대학교 현대중국연구소 연구교수

이지나

중국 복단대학교 경영학 박사
현) 성균관대학교 현대중국연구소 연구교수

김경애

성균관대학교 경영학 박사
현) 국민대학교 경영대학 조교수

마루카와 토무(Marukawa Tomoo)

동경대학교 경제학과 졸업
아시아경제연구소 근무
중국사회과학원 공업연구소 초빙연구원 역임
현) 동경대학교 사회과학연구소 교수

서영인

중국 사회과학원 경제학 박사
현) 유한대학교 중국비즈니스과 교수

이경화

성균관대학교 경영학과 박사과정 수료
현) 동서울대학교 경영학부 외국인 조교수

이정열

연세대학교 경영학 박사
현) 홍익대학교 상경대학 교수

왕정(Zheung Wang)

성균관대학교 경영학 석사
현) 중국 산동과학기술대학교 마케팅 전임강사

중국 시장문화와 현대 기업문화

초판인쇄 2016년 1월 30일
초판발행 2016년 1월 30일

지은이 김용준 외
펴낸이 채종준
펴낸곳 한국학술정보㈜
주소 경기도 파주시 회동길 230(문발동)
전화 031) 908-3181(대표)
팩스 031) 908-3189
홈페이지 http://ebook.kstudy.com
전자우편 출판사업부 publish@kstudy.com
등록 제일산-115호(2000. 6. 19)

ISBN 978-89-268-7194-2 93320